《倫敦新聞畫報》記錄的晚清

1842-1857

遺失在西方的

中國史

沈弘——編譯

《倫敦新聞畫報》：世界上第一份以圖像為主的畫報！

有別於傳統史觀的客觀對照，第一手資料的歷史新視角！

THE ILLUSTRATED LONDON NEWS.

目錄

圖像的力量

譯序

目錄 CONTENTS

目錄 CONTENTS

《倫敦新聞畫報》創始人赫伯特·英格拉姆

英國著名畫家約翰·吉爾伯特爵士，他用自己的·生花妙筆撐起了《倫敦新聞畫報》在創辦初期的半邊天。在創刊期所包含的 20 幅插圖中就有 8 幅是出自吉爾伯特之手

MR. MASON JACKSON.

英國著名畫家梅森·傑克森，擔任《倫敦新聞畫報》藝術編輯長達 25 年之久。憑藉他發明的先進的雕版技術，《倫敦新聞畫報》得以在 19 世紀後半期各種新聞畫報層出不窮的激烈競爭中始終穩居第一，保持其在業界的龍頭老大地位

MR. W. SIMPSON, R.I.

英國著名的寫生畫家和戰地記者威廉·辛普森，曾被派往 40 多個國家去報導當地的戰爭、風土人情和其他重大事件。1872 年，他被派往中國報導同治皇帝的娶親婚禮，該系列報導在英國引起了很大的轟動，使得西方的「中國熱」再次急遽升溫

奧地利畫家和馳名歐洲大陸的戰地記者約翰·勳伯格。他是《倫敦新聞畫報》為了報導北京的義和團運動和八國聯軍進攻北京而於 1900 年被派往中國的。他到達北京之後，發回了數量驚人的速寫圖片和文字報導

MR. MELTON PRIOR.

《倫敦新聞畫報》記者梅爾頓·普里爾，他在華的時間是 1899 年，即在 1898 年戊戌變法之後和 1900 年義和團運動爆發之前

MR. R. CATON WOODVILLE, R.I.

《倫敦新聞畫報》記者 R. 卡頓·伍德維爾，他來中國主要是為了報導甲午戰爭

MR. JULIUS M. PRICE.

《倫敦新聞畫報》記者朱利葉斯·M. 普萊斯，他是被派到中國報導中法戰爭的

MR. WILLIAM INGRAM.   MR. CHARLES INGRAM.

THE MANAGING DIRECTORS OF "THE ILLUSTRATED LONDON NEWS."

英格拉姆的次子威廉和三子查爾斯均曾為《倫敦新聞畫報》的高管

圖像的力量

在大眾資訊傳播領域，相對於抽象的文字，圖像往往更具直觀性而更易被大多數人接受。尤其是那些遠古的神話故事或是流傳廣泛的宗教神蹟，抑或遙遠邊地的異域風光、風土人情、相貌特徵，圖畫不僅能提供鮮活的視覺形象，還能令讀者在畫面背後產生無盡的想像。現藏於大英圖書館的《祇樹給孤獨園》是唐咸通九年（868年）刊印的《金剛般若波羅蜜經》扉頁插圖，是目前有年代可考的最早文字出版物插圖。它的出現不僅開啟了插圖文本的新時代，並由此將插圖逐漸發展成為一種新的繪畫藝術形式 —— 版畫。

版畫是透過印版媒介將圖像轉印於紙上的繪畫作品，具有間接性與可複製性。然而最初的版畫卻不是出於藝術審美的創造目的，而是源於人們對圖像複製的需求。宗教是一種最廣泛的精神性活動，需要大量的宣傳物以傳播教義。是以無論中外，最早的版畫幾乎多為宗教插畫或神蹟故事繪圖。如發現於敦煌的 8 世紀用二方或四方連續方式捺印的《現在賢劫千佛名經》。

隨著社會文明的進步和印刷科技的發展，出版業逐漸由被貴族和宗教所掌握走向平民化的商業市場。1450 年德國人谷騰堡發明了鉛合金的活字排版印刷技術，使西方印刷業發生了革命性變化，並對此後西方圖書出版業產生了深遠的影響。15 世紀時，歐洲的印刷作坊已遍及各地，並且形成許多印刷中心，如荷蘭的烏特勒支，德國的紐倫堡、奧格斯堡、科隆，還有義大利的威尼斯等城市。

書籍出版業繁榮的同時也帶動書籍插圖業的興旺。德國巴伐利亞州班貝格地區主教祕書阿伯雷奇·費斯特是西方最早為書籍配上印刷插圖的人。他在 1461 年出版了名為《寶石》的書，書中收錄了一些鳥類和獸類的故事並配有精美插圖。顯然，版畫插圖使書籍更加豐富和具有直截了當的

圖像的力量

說服力與吸引力。這就使得版畫插圖逐漸成為出版物中不可或缺的構成要素，同時也成為出版業市場競爭中的核心力之一。如明代中期，全國政治安定，經濟平穩，文化時尚觀念發生轉變，一批新興讀者群開始崛起，他們渴求閱讀消遣娛情養性的作品，而不再局限於儒家經典、學術著作或宗教讀物。社會對圖書的大量需求，刺激了圖書市場的興旺，使出版業達到了歷史的鼎盛階段，行業競爭呈現白熱化狀態。其時，版畫插圖開始全面地應用在各類小說傳奇、雜劇、詩詞、圖集、科學博物、初學識字課本、歷史、地理、人物傳記等圖書之中，出現了「差不多無書不圖，無圖不精工」、異彩紛呈的高潮，被譽為中國版畫史上「光芒萬丈」的時代高峰。與此同期，西方出版界的版畫商業市場迅速發達，不僅出現了大量職業插圖家和雕版技師，還培育出繁榮的版畫複製市場，為 19 世紀的「版畫原作運動」奠定了堅實的社會認知基礎。

在達蓋爾的攝影術發明前，繪畫除了藝術審美目的外，另一個重要功能就是記錄，即以繪畫方式將重大歷史事件、社會名流或大自然奇觀異象用視覺形象表現出來。而要將這些具有特定價值或意義的繪畫圖像進行廣泛的社會傳播則需要版畫來複製完成，於是出現了不同於一般文字書籍，也不同於繪畫複製品的讀物，那就是畫報、雜誌。

1829 年菲力彭在巴黎創辦了以畫面為主定期出版的《剪影》雜誌。這本綜合性雜誌，每期都有整張的石版畫刊出。1830 年菲力彭在《剪影》的基礎上改出《漫畫》週刊。每週星期四出版，四頁文字說明和兩大張紙質很好的石版畫，有些還用手工賦彩。1832 年菲力彭同時又創辦了《喧鬧報》，這是一種日刊，開本較《漫畫》稍小，共四頁，內容主要是對法國社會生活中各種事件的報導、評論、諷刺和教育，並配以石版畫的插圖。這兩種刊物是當時巴黎影響最大也最受歡迎的畫刊。與此同時，在英吉利海峽另一端的英國，《倫敦新聞畫報》創刊了。

18 世紀工業革命的成功使英國迅速成為西方最發達的國家和「世界工廠」。直到 1870 年代，英國在世界工業生產和世界貿易中仍獨占鰲頭。它

生產著世界各國所需的大部分工業品，其對外貿易額幾乎相當於法、德、美三國的總和。它擁有的商船噸位約為法、德、美、荷、俄各國的總和，位居世界第一。同時，英國從 19 世紀初期就開始大規模地推行殖民擴張政策，至 1870 年代已占據了世界上面積最大的殖民地，號稱日不落帝國。

在這樣殖民版圖區域遼闊和眾多人文地理面貌並存的大背景下，《倫敦新聞畫報》以圖像方式報導新聞的辦刊定位，無疑使其成為當時最具「眼球效應」賣點的媒體。可以想像，當時人們透過畫報外派畫家兼記者發回的連續性圖片和文字報導不僅網羅了「天下」時事資訊、奇聞趣事、花邊新聞，同時又過足了眼癮。加之辦報人傑出的經營理念、有效的市場行銷策略和與時俱進的技術跟進，使得《倫敦新聞畫報》在創刊後的百餘年裡保持著旺盛活力。

偶然機緣，沈弘教授在英國訪學期間發現了數百卷保存完好、含有大量與中國相關老圖片的《倫敦新聞畫報》。出於學者的敏感直覺，他立刻意識到這些畫報的文獻價值，耗時十年，將與中國相關的文字和圖片翻譯集結成冊出版。我們有理由相信《倫敦新聞畫報》中有關中國的圖片和文字資料是研究中國近代和現代史的一個重要素材來源，因而具有較高研究價值。

其中大量製作精美的版畫插圖和頗具現場感的速寫，不僅為讀者展現了寬廣的 19 世紀中國世俗社會生活圖景，同時也為新聞紀實性版畫藝術研究提供了大量的範本。

新聞畫報的事件再現性功能決定這些插圖必須具有高度寫實性，透過畫面栩栩如生的人物刻畫和場景描繪還原一個虛擬的「真實」空間。這些「真實」的圖像和報導中的文字可在讀者目光交替之際，在腦中產生類似立體視聽殘響的效果。如 1854 年 4 月 7 日刊的〈皇家劇院〉中「飛刀」雜技表演的精彩場景，一位雜技演員仰面站在一塊木板前，五把鋒利的尖刀緊貼他的脖頸兩側和腋下深深釘在木板上。因為緊張，他的雙手微張，左右平衡，雙腳扒緊地面，保持著身體的穩定。他對面的表演搭檔奮力擲出一

圖像的力量

把泛著寒光的飛刀，他面部躊躇淡定的表情與身後幾名西方女子驚愕的 O 形嘴形成絕妙對比。我想這幅插圖即便脫離了旁白性的說明文字，也依然是件傑出的獨立銅版畫作品。

從插圖的製作上看，有些是畫家的現場速寫，這些作品儘管看似凌亂，不夠工整，但畫面更樸實，有明顯的「現場感」。如 1859 年 4 月 2 日〈中國速寫：婦女髮型、洗衣方式〉其中一幀〈做像茶壺一樣的髮型〉，畫面用筆自由流暢，人物形態如同日常，沒有擺拍扭捏之感，正如畫家所言，就連畫中那位少婦不雅的坐姿也修飾地記錄了下來，充滿了生活氣息和情趣。還有一些顯然是「大製作」的圖畫，這些雕凹線法的銅版畫構圖布局考究，製作精良，富有貴氣，顯然是出版人高價聘請了頂級雕版師根據記者發回的速寫而作。從內容上看，這類作品多表現為歷史重大事件或對自己文治武功的粉飾。如 1858 年 10 月 2 日〈「中英天津條約」的簽訂儀式〉一圖，是歐洲歷史畫的典型樣式，場面宏大，人物眾多，富有儀式感。再如刊於 1860 年 8 月 11 日的〈中國報導：英法聯軍即將北上〉中的插畫，畫面上聯軍艦隊陣勢浩大，在藍天白雲下的香港九龍灣海域肅然有序地進行著兵力運輸。嚴謹的寫實畫風，精美密集的線條和豐富的明暗色調使得畫面充滿異域情調。

這些林林總總、內容繁雜的插畫穿越時空直至今日，在我們翻看閱讀時還能產生一種幻象，似能再現過去的生活場景、隆隆的炮聲、馬的嘶鳴和喧鬧的人聲……儘管一個多世紀過去了，斗轉星移，滄海桑田，而身處現代資訊高度發達社會的人們，其實也如同 19 世紀的人一樣，對圖像資訊總是充滿好奇與期待，所不同的是現代人擁有更便利快捷的圖像獲取與傳播方式，而圖像所傳遞的力量則永不減退。

中央美術學院　陳琦

譯序

沈弘

2003 年 2 月至 7 月間，我身為由英國學術院資助的人文學科訪問教授，赴英國進行短期的學術研究。此行的目的主要是研究中古英語文學，但在圖書館昏暗的書庫頂樓裡，我卻偶然發現堆滿了整整一堵牆的數百卷《倫敦新聞畫報》（Illustrated London News）中含有大量跟中國有關的老照片和圖片。於是我便臨時調整了研究重點，由此踏上了一次漫長而驚心動魄的中國老照（圖）片發現之旅。在接下來的六個月中，每天圖書館開館後的大部分時間裡，我都躲在這個僻靜的角落，屏息靜氣地觀看中國近現代史上那一場場大戲的帷幕在我眼前徐徐開啟……

轉瞬間已經過去十年了，但是當時在圖書館書庫頂樓靠窗處翻閱厚重週刊合訂本的那個場景仍歷歷在目，彷彿就發生在昨天。它使我聯想到了伯希和在敦煌莫高窟王道士的昏暗密室裡翻閱經卷的情景。當時伯希和的心情應該跟我是一樣的。

一

創刊於 1842 年 5 月 14 日的《倫敦新聞畫報》是世界上第一個成功地以圖像為主要特色來報導新聞的週刊，其影響力遍及歐美亞等許多國家。它的圖片收藏堪稱是世界上覆蓋面最廣的插圖版畫和老照片寶庫，其內容包括了從 1842 年至 1970 年的世界各國幾乎所有的重大歷史事件和社會生活的各個方面。僅僅在維多利亞女王在位期間（1837 ～ 1901），它所刊登的圖片就多達一百多萬張。

該雜誌的創始人是赫伯特·英格拉姆（Herbert Ingram）。1833 年至 1841

譯序

年在諾丁漢任印刷商和報刊經售人期間，他注意到了以下這個現象：即每當《每週紀事》（Weekly Chronicle）和《星期日泰晤士報》（Sunday Times）等雜誌刊登版畫插圖時，它們的需求量總是大幅度增加。尤其是 1837 年英國發生了震驚全國的湯瑪斯·格林納克（Thomas Greenacre）謀殺案之後，《每週紀事》結合案件的報導和偵破過程，出版了幾期帶插圖的專刊之後，銷售一下子就變得十分火爆，給當時在諾丁漢推銷這份週報的英格拉姆留下了深刻的印象。因而在 1841 年移居倫敦之後，他便決定要自己創辦一份用圖像來報導新聞的週報。經過周密的策劃，這份售價為 6 便士、內容龐雜但裝幀漂亮的出版物在 1842 年一問世便獲得了空前的成功。首期就賣出了 26,000 份，當年年底之前達到了 60,000 份。6 年後又漲到了 80,000 份，1851 年銷量突破了 130,000 份，到了 1863 年銷量已經是驚人的 300,000 份。

《倫敦新聞畫報》的成功立即引來了世界各國一大批類似刊物的跟風和效仿。法國的《畫報》（Illustration）和德國的《新聞畫報》（Illustrirte Zeitung）先後創立於 1843 年。美國紐約的《哈波斯週刊》（Harper's Weekly）問世於 1857 年，倫敦的《圖像雜誌》（The Graphic）成立於 1869 年，接著在 1889 年又出現了《圖像日報》（Daily Graphic）。《倫敦新聞畫報》又先後推出了在紐約出版的美國版和在墨爾本出版的澳洲版等。這些刊物與當地的一些插圖週刊互爭高下，呈現出了百花齊放的局面。早在 1858 年，《倫敦新聞畫報》來華報導第二次鴉片戰爭的特派畫家威格曼就已經發現，廣州的中國人非常喜歡用《倫敦新聞畫報》來裝飾他們的牆壁和平底帆船。1872 年，另一位特派畫家辛普森（William Simpson, 1823 ～ 1899）來中國報導同治皇帝大婚的新聞時，也曾吃驚地發現，北京的大街上居然打出了銷售《倫敦新聞畫報》的廣告，就連上海的舢板船篷的內壁上也密密麻麻地貼滿了《倫敦新聞畫報》。中國清末最著名的《點石齋畫報》最早是 1884 年作為附屬於上海《申報》的旬刊畫報所創辦的。當時《申報》的老闆是英國人，其創意毫無疑問也是受到了《倫敦新聞畫報》的影響。

《倫敦新聞畫報》之所以能在長達一個多世紀的時間內一直保持長盛不

衰的態勢，其成功的祕密就在於辦報人高標準且要求嚴格，對這份刊物的品質和品味追求精益求精。赫伯特·英格拉姆在創辦之初就幸運地得到了英國一位傑出畫家約翰·吉爾伯特（John Gilbert）爵士的鼎力相助。吉爾伯特才華橫溢，19歲時便在英國皇家美術家協會的會展中展出了自己的作品。兩年後，他的另一幅作品又入選了英國皇家美術學院的畫展。後來他還先後被選為英國老水彩畫學會的主席和英國皇家美術家協會的會長。他用自己的生花妙筆撐起了這份雜誌在創辦初期的半邊天，如在創刊期所包含的20幅插圖中就有8幅是出自吉爾伯特之手。此後，該刊物跟皇家美術家協會和皇家美術學院這兩個英國美術界權威機構的關係一直非常密切。

1860年英格拉姆及其長子在美國度假時因遊船在密西根湖中沉沒而不幸遇難之後，他的兩位摯友和合夥人便馬上又請來了薩繆爾·里德（Samuel Read）和梅森·傑克森這兩位英國美術界的翹楚。傑克森在其後的25年中擔任了《倫敦新聞畫報》的藝術編輯，為維護這份週刊在業界的領先地位做出了極大的貢獻。在1892年之前，英國還沒有將照片和畫家的速寫直接印在報刊之中的相關技術，必須先將它們製作成版畫，然後才能用於印刷。由於製作版畫是一項精細的手工活，所以往往需要較長的時間，這樣圖像的時效性就成了新聞出版過程中的一個瓶頸。傑克森經過多年的潛心研究，在這方面有一個重大的發明，他設法將攝影術直接運用於版畫的製作，即將照片或速寫等圖像畫面直接印在梨木板上，然後用刻刀直接在這個畫面上製作雕版。這樣就能保證在相對較短的時間內完成一幅比例準確而又效果優異的印刷雕版。憑藉這一先進的雕版技術，《倫敦新聞畫報》得以在19世紀後半期各種新聞畫報層出不窮的激烈競爭中始終穩居第一，保持其在業界的龍頭老大地位。

為了保持其在英國插圖報刊中的壟斷地位，該刊物還聘用了當時英國一些最有才華的作家，如斯蒂文森、哈代、吉卜林、康拉德等為其寫稿，以及聘用當時在歐洲最負盛名的一些畫家，如辛普森、普賴爾和勳伯格等為特派畫家兼記者，前往世界各地去採集和報導新聞。在硬體設置上，《倫

敦新聞畫報》在業界也始終保有最先進的印刷機械和設備,而且總是採用
質地最優良的印刷紙張和最先進的刻版及印刷技術。它的那些筆法細膩的
版畫插圖現在看起來都堪稱是價值和品味甚高的藝術品。從 1892 年起,該
刊率先採用當時最先進的照片印刷技術,開始用越來越多的照片來逐步取
代原來的版畫插圖。與此同時,刊物內也開始出現越來越多色彩絢麗、印
刷精美的彩頁插圖。

採用攝影新技術製作的版畫筆觸細膩,與照片幾可亂真

　　20 世紀前半葉對於兩次世界大戰的報導中,攝影技術作為新聞報導主
要媒介的效果達到了頂峰。照相圖片以其對枝微末節的精細呈現,將這兩

次戰爭的宏大、殘酷和慘烈的場面栩栩如生地展現在讀者面前，並以前所未有的時效性和直觀性將世界各地正在發生的種種事件迅速地報導出來，使得讀者有一冊畫報在手，不出家門便能知天下大事的臨場感。在這方面，《倫敦新聞畫報》也做得十分出色。它所派往世界各地的特派或常駐當地的攝影記者從四面八方源源不斷地傳來最新的畫面和新聞報導，為讀者提供了一場前所未有的視覺盛宴。

然而正如俗話所說，「花無百日紅」。隨著攝影技術的普及和專業攝影刊物層出不窮地出現，《倫敦新聞畫報》保持了一個多世紀的業界優勢在20世紀中期不斷地受到挑戰。由於該刊物的定位並非高端的攝影專業雜誌，所以它原來在圖像方面的領先優勢逐漸消失，讀者群也隨之萎縮。進入1970年代之後，該刊物被迫從週刊改為月刊，接著又先後改為雙月刊和半年刊。到了2003年，它便壽終正寢，不復存在。

二

《倫敦新聞畫報》1842年創刊之際，正是第一次鴉片戰爭剛結束之時。因此從一開始，該刊就有一定數量關於中國的連續性圖片和文字報導。對於研究西方人眼中的中國形象來說，它確實是非常獨特而典型的載體和頗為理想的研究對象。

創刊初期，由於當時英、中民間交往很少，作為插圖作者的畫家們大都從未來過中國，平時所依據的幾乎全都是第二手資料，所以他們呈現的中國形象是有明顯隔閡和偏差的。例如《倫敦新聞畫報》1842年7月9日的一篇中國報導中關於清軍炮兵的插圖就有明顯的問題：明明是在介紹清軍的情況，但圖中兩位士兵的裝束和盔甲卻明顯不是清代的樣式，而更像是明代的。

《倫敦新聞畫報》第5卷第114號上另有一篇題為〈中國水勇〉（1844

譯序

年 7 月 6 日，12 頁）的報導如今讀來顯得更為荒誕：

海德公園角的「唐人館」剛剛增添了一個非常有趣的藏品。這個直接從中國收到的藏品是一個全副武裝的「水勇」，據信這是帶到英國來的唯一標本。這個水勇坐在一個豬皮筏子上，手裡拿著三叉戟等武器。在最近的英中交戰之前，他被認為是跟英國水兵旗鼓相當的對手，但現在我們懷疑中國人一定是因用這些可憐的武器來抵抗那些習慣於「統治水面」的英國人而沾沾自喜；而這對於一個擁有活字印刷、火藥和指南針這三項現代最重要發明民族來說是極不相稱的。但有人認為，這種「水勇」也許在和平時期用於內陸湖的捕魚更為合適。

應該解釋的是，「水勇」是以所乘坐的充氣豬皮筏子當作「馬」。他一手拿著火繩手槍，另一隻手裡的三叉戟上套有鐵環，他就是透過搖晃三叉戟所發出的聲音來嚇唬「蠻夷」的。水勇的身上穿著普通中式服裝，褲腿捲到了大腿之上。

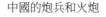

中國的炮兵和火炮

中國水勇

上面這個例子似乎可以說明，當時英國普通民眾對於中國的認知是非常有限且不準確的。

但這種局面很快就發生了變化。從 1856 年開始，該刊開始往中國派遣特約畫家兼記者。從那時起，凡是在中國發生的一些重大歷史事件，如

第二次鴉片戰爭、太平天國起義、甲午戰爭、中法戰爭、義和團運動、八國聯軍、日俄戰爭、辛亥革命、軍閥混戰、北伐戰爭、江西剿共戰爭、抗日戰爭和解放戰爭等等，都有該刊特派畫家兼記者的現場目擊報導和發回英國的大量圖片、文字資料。除此之外，那些來華的特約畫家兼記者還特別關注中國的風土人情、生活習慣，以及社會各方面的情況，其目的不僅是滿足英國國內讀者對於中國的好奇心，也是試圖交流東西方文化間的差異。其中有關中國的數千張圖片和數百萬文字向我們展現了清末民初這一個多世紀的時間裡中國頗為綺麗壯觀的長幅歷史圖卷。

這些從西方人的視角來看中國歷史的圖片和文字具有以下幾個鮮明的特色：

1. 它們大多是關於現場的目擊報導，屬於第一手的原始歷史資料。
2. 它們對歷史事件的觀點往往跟中文史料的觀點相左，這就為我們研究歷史提供了另外一個角度的參照物。
3. 它們所報導的一些事件和中國社會生活的細節往往是中文史料中的盲點，是別處難以找到的珍貴史料。
4. 由於前後延續一百多年，其對中國報導的系統性和連續性也是許多其他西方歷史資料所不能企及的。

由於以上這幾個特點，我們認為《倫敦新聞畫報》中的這些圖片和文字資料是研究中國近代史和現代史的一個重要素材來源，也是對同時期中文史料的一個必要補充，因此具有極高的出版研究價值。

從 1857 年至 1901 年，《倫敦新聞畫報》曾經向中國派遣了至少六位有案可查的特約畫家兼記者：威格曼（Charles Wirgman, 1832 ～ 1891）、辛普森（William Simpson, 1823 ～ 1899）、普萊斯（Julius M. Price, 1857 ～ 1924）、伍德維爾（R. Caton Woodville, 1856 ～ 1927）、普里爾（Meton Prior, 1845 ～ 1910）、勳伯格（John Schönberg, 1844 ～ 1913）。他們跑遍了華南、華北、山東、山西，採訪報導了中國社會各個層面的歷史和現狀，向英國國內發回了上千張關於中國的速寫和幾十萬字的文字報導。其中威格曼、

辛普森和勳伯格這三位記者表現得尤為突出。

　　威格曼是於 1857 年 3 月第一個被派到中國來的特約畫家兼記者。在前往中國的漫長路途中，威格曼就發回了一系列沿途采風報導：他描寫在海上看到的壯麗景觀、船上的各色旅客和水手船長、途經一些國家的景色和風情，尤其是關於東南亞華僑的生活習俗。1857 年 7 月 17 日，《倫敦新聞畫報》發表了威格曼從中國發回的第一篇戰地報導和相關速寫。隨後便是每週一期的一系列的中國目擊報導，他的視野不僅僅停留在戰事的進展上，而且還盡可能廣泛地介紹他親眼所見的各地風情，例如摘茶女、清軍旗手、婚禮、廣州市井、商船、轎子、街上的行人、廣州城在英軍炮擊所起的大火、與清軍作戰的太平軍、海盜、香港、上海港、中國的刑罰、旗幟、服裝、外國貨輪、英國軍艦、大禹陵、中英天津條約、達賴喇嘛、廣州施捨站、小偷在街上受鞭撻、繁華的商業區、佛教寺廟、中醫、香港跑馬場、香港畫家、臺灣人的生活習俗、大連、旅順、天津與潮白河、中國的春節、中國人的家庭生活、中國婦女的髮型、洗衣服的方式、琉璃廠古玩街、北京的馬車、茶館、潮白河上小孩的滑冰方式、村民的生活和娛樂方式等等。當然，身為戰地記者，他所報導的主要還是第二次鴉片戰爭的整個進程和各次具體戰役的細節，其中最重要的自然要數火燒圓明園。他的中國寫生作品和系列報導在當時的英國國內掀起了一股持續好幾年的「中國熱」。

威格曼（穿黑上衣者）正在中國採訪寫生

廣州城的一個佛教寺院，1860 年 4 月。在圖片前面的這三個外國人中，
左邊是比托，中間是威格曼，右邊是一位法國記者

譯序

　　威格曼的數十篇隨軍戰地報導為我們留下了有關第二次鴉片戰爭的第一手珍貴史料，尤其是那些他在現場所畫栩栩如生的戰地速寫堪稱獨一無二。他的文字報導也很有特色，除了反映基本事實，如英軍和清軍雙方的參戰和傷亡人數、每次戰役英軍所攻克的炮臺數量和名稱、所繳獲或破壞的大炮門數等中文史料中往往忽略的方面之外，還經常有自己獨到而細緻的觀察和感受，能給人一種目擊報導所特有的強烈臨場感。

　　威格曼跟另一位英軍隨軍記者，即義大利攝影師比托（Felice Beato, 1832 ～ 1909）之間的私交不錯。如上面這張老照片所示，兩人在廣州時經常形影不離，留下了不少合影。比托以攝影見長，而威格曼則以繪畫取勝，同時文筆也相當優美和流暢。他倆在新聞報導上一唱一和，相輔相成，為後世留下了不少珍貴的歷史資料，其中比托在圓明園被燒毀當日所拍攝的六張清漪園照片是目前唯一能夠找到的現場歷史照片；而威格曼所畫英法聯軍占領的安定門甕城、城門下北京市民們圍觀英軍哨兵和《京報》記者抄寫英軍最後通牒的場景，以及英國特使額爾金勛爵在英軍護衛下透過安定門進入北京城的宏大場面等圖像，也同樣珍貴和重要。威格曼和比托都不約而同地參加了英軍派到清漪園去縱火的那支部隊的採訪報導。除了珍貴的現場圖像資料之外，兩人還都留下了文字記載和報導。而威格曼所提供的眾多細節描寫為後人考察和研究這段歷史提供了一個比較可靠的參考。

　　辛普森也是英國著名的寫生畫家和戰地記者，曾被派往 40 多個國家去報導當地的戰爭、風土人情和其他重大事件。1872 年，他被派往中國報導同治皇帝的娶親婚禮，該系列報導在英國引起了很大的轟動，使得西方的「中國熱」再次急遽升溫。在長達一年多的時間裡，《倫敦新聞畫報》幾乎每週都刊登他的中國報導。這些報導文章和圖片的題目包括去中國的航行、郵船在紅海、客輪上的禮拜儀式、包令爵士、在家中的中國人、北京的皇家婚禮、舉行大婚的同治皇帝、新娘的公主府、北京的街景、在北京做聖誕節布丁、中國的婚禮習俗、北京的教會男校和女校、天壇、八達

嶺長城、十三陵、寺廟、街頭木偶戲、送京報的男人、死嬰塔、孔廟、國子監、射箭的滿人、英國公使館、北京的貢院和參加科舉考試的貢生、上海的當鋪、漢口的英國人劇院、天津見聞、紡線的農婦等等。辛普森不僅繪畫技藝出眾，能準確把握中國人的形象特徵，而且文筆很流暢，知識淵博，寫出來的文章很吸引人。

同治皇帝大婚是辛普森首次來華採訪報導的重頭戲，所以與此相關的幾篇報導文字描寫特別精彩，將清朝八旗如何挑選和訓練秀女、大婚之前如何在北京大街上展示各地送來的禮品和皇帝的聘禮，以及大婚那天晚上婚禮行列又是怎麼把新娘迎娶到紫禁城裡的整個過程頗為詳細地介紹給了西方的讀者。由於清朝皇族的婚禮嚴格實行薩滿教的神祕禮儀，浩浩蕩蕩的迎親隊伍必須在半夜時分從公主府出發，不同的方陣都各司其職，不僅要邊走邊舞，在大街上走出特定的路線圖案，而且還要有一個欽天監官員手持標有刻度的焚香在一旁控制和調節婚禮行列的行進速度，以便在某個吉時能讓新娘的花轎準時進入紫禁城的大門。而所有這一切都是禁止旁人窺視的。薩滿教的某些神祕禮儀有時令現代讀者頗為費解。我在翻譯的過程中曾經專門請教過北京一些研究薩滿教的學者，根據他們的評價，辛普森報導中所透露的一些皇家婚禮細節還是很有研究價值的。辛普森關於這次皇帝婚禮所畫的相關插圖也特別出彩，其中兩幅曾被選中作為《倫敦新聞畫報》的封面。

辛普森的其他報導也具有很高的歷史研究價值，例如他在 1873 年 3 月 22 日的一篇題為〈北京見聞〉的報導中詳細描述了置放在北京孔廟中十個刻有詩歌銘文的石鼓，不僅追溯了這些石鼓文的淵源和意義，而且還特意用畫筆直觀地表現了其中一個被破壞和改鑿成馬槽的石鼓。這篇報導的中譯文經本文作者在《北京青年報》的一篇文章中發表之後，武漢有一位專門研究石鼓文的學者如獲至寶，認為它給中國國寶級文物留下了一個珍貴的記載。在上述同一篇報導中，辛普森還詳細描繪了一位在紫禁城邊一條街上將盛有《京報》的褡褳放在左肩上，徒步將它們逐一發送到訂戶家中

譯序

的京師傳信官。類似這樣的現場目擊報導在中文史料中也是罕見的。

　　勳伯格是一位奧地利畫家且馳名歐洲的戰地記者。《倫敦新聞畫報》為了報導北京的義和團運動和八國聯軍進攻北京，在 1900 年派勳伯格前往中國。當時該週報已經開始大量採用照相技術來進行背景介紹，以及人物和事件的資料報導。然而，由於當時的照相機比較笨重，成像時間較長，以及整個攝影程序比較複雜，所以戰地現場報導仍然依賴於畫家的速寫。勳伯格到達北京之後，發回了數量驚人的速寫圖片和文字報導。這些報導文章和圖片的內容包括京師場景、義和團招兵買馬、過水閘的義和團、教會學校、北京的場景、西伯利亞東部的戰場、英國公使館內的聯軍士兵、中國的茶館、從天津到北京的艱難歷程、天津的冬夏場景、李鴻章在滿洲裡向蒙古人徵收貢品、滿洲裡的縣官審問俄國人、義和團的軍隊、重慶和山海關、大沽炮臺的陷落、潮白河場景、義和團的反洋教宣傳、慈禧太后、西伯利亞邊境的中國人、俄軍在天津郊區巡邏、孟加拉騎兵押解義和團俘虜、中國的剃頭店鋪、日軍騎兵的衝鋒、北京城牆上的近戰、北京的城牆、清軍在松江、八國聯軍在北京逐家搜捕拳民、見證拳民的刀槍不入、保衛英國公使館、俄軍騎兵在總理衙門、白河上的舟橋、八國聯軍進入紫禁城、聯軍軍官們一起進餐、聯軍在北堂做禮拜、孟加拉騎兵在開往北京的路上、聯軍炸西山大白塔、聯軍在天壇慶祝阿爾馬戰役紀念日、英軍經水門進入北京內城、英軍占領哈達門、英軍攀登北京城牆、聯軍占領山海關、摧毀中國寺廟、中國旅店的炕、英軍在八大處偵察、運河上帶帆的雪橇、聯軍向保定府出發、英軍押解中國苦力在豐臺搶修鐵路、八國聯軍總司令瓦德西進入北京、英俄商討共修鐵路、英軍搶劫珍寶作為獻給女王的禮物、聯軍拍賣搶來的物品、中國的經輪、瓦德西視察英軍、中國官員要求跟德國公使面談、在天津府審判拳民、關在天津衙門裡的兩個女拳民、英軍從鄉村搶來的物品和地契、北京的萬國俱樂部、英俄在天津的衝突、英軍下令拆毀天津城牆、鐵路修到北京天壇、李鴻章的直隸衙門、北京街景、美軍登上北京城牆、聯軍在天津的墓地、蒙古親王攜獵鷹出獵、中國

的一個花園招待會、巴夏禮、英軍挖出清軍埋藏的德國鋼炮、醇親王向德皇謝罪、《辛丑條約》的簽訂等等。應該特別指出的是，勳伯格具有相當深厚的繪畫功力，在他的現場速寫中有不少被製作成了畫幅很大的插圖。

綜上所述，威格曼、辛普森和勳伯格這三位《倫敦新聞畫報》特派中國的畫家兼記者從不同的角度對 19 世紀後半葉的中國做了詳實而相對客觀的目擊報導。他們的系列報導視角獨特，內容充實；不僅是珍貴的史料，也是非常吸引人的讀物。如果收集比較齊全的話，這三位特派畫家兼記者的報導文章和圖片均可獨立成卷，並組成一個具有連貫性的系列。其他三位特派畫家兼記者發回英國的文字報導和圖片則相對來說要少些：普萊斯應該是被派來報導中法戰爭的，但是他在中國停留的時間似乎較長，或者他曾數次來過中國。伍德維爾來中國主要是為了報導甲午戰爭，而普里爾在華的時間是 1899 年，即在 1898 年戊戌變法之後和 1900 年義和團運動爆發之前。

三

早在 2003 年發現《倫敦新聞畫報》的珍貴史料和藝術價值之後，我就曾下決心要把這個刊物中有關中國的報導都翻譯成中文出版。到 2004 年，我就已經翻譯出了數百篇相關報導，不過由於對中國歷史和人文地理知識的欠缺，當時的譯文仍不太成熟。簡而言之，我在翻譯威格曼關於第二次鴉片戰爭的戰地報導時遇到了一些難以踰越的障礙，例如他身為隨軍記者，詳細報導了英軍所參加的幾乎每一次戰役，可是廣州珠江上和江岸兩旁建有為數眾多的炮臺，而且珠江流域還有密如蛛網的支流。英國人將這些炮臺和珠江的支流都起了英文名字，所以很難將這些特殊的英語專有名詞準確地還原成中文。我一直在試圖尋找當時的英語或英漢雙語的廣州地圖，但是到目前為止，一直還沒有找到。

另外原本想要出版《倫敦新聞畫報》中國報導系列叢書的計畫也遲遲

譯序

沒有真正實現。

2008 年，聽說有人已經編輯出版了《倫敦新聞畫報》的中國報導，我一度準備完全放棄這個翻譯和出版計畫。但後來看到《維多利亞時代的中國圖像》這本書之後，發現它只是收集整理了該刊物在 19 世紀中所發表有關中國的四百多幅圖片，並沒有譯出原來的文字報導，而且書中尚存有各種錯誤，所以我仍對最初的翻譯和出版計畫懷有希望。

由於《倫敦新聞畫報》是以用圖像來報導新聞為主要特色的，所以有些人過於看重該刊物的中國圖像，而輕視與圖像相輔相成的文字報導。然而圖文並茂是《倫敦新聞畫報》最重要的特徵，文字報導是對那些圖像的最佳解釋，如果沒有了相關的文字，不僅圖像的內涵意蘊黯然失色，而且還會造成誤讀。關於這一點我可以舉出很多的例子。

例如《倫敦新聞畫報》第 19 卷，第 492 號，1851 年 8 月 30 日，269 ～ 270 頁上有一篇關於維多利亞女王在奧斯本宮招待了剛從廣州抵英的一個中國士紳家庭的報導和一幅插圖。有人據此推斷，該文所提及的那個所謂的「鍾阿泰」就是唯一參加 1851 年首屆倫敦世博會，並以「榮記湖絲」獲得女王所頒金銀大獎的中國商人徐榮村。但這種觀點實際上難以成立，讀者如果有耐心讀完下面這段文字報導，就絕不會認同上述論斷：

> 上週一我們最殷勤好客的維多利亞女王陛下在奧斯本宮招待了一位剛從廣州來到英國的中國士紳鍾阿泰（Chung-Atai）及其兩個小腳妻妾、一個小姨子。這個中國家庭所獲得的殊榮便是上面這張插圖的主題。這是迄今所知享受到這一崇高特權的首個中國家庭。由於清政府嚴禁上流社會的婦女離開中國，所以這個中國家庭能夠克服根深蒂固的偏見，舉家離開天朝帝國，必定是下了極大的決心。這更彰顯了他們的冒險精神，並且使得這一事件變得非常耐人尋味。關於在奧斯本宮舉行的這次招待會，本報在上一期中有一篇詳細的專題報導。
>
> 因涉及纏小腳的士紳女眷們出洋，這個中國家庭在廣州經歷了當局設置的各種障礙和刁難，但最終還是把所有的難題都解決了。1851

年 2 月 20 日，他們在香港登上了開往倫敦的「皮爾女士號」船。雖然這一航程花費了很長時間，但他們看起來似乎非常自在和愉快。家庭成員都住在艉樓的船艙裡，相互間經常保持聯繫，這使得他們始終能相互依靠，由於他們具有安靜而隨和的性格，很享受家庭成員間的親情，所以他們成為家庭幸福的完美典範。對於英國的許多家庭來說，他們提供了一個良好的榜樣。在離開中國之後，船停靠的第一個地方是蘇門答臘島。在那裡該船得到了水果和糧食儲備的補給。當船的甲板上出現了馬來人那陌生而粗獷的身影時，那些中國人簡直遏制不住自己的喜悅和驚奇。船停靠的第二個地方是聖凱倫拿島。由於在過去的幾個星期裡船上的淡水供應較為緊缺，因此給旅客們造成了很多不便。所以當人們看到陸地時，喜悅之情溢於言表。該島的總督克拉科中校、他的副官及幾位女士和紳士一起來到了船上，為能跟這個獨特的中國家庭面對面地進行交談而感到高興。

「皮爾女士號」最終於本月 10 號到達了格雷夫森德。這個中國家庭全都安全登岸，並且受到了英國朋友們的熱烈歡迎。後者已經在此等待了一段時間，中國人給他們帶來了自己的介紹信。

他們此行的目的之一是參觀在倫敦舉行的世界博覽會。上週六他們已經達成了這個心願。由於女眷們都纏小腳（她們的鞋底只有 1.5 平方英寸大）的這一令人無奈的特點，她們顯然不適合去擠世博會的人群。一個更為妥善的辦法就是讓她們趁上午去為殘疾人安排的專場參觀。所以他們便穿上了本國生產的漂亮刺繡綢緞衣服，坐在舒適的轎椅裡，被人抬著去水晶宮裡轉了一圈。他們對於自己所看到的每一件物品都感到非常喜悅和驚奇。他們也受到了世博會管理委員會一位執行董事的殷勤接待，後者全程陪伴他們在水晶宮裡參觀。這個中國家庭很高興地發現每一位參展者都很客氣，想讓他們盡可能地看完那裡所展出的各種產品樣本。尤其是在法國的展區，有好幾位參展者都對他們彬彬有禮，有的甚至把展品從展櫃裡拿出來，以便能讓他們看得

更加仔細。

據稱這些可愛的中國人在倫敦這個大都市裡逗留一段時間之後，還想去訪問巴黎。

上文中有幾點值得注意：

1. 這位名叫「鍾阿泰」的中國人來自廣州，而徐榮村是道地的上海商人。
2. 倫敦世博會是於 1851 年 5 月 1 日開幕的，維多利亞女王還於 5 月 7 日參觀了這屆世博會的中國展廳；而鍾阿泰一家是 1851 年 2 月 20 日才離開香港，8 月 10 日才抵達英國的，身為參展商，他不應該姍姍來遲。
3. 報導中隻字未提徐榮村參展的「榮記湖絲」，雖然參觀世博會是鍾阿泰一家在倫敦的遊覽項目之一，但他們只是在「為殘疾人安排的專場」坐在轎椅裡，被人抬著在水晶宮裡匆匆轉了一圈，甚至都沒有時間去參觀中國展廳。假如是參展商，鍾阿泰本不該帶著三個行動不便的小腳女眷去英國，而且在倫敦參觀世博會時也至少應該關心一下自己的展品。僅根據以上這三點，我們便可以得出結論：鍾阿泰不可能是徐榮村。

另一個典型的例子就是「耆英號」平底帆船及其名義上的主人「廣東老爺希生」。2010 年上海承辦了中國首屆世博會，一位最近出土的歷史人物也在網路和主流媒體上迅速竄紅 —— 他就是被譽為「中國世博第一人」的所謂「廣東老爺希生」。後者在 1851 年倫敦首屆世博會開幕式上的亮相甚至令有的作者宣稱：「西方人對於中國的敬畏之情並沒有減少……希生的形象也充滿著自信和威嚴，說明當時的歐洲仍然把大清視為一個東方大國來對待。」

這無疑又是一種嚴重的誤讀。英國《倫敦新聞畫報》上有三篇報導及其插圖可以揭開「希生」這一神祕人物的背景。原來他跟清末一艘名為「耆英號」的大型中式平底帆船遠航英美密切相關。

在第一次鴉片戰爭期間，清朝水軍領教了英軍「船堅炮利」的厲害，

於是便在戰後用經過改進的新式兵船逐步更換了在戰爭中被證明是操作笨拙、行駛遲緩的那些舊式兵船。英國方面自然千方百計想要了解這些新式兵船的祕密所在，所以有幾位英國人經過了各種艱難曲折，喬裝打扮混入了廣州城，買通了一位當地的四品官員，以後者的名義買下了一艘相當於最高等級新式兵船的平底帆船，並以迂迴的方式祕密運到了香港。因為大清律法嚴禁將中國船隻售予外國人和擅自出公海，違者問斬。英國人的最終目的是將這艘船運到倫敦東印度公司的碼頭進行拆解，以了解它的內部構造，並找出它的致命弱點。

「耆英號」的載重量在 700 噸至 800 噸之間，船體長 160 英尺，寬 33 英尺，船艙深度為 16 英尺。它是用最好的楠木建造的；其船板是靠楔子和榫頭來固定，而非用肋骨將它們釘在一起的。船上有三根用鐵木製成的桅杆，主桅杆是一根巨大的木柱，高達 90 英尺，木柱底部與甲板連接處的周長有 10 英尺。船上的帆用的是厚實的編席，用一根粗大的、籐條編織成的繩子來升降，主帆幾乎重達 9 噸。船上攜帶三個巨大的船錨，船舵重達 7 噸以上，可以由位於艉樓上的兩個軲轆隨時吊起來。該船兩側的船舷上各有十個方形的窗口，那是該船配置 20 門重型火炮的炮眼。相形之下，舊式兵船隻配置了 12 門火炮，而且從炮眼的形狀大小來判斷，後者所配置火炮的口徑要小得多。

1846 年 12 月 6 日上午，「耆英號」在歡送的禮炮中從香港出發，駛向公海。船上有 30 名中國人和 12 名英國人，還有名義上身為船主的那位前清四品官員。這位字號為「希生」的「廣東老爺」後來在 1851 年的倫敦世博會開幕式上被奉為上賓，並且在目前國內眾多介紹世博會歷史的文章和論著中被吹捧為中國形象的代表，但是從嚴格意義上來說，他只不過是一位為了個人的蠅頭小利而出賣國家重大機密的貪官和漢奸。

因忽視文字報導而造成誤讀圖像的第三個例子就是《維多利亞時代的中國圖像》一書的編者在介紹辛普森〈北京見聞〉（《倫敦新聞畫報》1973 年 3 月 22 日，264 頁）的前兩張速寫插圖時將置於北京孔廟院內的石鼓和

譯序

國子監內所藏的十三經漢白玉碑林分別解釋為「北京寺院裡的鐫詩石」和「北京房山雲居寺所在的石經」；而辛普森在文字報導中其實已經明白無誤地說明石鼓位於北京孔廟（the Confucian Temple at Pekin），十三經碑林藏於國子監（the Hall of Classics）。而且他還特別說明，孔廟位於國子監的東面，兩個院子是相互毗鄰的。

清軍的舊式兵船在第一次鴉片戰爭中被證明操作笨拙，行駛遲緩

「耆英號」是一艘相當於最高等級的清軍水師新式兵船中的中式平底帆船

　　追根究底，忽視文字報導主要還是因為閱讀和翻譯《倫敦新聞畫報》中的中國報導對於一般人來說還具有相當的難度。只是英語基礎好，並不能保證可以正確地理解和翻譯這些文字報導。要做到這一點，還必須具有廣博的中國近現代歷史和人文地理知識。但是在現實生活中，往往英語基礎好的人，歷史和人文地理知識會缺乏；而專門研究歷史和人文地理的人，則往往英語程度有所欠缺。下面還是以 2008 年出版的《維多利亞時代的中國圖像》一書為例，來看一下比較常見的幾種誤讀和誤譯。

　　第一種情況是對於英語詞彙不同含義的理解不夠準確。有些英語單字可以分別用作名詞、動詞或形容詞，其意義會有所變化。即使是同一個名詞，也可以有很不相同的意思，尤其是在跟其他單字進行搭配的時候。在關於第二次鴉片戰爭的文字報導中，"military train" 這個詞組頻頻出現，在上述那本書裡它被分別譯作「軍事行動」（第 137 頁）、「軍訓」（第 141 頁）和「軍訓人員」（第 152 頁），但這些譯法都是不準確的。"train" 這個英語

單字作為動詞的意思是「訓練」，作為名詞有「列車」、「行列」、「系列」等意思。但是在第二次鴉片戰爭的語境中，"military train" 這個詞組則是指「軍事輜重隊」，即由中國苦力所組成、專門負責給英軍運送彈藥和糧草等補給的半軍事化組織。

在該書第 233 頁，1863 年 2 月 7 日一篇報導的英語標題 "The Civil War in China: Expedition of Imperialists, headed by British Officers, to Fungwha" 被譯作「中國內戰：英國官員率領的帝國主義者遠征奉化」。這個標題讀起來似乎有點自相矛盾：既然是英國官員率領帝國主義者遠征奉化，那就應該是公然的侵略，怎麼還能說是內戰呢？原來譯者誤譯了原標題中的兩個單字："imperialists" 在這裡是指「清軍」；"officers" 不是指文職「官員」，而是指「軍官們」。原來在 19 世紀中期，清廷為了抵禦太平軍的進攻，專門組織了一支由外國軍官華爾指揮的漢人洋槍隊，又稱常勝軍。所以正確的譯法應該是「中國內戰：英國軍官們指揮的清軍遠征奉化」。

類似的錯誤還有第 142 頁的標題「廣州第二橋司令部」，這個標題中文文理不通。究其原因，是編者將原文標題中的 "brigade"（旅）誤拼成了 "bridge"（橋），所以正確的譯法應該是「廣州的英軍第二步兵旅司令部」；在第 296 頁中，"minister" 一詞被分別譯作「大臣」和「政府部長」、「部長」，但是正確的譯法應該是「公使」；第 328 頁上的 "torpedo" 被誤譯成「水雷」，實際上應為「魚雷」；第 331 頁上的英語標題 "On Board An Opium Hulk in Shanghai" 被誤譯為「在上海一條鴉片船甲板上」，而插圖所表現的畫面是船艙裡的情景，"On board" 是指「在船上」，而非「在甲板上」。

第二類誤譯跟中國近現代史知識有關。例如第 244 頁上的英語標題 "Entrance to Ching-wang's Palace, Soo-chow" 應譯為「蘇州勤王府大門」，而非「蘇州敬王府入口」；第 85 頁的英語標題 "Mr. Consul Parkes Bidding Adieu to the Old Co-hang Mandarins" 應譯為「英國領事巴夏禮先生向老行商們告別」，而非「英國領事派克斯先生會見老公行官員」；第 258 頁上的 "Sir Rutherford Alcock" 應譯為「阿禮國爵士」，而非「阿爾柯克爵士」。

譯序

　　第三類誤譯跟人文地理知識相關。例如北京城原來可以分為四個不同的城區：外城（Chinese City）、內城（Tartar City）、皇城（Imperial City）和紫禁城（Forbidden City）。所以第 212 頁上的「韃靼地區」應譯為「內城」；第 228 頁上的「帝國都城」應譯為「皇城」；第 263 頁上的 "Bride's Palace" 應譯為「公主府」，而非「皇后宮殿」；第 316 頁和第 335 頁上的「福州停泊地之塔」應譯為「福州羅星塔」；第 83 頁的「阿儂霍伊‧虎門要塞」（the Anunghoy Bogue Forts）應譯為「虎門亞娘鞋島炮臺」；第 134 頁上的「北灣東」（North Wantong）應譯為「上橫檔炮臺」。

　　在過去十年的研究和翻譯《倫敦新聞畫報》中國報導的過程中，我曾經得到過許多人的幫助，有的人我還能夠記得起名字，但更多的人我並不知道或記不住他們的名字。

　　在此我一併向大家表示衷心的感謝！

1842

中國的道光皇帝
(Taou Kwang, the Emperor of China)

June 4, 1842

《倫敦新聞畫報》第 1 卷，第 4 號
1842 年 6 月 4 日，56 頁

中國的道光皇帝

在一位擁有中國道光皇帝肖像畫真跡的朋友幫助下，我們得以在此刊

登一幅盡可能像道光皇帝本人的摹真版畫。我們原本想把這幅畫作為下一批來自中國的報導的插圖，但考慮到下一期報導中的插圖將會占據本畫報中相當大的篇幅，所以我們決定把這位天子陛下的肖像畫從那些插圖中取出來，在這一期中提前發表，以防像潮水般湧來的新聞會把它完全擠掉。據消息靈通的權威人士說，由於中國最近發生的一系列事件，道光皇帝目前（倘若危機尚未過去的話）無論就他個人的生命，還是其王國而言，都正處於極其危險的境地之中；戰無不勝的英國軍隊所向披靡，英國人的民族情緒正不斷高漲。在寧波及其所在省的一些明智而有影響力的中國人正在形成一種看法，即清朝的統治正處於崩潰的邊緣。儘管對於那些熟悉東方專制君主統治的人來說，這件事可能有點令他們吃驚，但此事似乎並非不可能。因為正如中國人所說的那樣，讓皇帝丟臉，即他手下最精銳的軍隊一敗塗地，以及他最堅固的要塞被皇帝及其臣民視為最卑賤的「蠻夷」們所占領，實際上等同於帝國的喪失，因為皇帝的寶座就是建立在中國這個中央大國優越於世界上所有其他國家這一前提之上的。正是由於這個原因，中國的皇帝不可能像英國人所期望的那樣，既屈從於英國的要求，同時又穩坐他的寶座，在戰爭結束之後仍然讓目前的清王朝維持一段較為長期的和平。中國人那麼聰明，在跟韃靼征服者隨心所欲的統治相對照時，不會看不到英國人保護生命財產那種公正法律的好處。

　　當來自印度和英國的增援部隊到達之後，據說英軍的攻勢首先要從奪取大運河南端這一重要地點開始。人們正在議會中對這一舉措的有效性進行遊說，因為有人認為英國遠征軍應該立即進攻北京所在的直隸省，因為從大清帝國的版圖來看，那裡是天子和清政府的所在地，對那裡發動進攻將會迫使皇帝本人反省引起這次戰爭的原因，並且迅速做出決斷。以前英國全權大使們所犯的最大錯誤就是當琦善 1840 年哄騙他們返回廣州時，他們沒有堅持要對有爭議的問題做一個了斷。璞鼎查爵士必須去北京，以便使戰爭能夠真正結束；因為在杭州府的清朝官員似乎決心要以他們自己的方式繼續打下去，儘管他們在表面上提出要進行談判。神聖的直隸省必須

受到攻擊，即使英國軍隊不得不行軍前往京師也在所不惜，直到皇帝屈服為止。此外，奪取直隸省還被認為是奪取清政權，到那時候，皇帝要麼必須下臺，要麼接受英方提出的條件。

據報導，寧波及其方圓好多英里內的居民都請求將自己置於英方的保護之下。英國並不希望看到中國無緣無故地成為自己的殖民地，但出於榮譽或政策的考慮，放棄英方最近所征服的浙江省人民，將他們與寧波及其隸屬地區再次交還給以前的統治者，使之遭受一定的損失，將很快就會成為一個嚴重的問題。假如英方真的這樣做的話，它將難以避免自己已經建立的名聲受到詛咒，得到中國各地居民善意對待的所有希望也會全都落空。

不過壞事也能變成好事。英國人不太理解的鴉片貿易也許能夠成為上帝所想要把福音送到中國並且改變那個國家黑暗狀況的一種手段。因為沒有一個基督徒會懷疑，這樣的事情遲早會發生。說到在孟加拉與中國之間展開的鴉片貿易，應該注意，無論人們如何從道德倫理的角度對它加以反對，但把它視為引起這場戰爭的原因，並對它進行各式各樣的辱罵是完全沒有根據的。戰爭的真正原因可以輕而易舉地追溯到在東印度公司特許貿易期間英國長期受到侮辱，以及後來中國政府對於律勞卑勛爵所受到的輕慢無動於衷。多虧了林則徐大人給了我們一個洗清恥辱的機會。他之所以會毫無顧忌地肆意妄為，是因為當他回顧歷史時，看到的只是英國的旗幟長期匍匐在地球上一個最虛弱和最傲慢的政府面前，以表示臣服，而且英國曾經有兩次以朝貢的方式，試圖用昂貴的禮物去討好天子陛下。英國貿易的一個巨大市場即將被打開，而由此獲得的好處絕不能因為一個錯誤的政策而讓其喪失。

對於中國的遠征 —— 英國遠征中國的大部隊和增援部隊已於 3 月份繞過了好望角。3 月 12 日，由艦長 E. 休姆爵士所率領，裝備有 28 門炮的「北極星號」軍艦和由內維爾海軍中校指揮，裝備有 16 門炮的「蟒蛇號」軍艦到達了那裡；後者幾天之後又繼續往前航行，而前者則在那裡逗留，以便

對船進行捻縫。查爾斯·霍普艦長那艘裝備了 42 門炮的「塔利亞號」軍艦於 14 日到達好望角，並於 22 日繼續往前航行。同一天，由金庫姆海軍上校指揮的「貝爾島號」軍事運輸船（陸軍少將薩爾頓勛爵也在這艘船上）、弗雷德里克海軍中校指揮的「阿波羅號」軍事運輸船和海軍中校 G. R. 科爾先生指揮的「藍寶石」軍事運輸船在這裡下了錨，在得到了淡水的補給之後，於 22 日繼續駛往中國。凱佩爾艦長閣下指揮、裝備有 18 門炮的「狄多號」軍艦於 26 日到達了那裡；而貝爾海軍中校指揮、裝備有 16 門炮的「風險號」軍艦是在 29 日到達的。這兩艘軍艦過幾天即將前往中國。巴克爾海軍中校指揮的「咆哮者號」蒸汽機護衛艦和哈默海軍中校指揮的「馬車夫號」蒸汽機護衛艦在前往中國的途中分別於 4 月 1 日和 12 日在馬德拉群島做了短暫的停留。「雌狐號」蒸汽機護衛艦於 3 月 23 日離開好望角，途經模里西斯，前往中國。海軍中校黑斯丁斯閣下指揮、裝備有 16 門炮的「丑角號」軍艦也在 3 月初經過好望角，前往中國。

THE ILLUSTRATED
LONDON NEWS.

中國
(China)

1842
《倫敦新聞畫報》第 1 卷，第 9 號
1842 年 7 月 9 日，129、132 ～ 133 頁

下頁這張版畫表現中國的炮兵正在操練如何發射火炮。這種火炮似乎非常吸引中國人的注意力，因為他們已經開始知道它的價值。鑑於最近在寧波發生的事件，火炮的重要性在中國人的眼中不會被降低。有關寧波事件的細節報導和最近透過陸路郵政所收到的所有東方新聞可見於本期的第 4、5 頁。無論是圖中的那些武士還是那門火炮，似乎看起來都不那麼可

怕。對於如何操作這門火炮,這兩位武士似乎正在苦苦思索,顯出一副自以為是的神情。實際上,不管炮彈上膛與否,中國的火炮都似乎是對朋友更危險,而不是對敵人。火炮操作起來很累人,甚至在繳獲之後,敵人也不值得費勁去毀壞它們。然而假如目前的局勢再發展下去的話,中國人會比以前任何時候都更加精通戰爭的藝術。與此同時,他們正在從派來教他們「如何放炮」的「蠻夷」們那裡接受最昂貴的教訓,並且在完全了解了這種火炮的祕密之後,他們顯然不會再對它那麼渴求。

CHINESE ARTILLERYMEN AND GUN.

中國的炮兵和火炮

─ 從陸路送來的郵件 ─

中國與印度

　　我們今天很高興地向讀者展示來自中國、阿富汗和印度的最新情報，我們從中可以了解到英國軍隊的優勢依然存在，勇敢的英國人繼續在不幸的天朝人之間大獲全勝，而且他們的勇氣最終在陰險狡猾、不講信義的阿富汗人那裡得到了證明。由於有了電報急件的緣故，公眾對於這個令人高興的消息已經有了心理準備，他們急切地期望看到從陸路送來的郵件，後者出現在了本報某一期的第二版上；儘管那些報導對於英國軍隊在遙遠國度的戰爭狀況和前景並沒有增添多少消息，但我們仍因收到了這些郵件而感到特別高興，因為它們使我們兌現了上星期對讀者許下的諾言，即在這一期中會登載天朝帝國一些最重要城市和偏遠地區的圖片。那些反映我們對中國戰爭事件報導的圖片忠實地描繪了它們所要表現的對象；而且因為圖中所表現的地方不僅英國人很感興趣，就連整個歐洲都很感興趣。我們感到高興的是，我們能夠實現自己的諾言，「不惜一切代價地向我們的讀者生動而忠實地報導外國的情況，不僅涉及文學、習俗和穿著，而且也包括國家政體和各地風光」。我們在報導中國戰爭時唯一感到遺憾的是，英國軍隊從打敗天朝逃兵這件事上並不能獲得任何榮譽。因此我們認為現在應該採取大膽而決定性的行動來結束這場血腥而不光彩的戰爭。然而我們希望，目前那些英國「蠻夷」已經拜訪了北京的皇帝，並已締結了可以立即證明國家榮譽和補償國家損失的條約。那個帶來了情報的郵件比平時提前了十天寄出，以避免即將到來的雨季，因此新聞沒有像我們原來所預計的那麼全面。在本報第 5 號上登載過一張阿富汗的地圖，它對於我們來說，既是一個有用而有趣的手冊，也對了解今天所報導的阿富汗戰爭細節有啓發性作用。

　　這些信件，發自孟買的是 5 月 23 日、加爾各答的是 5 月 13 日、澳門

的是 4 月 1 日、亞歷山大港的是 6 月 20 日。有關賈拉拉巴德事件的報導一直延續到了 5 月 2 日。有關中國的新聞報導一直延續到了 4 月 4 日。

　　中國人在黃埔跟廣州之間的珠江水面建立防禦措施的準備工作仍在進行，現在已經接近完工；而清軍軍官正不遺餘力地操練他們的炮兵，以便使他們學會操縱大炮。

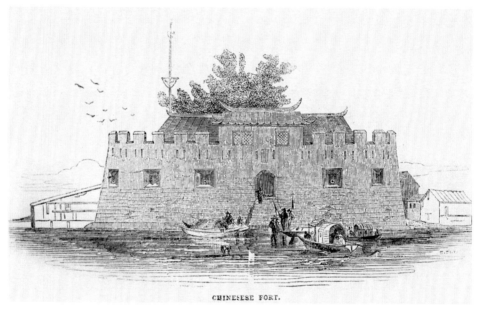

CHINESESE FORT.

中國的要塞

　　寧波在 3 月 18 日受到了清軍大約 10,000 至 12,000 人的攻擊。他們在沒有遇到抵抗的情況下就進入城市，但走到露天市場附近時卻受到了英軍的包圍和攻擊，並且立即潰不成軍。大約有 250 名清軍官兵被打死，而英軍方面沒有一個人傷亡。

　　這似乎只是一次聯合進攻的一部分，因為與此同時，清軍為摧毀我們的軍艦而放出了火船，此外他們還對英軍的鎮海衛戍部隊發動了一次襲擊，但是這些努力都失敗了。

　　在海邊也發生了好幾次衝突，但是都沒有產生決定性的結果，儘管清

軍每一次都有重大的傷亡。據說英軍正在考慮採取更為積極的方案，迎接即將到來的增援部隊，而後揮兵北上。

　　商業貿易似乎還是在照常進行，但除了棉花之外，價格都不怎麼好。以貨易貨是唯一的商貿手段。

VIEW OF THE CANTON RIVER.

廣州珠江的景色

中國

　　廣州、黃埔和珠江 —— 從黃埔到廣州的這一段珠江上的防禦設施現在幾乎已經完成，防備森嚴；在每一處地點都可以看到清軍的調動和操練。大炮和輕武器的實彈射擊日夜不斷。

1842

據報導，有一艘 350 噸的大船在廣州花地附近剛剛下水；據說在船舷上為 26 門大炮留下了炮眼。這艘船是某位富人自己出錢製造並捐給政府的。

在廣州的珠江上下游，可以經常看到用明輪驅動的一艘大船和一兩艘較小的船，模仿英國輪船，進行操練。它們在逆風和漲潮的情況下仍然能夠快速行駛；我們認為它們是靠人工在船艙裡轉動搖柄來進行驅動的。

在沙面，人們正在建造一個大而堅固的要塞，在要塞之內裝備了大約 36 門大炮。這些大炮在兩星期前已經過了檢驗。在這個要塞的旁邊，即靠近十三行的地方，還有另外一個規模較小的炮臺地基已經建好。在珠江對面河南的一個小炮臺（紅色炮臺）和古老的荷蘭炮臺都已經被徹底修復。在鹽河的西岸修建了大規模的野戰工事，兩旁還有較小的防禦工事，它們全都武器裝備精良，防守兵力充足。在黃埔通道入口處的那段江面防守最為嚴密。供平底帆船航行的河道上全都打上了木樁，只是在北岸一個規模很大的要塞城牆之下給小船的航行留出了一條狹窄的通道。在木樁之間沉下了許多用柳條箱承載的石塊和泥沙。而那些木樁又用樹枝和鐵製夾具進行了加固，鐵鏽加上泥沙，很快就會將這一切變成一整塊堅固的岩石。

《孟買郵報》的報導

我們已經收到了分別於 4 月 4 日從澳門和 4 月 19 日從新加坡寄出，並途經加爾各答寄到孟買的情報。來自中國的消息既重要，又令人滿意。在 3 月 10 日上午，大約有 10,000 至 12,000 名清軍官兵襲擊了寧波。敵人登上了城牆，並且推進到了城市中心的露天市場，在那裡他們遇到了英國軍隊的抵抗。這並非由英軍守城部隊的任何疏忽所造成，而是預先就準備好的。的確，這樣的安排似乎效果不錯，反映出臥烏古（Hugh Gough）爵士的指揮若定。是他設下計謀，引敵人在未遇抵抗的情況下深入到城內，然後再給以致命的打擊。這位將軍的計謀果然沒有失算。敵人很快就被擊潰，被迫逃離城市，在身後的街道上留下了 250 具屍體。炮兵在追擊逃兵

時發揮了巨大的作用，大炮是用事先經過專門訓練的一些矮馬來牽引的。皇家第 49 步兵團追擊清兵，一直到了縱深地區，直到 3 月 12 日才回到了寧波，也就是我們所收到的最新情報寄出的那一天。

在清軍襲擊寧波的同一天，鎮海的英軍也受到了攻擊。清軍的這次進攻同樣失敗，他們被擊潰，損失慘重。

清朝的官員還企圖偷襲舟山，並為此在岱山島上集結了大量的軍隊。然而他們的企圖遭到了挫敗，因為英軍派遣了「復仇女神號」軍艦前去偵察，並且得到了有關清軍準備偷襲的確切情報。從軍艦上放下去的一艘小船在駛入一條小河時受到了中國人的槍擊。軍艦上的水手立即上岸。他們在打死許多敵人之後，成功地繳獲了本來要運載清軍去攻打舟山的 30 艘中國兵船。

據說在寧波和鎮海這兩次襲擊中喪命的中國兵勇身上都發現了一些錢。由此推斷，在襲擊城市的前夕清軍都給兵勇們發了賞錢，以引誘他們奮勇向前。據稱皇帝已經下了詔令，要爆發戰爭的省分自己償付所有的戰爭費用。因此我們可以得出結論：北京的清廷並不認為事態已經嚴重到需要舉國上下一起來抗擊敵人的程度了。在遭到侵犯的那些省分裡，人們自然不願意承擔打仗所帶來的沉重財政負擔。這件事所造成的後果就是，錢塘江以南的清軍發不出軍餉，後勤補給也不足，由此帶來的軍心渙散和違抗命令使得有人預言，士兵們很快就會開小差走人。

對於英國人來說，在上述所有的戰鬥中，都沒有一名英國士兵傷亡。

下面是英國駐華公使正式對外宣布的英國軍隊勝利戰績：

─ 供在華英國公民傳閱的傳單 ─

英國駐華公使很高興地向女王陛下的臣民宣布，上個月 10 日在光天化日之下進攻寧波和鎮海英國守軍的兩支中國軍隊已經完全被擊敗。在整個 2 月份，英軍司令部幾乎每天都收到情報，顯示中國的高

層當局正在考慮發動某種主動的進攻。但他們不斷地推遲這種輕舉妄動，有跡象顯示，清軍的總兵已經前往舟山，在那裡策劃至少對英國海陸軍的一部分發起攻擊。

這種狀態一直延續到了上述的日期和時刻，直到一支約有 10,000 至 12,000 人的清軍大部隊開拔到了寧波的北門和西門，從那裡翻上了城牆，並且深入到了市中心的露天市場，在那裡他們遇到了英軍的阻擊，並且立即被擊潰，傷亡慘重。事實上，一旦中國軍隊發現自己受到了此般「熱烈歡迎」時，他們唯一的念頭就是撒腿拼命地跑出城去。當清軍向南門撤退時，由小矮馬牽引的英軍野戰炮突然出現，在不到一百碼的距離之內向密集的人群發射榴霰彈，在城牆之內留下了 250 多具屍體。乘勝追擊那些望風而逃的清軍兵勇的英國皇家第 49 步兵團至今仍未歸來。

當岸上的戰鬥正在進行之時，有一些用鐵鎖鏈捆在一起的火船（舢板）從珠江上游漂流下來，但英國人從「塞索斯特裡斯號」運輸船上放下了小艇，將這些火船拖入了泥沼。與此同時，在珠江對岸的廣州東郊，人們把一門大炮推到了一條小巷的巷口。廣州市民事先已經得到過警告，如果發生這樣的事情，將會遭受嚴厲懲罰。英國皇家海軍軍艦「謙恭號」向這些膽大妄為的人發射了炮彈，在那個地區造成了重大傷亡。

對於鎮海的進攻人數要少得多。敵人剛來到北城門，就受到了迎頭痛擊，並且受到了英軍第 55 步兵團一個連（後來又派出了三個連）兵力的追擊，在追擊過程中共被打死 90 名兵勇和兩名軍官。在對鎮海發動襲擊的同時，敵人也派出了用鐵鎖鏈捆在一起的火船，它們從上游漂流下來，以便能燒毀英國人的錨地，但軍艦和商船上的英國人都已經上岸，所以並沒有造成任何傷亡。

CHINESE SOLDIER.

清軍的兵勇

　　在敵人被擊退之前，「復仇女神號」軍艦從舟山被派到岱山島區執行偵察任務，因爲據傳中國軍隊正在那裡集結，意圖襲擊在鎮海的英國軍隊。那艘軍艦派出小艇，駛入了島上的小河，但小艇受到了槍擊，於是柯林森海軍中校和霍爾海軍上尉率領水兵登岸，中國人潰敗逃竄，有 30 人被打死，還有一些人受傷。水兵在乘坐小艇，燒毀了幾艘剛才向他們開火的中國兵船之後，便返回了鎮海。

　　英軍總司令已經回到了寧波，並且提出要採取積極的行動來進一步打擊敵人。在這份傳單的最後，英國公使以最愉快的心情宣布，在敵人發起的這幾次襲擊中，英國陸軍和海軍官兵無一傷亡。

　　從錢塘江以南的清軍總部傳來的最新情報顯示，清軍已經處於一種違抗命令的狀態，而且後勤補給非常缺乏。

　　中國皇帝已下詔令，開戰的各個省分必須自己負擔戰爭費用；由於當地居民似乎決心不再掏錢來支持這場戰爭，所以清軍有可能不戰自敗，分崩離析。

　　上帝保佑女王！

英國公使　璞鼎查
1842 年 4 月 1 日，於澳門

《廣州記錄報》3 月 18 日的報導

　　廣州的平靜可能又要被本月 9 日晚上在珠江黃埔段發生的事件所打破：一位著名的走私者划著蜑家船正在靠近一艘鴉片船，準備去買鴉片，鴉片船上有人對他喊話，他沒有回答。這時那艘英國鴉片船的甲板上有一人用滑膛槍向他開火，把他當場擊斃。這件很值得悲傷並應該受到譴責的事件是在英國軍艦「秋季號」一艘小艇上的船員遭到逮捕、虐待、打傷和被押解廣州之後發生的。那艘小艇上的一名軍官認錯了通往廣州的一條河道，不小心穿過了兵船的河道。當時有人對他叫喊，並向他開槍，他馬上就掉轉船頭，向停泊在黃埔的軍艦划去。有幾艘中國人的小船在後面追他，但

他仍然還是划在那些船的前面，並且很快地向停泊在黃埔岸邊的軍艦靠攏。可就在這時，他手中的槳折斷了，於是他就被後面的人追上並捕獲了。那些中國人揮舞著刀劍，砍傷了那些並未反抗也沒帶武器的船員，有幾位船員和一位小孩受了重傷。他們由大批的中國人押解，送往廣州府。那些押解者宣稱船員們是懷著敵意來到那個被人叫喊追趕的河段的。「很好，」廣州府的道臺大人說，「你們既然截獲了他們的船，那麼把他們的武器拿上來吧。」可是那艘船上的船員並未帶任何武器。於是中國兵勇改口說這艘小艇是來測量河道的深度和進行「軍事偵察」的。「好吧，」廣州府的道臺大人說，「他們沒有鉛錘和線是無法測量河道深度的，把那些東西拿來。」結果他們也拿不出來，因為小艇上根本就沒有這些東西。那位廣州府的大人發現起訴的罪名不能夠成立，於是他便在當天晚上 11 點釋放了那位軍官和他的船員，並且把那艘小艇也還給了他們。

以下是一封發自寧波的信：

英國皇家第 55 步兵團的一名列兵開槍打傷了他的下士，後者隨即因傷重而死亡。這個最令人悲哀的事件發生在 2 月 18 日的晚上。「厄納德號」運輸船的一艘大汽艇當時正在鎮海上游不遠的一條內陸小河上往水艙裡灌淡水。快到黃昏的時候，這條船因退潮而擱淺了，動彈不得。其結果就是，大汽艇上的指揮官 W. 先生和 11 名印度水兵不得不留在船上進行警戒。天黑的時候，有兩個中國人和一個小孩來到了大汽艇的邊上，用手勢告訴英軍官兵說可以帶他們去找「花娘」。最不幸的是，W. 先生受到誘惑之後，竟帶了兩名印度水兵跟那些中國人走了。後來發生的事證明，這些中國人設下了一個極其巧妙的圈套。W. 先生走在前頭，身後跟著一個提燈籠的中國人，接著是一名印度水兵，後面是另一個中國人，再後面是另一名印度水兵，跟在末尾的是那名小男孩。走了一段路以後，那小孩就不見了，換了另外一名中國男子。那人是從他們所經過的某一座房子裡出來的。他們繼續往前走了一段路，直到走出了大汽艇灌水地點附近的那個村莊。這時那位提

燈籠的中國人把燈籠遞給了 W. 先生，似乎是為了讓他看東西更清楚一點，這樣他自己的手就空出來了。可憐的 W. 先生大聲問他要去的地方在哪裡，他用手指了指一座被樹叢所包圍的房子。緊接著，有人發出了一個信號，突然跳出了四五十個中國人，從各個方向朝那些受騙者衝來。一個後來逃出來的印度水兵在自己被打倒的時候，看見 W. 先生拔出了手槍。他爬起來以後，自己也不清楚是怎麼逃脫了包圍，回到了大汽艇處。天剛剛亮，從「金髮女郎號」軍艦派出了一支突擊隊登陸，前往昨晚發生攻擊事件的地點。在一個池塘裡面，他們發現了可憐的 W. 先生的無頭屍體，身上有三十多處傷口。看來他不是被活捉的，而是拚死搏鬥，直到嚥下最後一口氣。然而有的傷口似乎是為了折磨他才造成的，手腕和膝蓋處都有刀割的痕跡，從每個手指到手腕都被切開了。另一名印度水兵似乎也受了傷，但從現場留下的痕跡來看，他是被活捉後帶走的。

我們還聽說懷特下士報告說他在大碶附近被抓到了一艘中國兵船上，並在那裡受到了最殘酷的折磨，好不容易才撿回了一條命。他前來寧波是為了通報說有一位欽差大臣將會出席條約簽約儀式，儘管設宴者是將軍。

據說英國目前跟中國簽訂條約的唯一條件是要求對方支付 2,000 萬元的賠款，其中一半賠款必須在英軍撤離寧波之前支付。此外，中方必須在北京接待璞鼎查爵士。

中國的軍隊似乎在對英軍形成包圍的態勢。據說他們在餘姚、慈溪和奉化集結。另外有一些軍隊在右側離鎮海不遠的大榭出現。還有報告說已經有士兵在乍浦登船，準備運載到舟山登陸。假如說有關清軍調動的上述消息是正確的話，那麼中國人似乎已經有了一個即將對寧波、鎮海和舟山發起進攻的計畫。

聽說皇帝的侄子，身為揚威將軍的奕經已經來到了寧波附近的某個地方。

VIEW OF AMOY.

廈門的景色

VIEW OF NINGPO.

寧波的景色

廈門

3月15日來自廈門的一封信對於文明的傳播提供了以下的證明：

1842

　　廈門是一個很乏味的地方，因為軍隊駐紮在鼓浪嶼島上，那裡的居民都已經逃走，而我們則不允許離島進城裡去。軍官們都養了矮馬，並且已經平整出了一個還算過得去的賽馬場，他們每個月有三天在那裡賽馬。在島上還舉行了一次打獵，眾多的陸軍軍官、海軍軍官和司令們都參加了這次打獵，不過人們所獵取的獵物不是別的，而是狗。要是那裡有一隻黑背豹的話，那可了不得啦！它肯定是奇貨可居，要被人討價還價了。

　　由於在本文的開頭部分，我們登載了有關中國炮兵的一幅插圖，並且在中間部分也有一個中國兵勇和炮臺的插圖，所以我們在文章的末尾再加上一幅描繪了擔任天朝帝國官員的清軍軍官的插圖。

MILITARY MANDARIN.

清軍的軍官

海德公園角的「萬唐人物館」
(The Chinese Collection, Hyde Park Corner)

1842
《倫敦新聞畫報》第 1 卷，第 13 號
1842 年 8 月 6 日，204 ～ 205 頁

位於海德公園角的「唐人館」

　　從海德公園角到騎士橋街，往聖喬治教堂的方向走到底，就在一個斜坡的左邊，最近以前所未聞的速度建起了一個奇特的房子。這房子在建的

時候，人們對於它的用途曾經有過各種不同的猜測。為了給每天從這條大街上經過的成千上萬的路人一個懸念，這房子在建成之前一直用帆布遮蓋著。原來它是「唐人館」的大門，進門就可見到一個寬敞的大廳，裡面擺滿了來自中國的古董。這個大門的式樣具有典型的中國元素，其構思來自「唐人館」所收藏的一個涼亭的模型。該涼亭分兩層，支撐底層屋頂的是有純白色柱頭的朱紅色柱子，大門的上方銘刻著四個中文大字「萬唐人物」。這樣的涼亭在中國南方省分的富商花園裡頗為常見，通常位於池塘中央，要透過一座橋才能夠抵達，而且有時窗戶上還有雲母材料的裝飾圖案。儘管「唐人館」的地基要比大街高出一截，人們必須走上一排臺階才能夠進入大門，但是這座建築的整個比例還是顯得比較低矮。然而這正是中國建築的特點，中國皇帝在看到巴黎或倫敦街道的透視圖時往往會說：「這些國家的國土面積一定很小，所以人們不得不把房子建得那麼高。」一位中國訪客在描寫倫敦的詩中還曾有過這樣的詩句：「高樓入雲可摘星。」

　　我們下面要簡單介紹的這個「唐人館」是由一位美國紳士內森·鄧恩創辦的，後者在中國生活過十二年，親身體驗過中國人對待眾多外國人的禮節。此外，鄧恩先生在廣州行商時也得到過伍浩官、潘啟官和其他著名行商的幫助，這些人在這一點上似乎能夠超脫於中國同胞對於洋人的偏見，並且顯得非常「願意交流」。鄧恩先生最初的設想只是設立一個規模很小的私人古董收藏館，但後來隨著藏品的增加，他的胃口也變得越來越大，以至於這一收藏館可以毫不誇張地被稱作是中國社會的一個縮微景觀。同樣真實的是，透過觀看這一收藏館，我們可以「在某種程度上來分析中國人的精神和道德品質，並能了解他們的菩薩、寺廟、寶塔、橋梁、藝術、科學、產品、貿易、想像力、客廳、起居室、服裝、珠寶、飾物、武器、船隻、房屋，以及成千上萬構成中國人移動和生存空間的其他事物」。這些「古董」的美觀、珍稀、新穎和獨特性均可令人耳目一新。一件物品就足以抵得上一整頁的文字描述。參觀者就像是看到了活生生的中國人，只要再運用一點想像力，便可以隨這些中國人而去，或在他們中間生活。即

便是對於青少年，或一個不願意關心時事和鑽研事物的人來說，在「唐人館」中參觀一小時要遠勝過研讀長篇累牘的普通書籍，足以使他對那些被滿人所統治的億萬中國人留下一個具體和永久的印象。那些藏品不僅賞心悅目，同時還啟迪心智。就這樣，有些僅靠文字描述無法傳達的某些機器或新發明，人們只需看一眼實物就可以完全明白。作為一種教育的手段，這個「唐人館」真是具有無可估量的價值。它不是透過語言文字來進行教誨，而是透過實物。所有的展品都是可以看見和觸摸的，因此不會輕易被人們所誤解。假如要讓人們對一項從未見過的發明——譬如說一艘張著帆的大船——有一個正確的了解，那該花費多麼繁重的解說工作和多麼複雜的細節描寫啊。然而只要能親眼見到實物，便能一下子就獲得人們的讚賞，並使人們對於這一事物有一個全面而直觀的了解，而這種直觀的了解是無論多厚的書或多麼細緻入微的描寫都不能夠給予的。

「唐人館」的展品在美國費城展出過，有成千上萬的人參觀了這一展覽。這一展覽的展品目錄印刷散發了五萬多份。這種廣受歡迎的情形，加上許多有影響力的科學家和學者的推薦，促使鄧恩先生將他的展品運到了英國，並且創建了上面提到過的這個風格奇特而寬敞的「唐人館」。

由於有幸獲贈了一張入場券，筆者特意選擇了一個涼快的夜晚前去參觀。經過了一個非常簡樸的門廳（無疑是為了更好地凸顯出藏品的效果），我們來到了一個 225 英尺長、50 英尺寬的大廳裡，眾多柱子支撐著高高的天花板，照明主要是透過天花板上的透明燈罩把光投射下來的。從一端進入大廳時，對比的效果十分強烈，大廳兩端那一大排精雕細琢和鍍金的屏風令人眼花繚亂。天花板上懸掛著形狀各異、五顏六色的燈籠，牆上掛著水墨畫的畫軸，柱子和橫梁上都銘刻著漢字的對聯和橫批。用織錦綢緞裝飾的那些大櫥窗（每個櫥窗就像壁櫃那樣大）和一排排的小櫥窗裡都裝滿了珍稀而有趣的展品。

筆者首先觀賞的是展廳上端一個驚豔絕倫的屏風，在一片綠色和金色的背景上是用工筆彩繪的花卉、帆船和舢板等織錦所構成的圖案。這屏風

還有精雕細琢的木頭框架，使人強烈感受到伊麗莎白女王和詹姆斯一世時代貴族城堡中那些屏風的風格。但是中國屏風上那種金色和彩色是如此鮮豔，不禁使英國的屏風相形失色。

然後是寺廟和三個巨大的菩薩，每個佛像都有 11 英尺高，它們分別代表了表示過去、現在和將來的「西方三聖」。它們通體都鍍成了金色，所以無論在世俗層面或精神層面上都能符合其神聖的稱號。它們的輪廓特徵十分奇特，身上鍍的金足足有「一英寸厚」。在大廳最頂端還有八個櫥窗，或玻璃櫥櫃，裡面有幾組盛裝的人物塑像，栩栩如生，就連眼光挑剔的查爾斯‧馬休斯夫人也挑不出什麼錯來。上述人物塑像都是跟真人身材比例一樣，而且也跟人類一樣，都是用泥土塑成的。

由於報紙篇幅的緣故，筆者無法詳細描述這一奇特展覽的各種細節。本文的篇幅甚至對於一個月刊來說，都已經是顯得太長了。但是對於我們的讀者來說，前面所做的介紹，加上那張生動的繪畫插圖，也可算是對於寶塔的一種引薦了。

THE ILLUSTRATED
LONDON NEWS

中國報導：對乍浦的描述
(China: Description of Chapoo)

1842
《倫敦新聞畫報》第 1 卷，第 23 號
1842 年 10 月 15 日，356 頁

最近英軍在中國攻克的乍浦，即使在最詳細的英國地圖上也是找不到其痕跡的，所以有關它的消息，儘管少得可憐，還是能夠令讀者感興趣的。乍浦位於錢塘江入海口那個海灣的北岸，與其遙遙相對的就是位於北緯 30° 35′ 的舟山群島。這是一個繁榮昌盛的對外貿易集散地。然而為了能

夠更加真實和更為生動地描述乍浦及其周邊的海岸，以及那裡守秩序和注
重禮儀的居民，我們特意引用幾年前曾經訪問過中國沿海的一艘英國鴉片
船上大副的日記選段：

　　在進入上海（北緯31°12´）的時候，每一個炮臺都各向我們放
了三響禮炮，以示歡迎。我們看到了大批的平底帆船，今天（12月21
日）有200艘進入了港口，它們都是同樣大小的四桅平底帆船，全都
屬於這個港口。海邊野雞、野鴨、大雁的數量十分驚人。當我們沿著
一條河向城裡駛去的時候，河上船隻那種密密麻麻的程度，我以前從
未見過，港口裡船隻的數量不會少於2,000艘。那裡的官員同意跟我
們私下交易，但要從中抽取兩分的利。那裡的居民很友善，女人長得
漂亮，並裹小腳。他們似乎很欣賞歐洲人的衣服，尤其是亞麻布的白
襯衫。鄉間的土地肥沃，精耕細作。

中國商船

　　12月28日 —— 由於城門已經關閉，我們不得不從城牆上爬進
城去，當地人都在看我們的笑話，以為我們是一群行為怪異的人。但

我們無法說服那些值得敬重的商人向我們展示最好的絲綢產品。第二天，城門依然緊閉不開，我們再一次從城牆上爬了進去。此後人們有禮貌地打開了城門，以便我們能夠出城。港口裡的船隻日益增多，100噸至300噸級的平底帆船我敢肯定在港口裡至少有3,000艘。那裡也有一些600噸級的大船，船上可載400人。

CHINESE SHIP OF WAR.

中國戰船

1842

　　我們於1月5日離開了上海，並於1月8日來到了乍浦附近的海面。在這裡我們看到了6艘專做日本貿易的御用平底帆船，在3年內它們已經跑了5趟日本。在上海，滿月和新月時的潮水只漲八九英尺高，但是在離上海那麼近的乍浦，潮水卻會漲成24英尺高。乍浦的城牆太高，爬不上去。從附近的山上眺望乍浦城，那景色特別迷人。大片的土地一望無際，上面有縱橫交錯的運河，還點綴著無數的村莊。乍浦並非一個小城鎮，雖然它的規模還比不過上海，但它是作爲對日本貿易的集散地而聞名遐邇。城市圍有一道城牆和頗深的城壕，城外的郊區面積很大，房屋也跟城裡的同樣堅固。總的來説，這是一個非常美麗的地方，其景色之優美和農田之精耕細作簡直無與倫比。新生兒眼病是當地一種流行疾病。

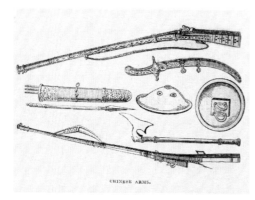

中國的武器

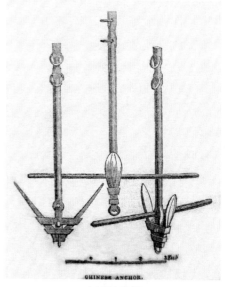

中國的船錨

　　上方插圖所描繪的是我們的東方敵人目前正在使用的武器，它們包括兩支火繩槍、長矛、劍、戰斧、騎兵用的箭和盾牌。

中國報導：揚子江、廣州、南京、上海、大運河、黃埔
(China: Yangtze River, Canton, Nankin, Shanghai, the Grand Canal, Whampoa)

1842

《倫敦新聞畫報》第 1 卷，第 27 號
1842 年 11 月 12 日，420 頁

　　我們的上一篇新聞報導是關於英軍攻陷了跟日本有大宗貿易往來的乍浦城，那個地方很大。現在我們要報導英軍的進一步勝利。揚子江入海口、江邊和吳淞口的大量炮臺都已被英軍攻陷，上海城也已經被占領，那裡的公共建築被燒毀，清政府屬下的偌大糧倉也被打開，糧食都分給了當地的民眾。

　　英軍在揚子江入海口處遇到了激烈的抵抗，隆隆的炮聲一連響了兩個多小時，敵人才有了投降的徵兆。這場戰鬥發生在 6 月 16 日，第二天，英國皇家海軍分遣隊派出了一些吃水較淺的艦隻溯揚子江而上，攻克了一個裝備有 55 門火炮的炮臺。上海城是在 6 月 19 日被占領的，在英軍兩次用舷側炮齊射之後，中國人放棄了守城的計畫。6 月 20 日，英軍在揚子江上游 50 英里處又攻克兩個炮臺之後，戰鬥終於告一段落。英國皇家海軍分遣隊司令親自率領了兩艘鐵甲船溯揚子江而上，前往偵察。

　　英軍在炮臺上繳獲了 253 門火炮，其中有 52 門是用黃銅鑄造的火炮。大部分火炮都是大口徑的，炮身有 11 英尺長。所有的火炮都配有旋轉樞軸，裝置在嶄新而堅固的炮車上，而且我們還注意到，火炮上都配有用毛竹做的瞄準具。

　　經印度殖民地總署的批准，我們特地為本報的讀者提供了下面這幅有關清軍所使用火炮的速寫圖。

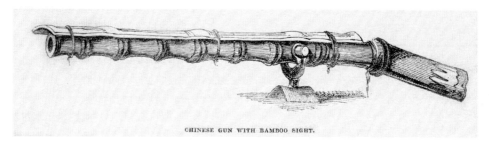

CHINESE GUN WITH BAMBOO SIGHT.

裝備有毛竹瞄準具的火炮

　　英軍也遭受了重大傷亡，有兩人被打死，另有 25 人受傷，但都僅限於英國遠征軍的海軍部隊。清軍據說有 80 人被打死，另有相同數目的人受傷。他們操作火炮的技術非常好，英軍部分艦隻（尤其是皇家海軍炮艦「金髮女郎號」和運輸艦「復仇女神號」、「塞索斯特裡斯號」）在密集和毀滅性的炮火下遭受了很大的損失。「復仇女神號」的帆索具被炮火撕得粉碎，船上一位炮兵的右臂不得不從肩部被鋸掉。另一名「冥王號」上的水兵失去了雙腳，而「金髮女郎號」上的休伊特皇家海軍上尉則被一發炮彈削去了腦袋。

　　人們將會記得，霍爾海軍上尉率領下的「復仇女神號」在剛進入中國領海時，便因擊沉了一些清軍的兵船而威名大振，令天朝的臣民膽寒。由於這一事件，人們對於「復仇女神號」懷有濃厚的興趣，我們特意為讀者提供一張它在炮擊清軍兵船時的速寫插圖。以下這段有關這艘運輸艦自從下水以來的簡要歷史可視為我們報導中的一個插曲。

　　「復仇女神號」是由利物浦附近伯肯黑德鋼鐵廠的萊爾德先生為東印度公司所製造，於 1840 年 3 月開往中國。它既是第一艘繞過好望角的鐵甲輪船，也是第一艘出現在中國的鐵甲輪船。此後它在中國的服役經歷為世人所熟知。下面是一段關於這張速寫插圖的描述文字：海軍准將 J.J.G. 布雷默爵士（二等高級巴斯爵士）已經做出了攻克大角頭對面穿鼻要塞的作戰計畫，「復仇女神號」與東印度公司的另一艘運輸船「女王號」，在第 37 印度步兵團下船之後，占據了位於穿鼻要

塞上炮臺下的一個有利位置，並開始準確地向炮臺開火，許多炮彈落在了圍牆之內，這使得英軍部隊能快速挺進，很短的時間內便攻克了炮臺。此項任務完成之後，它又掉頭轉身，向下個炮臺發起了轟擊，將霰彈、榴霰彈和火槍彈一股腦兒地傾瀉在敵人的頭上，將其注意力吸引到了海面上，使得英軍的步兵和「風信子號」軍艦上一部分從炮臺圍牆攀登上去的水兵有了突破防禦和衝進去的有利時機。後者在很短的時間內便攻克了炮臺，趕走了所有的敵人。然後「復仇女神號」又繼續趕去進攻那些停泊在安森海灣下方一條內陸小河河口的大批兵船，並且在 500 碼的距離內向四艘最大的兵船發射了密集的炮彈，後者也開炮回擊。它所發射的第一排康格里夫火箭彈立竿見影，炸毀了一條最大的兵船，並消滅了船上的所有水勇。其他的兵船也很快就啞了火。然後，「復仇女神號」和另一艘英國皇家海軍軍艦「地獄火號」一起放下小船，派兵前去攻擊。「拉恩號」、「卡里俄珀號」和「風信子號」等軍艦也都放下了一兩條小船，前去援助。英軍士兵們登上了一條又一條的清軍兵船，在船上點火焚燒。當火勢蔓延到彈藥庫時，那 11 條清軍兵船全都被炸成了碎片。「復仇女神號」又繼續行駛到了珠江上游的一個城市，給當地人一個措手不及，繳獲了停泊在江邊的兩條平底帆船，沒有發出一顆炮彈，也沒有遭到任何攻擊 —— 在一個只有平底帆船的地方，光是鐵甲船的外表就夠嚇唬人的了。我們可以理解為何海軍準將會對「復仇女神號」大加讚賞，懿律全權代表關於「復仇女神號」完成了兩艘戰艦所應完成的任務這一說法，證明它確實發揮了重要的作用。它在戰鬥中只中過一顆炮彈，其他的炮彈不是從它的上面穿過，就是還沒有夠著它。1 月 8 日，「復仇女神號」按照海軍準將的指示，跟皇家海軍軍艦「布倫希姆號」的兩條火箭船一起列隊，在距離裝備了 100 門炮的亞娘鞋島炮臺 1,100 碼處，準確地向該炮臺發射了炮彈和火箭。由於處在淺水區這一特殊位置，它沒有受到炮臺的回擊。說真的，炮臺上的敵人只能夠動用四門炮來對付它，而且還都是小口徑的火炮。在開火後大約 10 分鐘，它按照海軍準將的指揮撤

退了。他所在的軍艦中了清軍的一發炮彈，迫使他升起了一面停戰的
旗幟，並終止了當天的戰鬥。

在攻占廣州和 1840 年以來在中國的幾乎所有戰役中，「復仇女神號」
總是戰功卓著。它吃水淺的特點使得它能在內陸河上和海岸邊航行，而其
他的艦艇則難以做到這一點。它有幸擁有一名能將一流的軍事技能、卓越
的航海本領與過人的勇氣集於一身的船長，而這位船長只有在投身於戰鬥
時才會感到心滿意足。

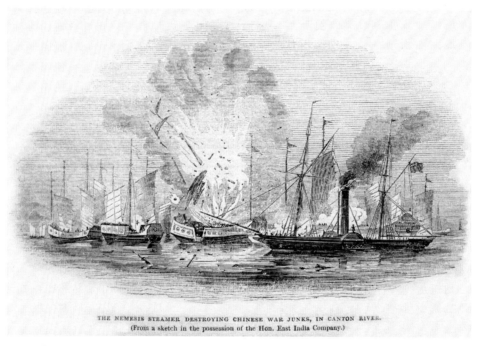

THE NEMESIS STEAMER DESTROYING CHINESE WAR JUNKS, IN CANTON RIVER.
(From a sketch in the possession of the Hon. East India Company.)

「復仇女神號」運輸船炮擊中國戰船 —— 根據東印度公司擁有的一張速寫繪製

7 月 20 日從廣州寄來的信件提及，根據停泊在江蘇揚子江上的英國
皇家海軍艦隊發來的情報，7 月 4 日他們抵達了位於大運河鎮江府上游的
揚州。那裡離南京不遠，從這個位置看，我們認為貫通南北的大運河與揚
子江匯合處已經被英軍所控制，南京已是唾手可得。「京杭大運河這條世
界上最長和最重要的人工河道是由忽必烈和他的繼任者們建造的。作為一

條交通樞紐幹線，該運河從浙江省的杭州一直延伸到了大清帝國的京師北京，全長有 700 英里。但實際上，那條被中國人稱作『閘洪河』的人工閘壩並沒有那麼長。它發端於黃河的南邊，那裡有條自然的航道將東平湖與清河的出口連接，並從那裡一直延伸到山東省北部的臨清。那條航道經汝河（Ru Ho）和白河抵達北京。」「我們之所以要這樣描述大運河，不僅因為它是把商品和漕糧從南方各省運往北京的主要通道，而且還因為假如有人從海上向中國發起進攻時，可以輕易地奪取大運河的某些河段，這樣就能切斷連接大清帝國華北和華南這兩大部分的交通幹線。」伊里布已經派人去廣州，請那裡的地方當局派兩位行商和兩個通事到蘇州去，兩廣總督隨之命令吳天垣和伍浩官的第五個兒子（也是他唯一在世的兒子）前往，但究竟是出於什麼目的現在還不知道。那兩位行商定於昨天離開廣州。本來是想派伍浩官本人去的，但他因年老體衰最終還是沒去。閩浙總督以為行商們平時習慣於跟「蠻夷」們打交道，所以可以用他們來跟英國人進行談判，儘管行商們自己清楚，前一次璞鼎查爵士曾拒絕跟他們見面。我們認為，這兩位行商在聽從調遣時心裡一定很不情願，因為除了這趟旅行將要花費他們一大筆錢財（人們都知道，這些行商富可敵國，在北方屈指可數）之外，假如參與談判的話，他們還會喪失自由。這些想法肯定跟清廷的期望不符，所以他們很可能會被流放到新疆伊犁去。據說將行商們召到蘇州是為了滿足索贖南京的條件。這可能純粹是猜測。按照中方的報導，偌大的上海城已經被英軍占領，據說英軍已深入內地，占據了蘇州。上海是大清國最重要的海港城市之一，那裡的貿易動用了為數眾多的平底帆船。我們還沒有任何來自北方的人確認上述報導。

關於 6 月 16 日那場戰役的進展和結果在下面這段引自英國全權大使璞鼎查爵士官方公告的文字中有詳細的報導：

> 在經過必要的停留，用以摧毀炮臺、軍火庫、鑄鐵廠、兵營和其他公共建築以及在乍浦繳獲的火炮、武器、彈藥之後，英軍重新登船，遠征軍最終於 5 月 23 日離開了那裡的港口，並於 29 日到達了崎

崛列島，在那裡一直停留到 6 月 13 日。就在這一天，英軍穿越了事先已經測量過並做出標記的沙洲，進入揚子江並到達揚子江與黃浦江交匯的吳淞口。

清軍在吳淞口修築了大量的防禦工事，以守護兩條江的出海口，並且似乎十分自信能夠擊退英軍，以至於容忍英軍總司令於 14 日派遣兩艘小型艦艇從近處進行偵察。同一天晚上，清軍兵勇們在看見英軍小船為軍艦布陣進攻而鋪設浮標時甚至還用歡呼聲表示鼓勵。

16 日凌晨，英海軍中隊起錨，開始進入各自戰艦列隊的位置。還沒等軍艦停穩，清軍的炮臺就開火了，從兩面夾擊英國海軍的炮彈密集而不停頓地發射了兩個小時。當炮火漸漸稀落下來時，英國的水兵和海軍陸戰隊隊員們在軍艦炮火的掩護下迅即登陸，在大部隊登陸和排列好進軍隊伍之前就將敵人趕出了炮臺。英軍在炮臺裡共繳獲 253 門大炮，其中有 52 門是銅鑄大炮，其中大多數都是長度超過 11 英尺的大口徑火炮。它們全都配有旋轉樞軸，並被裝置在嶄新而堅固的炮車上，此外它們還都配置了毛竹瞄準具。

遠征軍中海軍的傷亡人數是 2 人陣亡、25 人受傷，然而在登陸部隊中卻沒有一個人傷亡。考慮到清軍的炮火是那麼密集，英軍傷亡人數那麼少簡直是個奇蹟。「金髮女郎號」戰艦的船殼上中了 14 發炮彈，「賽索斯特裡斯號」運輸艦中了 11 發炮彈，幾乎所有的軍艦多多少少都中了炮彈。敵人方面的傷亡人數據說是 80 人被打死，還有同樣數目的人受傷。

6 月 17 日，英國海軍艦隊中一些較小的艦隻開始進入黃浦江，並且發現那裡有一個被遺棄了的炮臺，上面裝備有 35 門大炮，其中有 17 門是銅鑄大炮。

PORCELAIN TOWER AT NANKIN.

南京大報恩寺琉璃塔

中國報導：揚子江、廣州、南京、上海、大運河、黃埔 (China: Yangtze River, Canton, Nankin, Shanghai, the Grand Canal, Whampoa)

THE IMPERIAL CANAL, CHINA.

中國京杭大運河

　　6 月 19 日，有兩個靠近上海城的炮臺向英國海軍先遣隊開了火。但是在英國皇家海軍連續發射了幾次舷側排炮之後，中國人逃跑了。這兩個裝備了 48 門大炮（其中 17 門是銅炮）的炮臺隨即被英軍所占領。英軍大部隊占領了上海城，城內公共建築均遭到了破壞。大批的清政府糧倉都被打開，讓老百姓來取糧食。

　　英國海軍分遣隊司令於 6 月 20 日率領 10 艘小型鐵甲船溯黃浦江而上，在這次偵察行動中，距離上海城 50 英里處的另外兩個各自裝備了 4 門大炮的炮臺也被英軍占領和摧毀，這使得英軍在這幾次戰鬥中繳獲的大炮總數達到了驚人的 364 門，其中有 76 門是銅鑄大炮，而且大部分都是漂亮的大口徑火炮。許多銅炮上的裝置表明它們都是最近製造的。其中有好幾門炮身上還銘刻著「紅毛大將軍」等字樣。有一門特別大的火炮還被冠名為「蠻夷」。

　　據說清朝的高官們和軍隊都逃往蘇州、常州和南京了。這些清朝

高官還做了間接的努力，試圖執意拖延正面交鋒的時間。他們急於想要和談的一個證據就是釋放了先前被綁架的 16 名英軍士兵（包括白人和印度人）。然而由於他們的友好姿態並非建立在能夠被對方接受的基礎上，所以他們吃了閉門羹。

這個勝利所帶來的結果是令人鼓舞的。浙江和江蘇這兩個中國最富饒行省的官員們都心驚膽顫，生怕常州府和南京也會陷落並受到劫掠，以及京杭大運河也被英軍占領。英國遠征軍逼近大運河和南京所帶來的危險，被認為會促使大清皇帝做出一個公平合理的安排。但是人們仍然懷疑皇帝是否被告知了真相。

在被戰爭摧毀之前，南京也許是世界上最大和最雄偉壯觀的一個城市。它現在仍然擁有繁榮的貿易和眾多心靈手巧的手工藝者。它被視為大清帝國的雅典。

迄今為止，清廷當局的確做出了很大的努力來抵禦外來的侵略。皇帝在 6 月初頒布了充滿敵意的詔令，發誓要驅走「蠻夷」，但是他並沒有吹噓麾下將領和兵勇的勇氣。應該指出的是，這個詔令是在英軍攻占上海城之前頒布的。

還應該指出的是，俄國正忙於唆使清政府反對大英帝國的要求，而且還透過向清軍派遣軍官的方式來幫助他們。美國和法國派出了他們的戰艦來觀察我們跟這個不尋常的種族之間的戰爭，而且就像他們所宣稱的那樣，想要獲取我們花費了這麼多鮮血和金錢才得到的所有利益。美國和法國的戰艦從廣州的珠江一直開到了華北的港口，那裡是他們以前從來沒有被允許進入的地方。

來自廣州的情報並非毫不重要，似乎人們又在積極地修築這個城市和整個行省的防禦工事。中國人在黃埔的下游不遠處，一條與珠江平行的支流上建造了一個面積相當大的要塞。據說清政府為此又在沙面洋行附近的一個鑄造廠裡鑄造了大量的火炮，那個鑄造廠表面上是個私人企業。

1842

廣州城裡因再現可怕的系列投毒案而引起了相當大的震動。行商伍浩官貼出布告，宣稱駐紮在河南（珠江南岸）的八旗兵在好多水井裡投下了毒藥，已經有 20 名漢人因不慎飲用井水而被毒死。因此外國人必須注意飲食衛生，因為儘管這一可怕暴行所針對的是漢人，但是飲水中毒的範圍並不會局限於漢人的圈子。八旗兵與廣東省居民之間似乎充滿了巨大的敵意，在廣州一帶已經發生了好幾起衝突，並且死傷多人。

美軍司令卡尼海軍準將已經要求廣東巡撫賠償英軍攻打廣州城期間美國公民所受到的損失，並且已經得到補償。但是那些美國人對於所得賠償款的數額並不滿意，儘管它已經高於海軍準將最初提出的數額。

綁架事件仍然猖獗，許多人質仍然被扣押在敵人的手中。各地對於清政府當局的失職和未採取強硬手段來釋放這些不幸的人質和預防新的暴行發生而頗有怨言。當局不止一次暗示，造成這一局面的原因是人質的身分背景過於卑微。值得慶幸的是，大多數人質依然還活著，並且處境安全。當英國海軍艦隊到達乍浦附近海面時，有人傳話給臥烏古將軍，假如英軍放棄攻擊乍浦計畫的話，他們可以交出幾名被綁架的人質。這一建議當然沒有被聽信，但是對方想要和解的願望被視作是一個有利的跡象。毫無疑問，當敵人希望能透過釋放人質來獲取好處時，人質的生命也就有了保障。

長期以來，菲律賓鴉片販子的放肆行為引人惱怒。最近，有一個惡名昭彰的菲律賓惡棍在香港的大角謀殺了一個中國人。行商們要求香港當局對此給出一個說法，並將外國商人們都召集到市政廳來進行調查。我們尚不清楚調查的結果，但顯而易見，倘若當局容許當地的中國人被掛著英國國旗的鴉片販子們肆無忌憚地虐待和殺戮的話，那麼中國人肯定會以牙還牙，用同樣的暴行來對英國人進行報復。

據說目前在香港進行的貿易活動很少，顯然澳門仍是進行商貿交易的主要場所。為了表明中國沿海地區所進行的部分毫無效率的封鎖是多麼的無用，我們也許可以提及，上一個季節從中國大陸到達新加坡的平底帆船

數量比往年更多。

6 月 13 日離開香港的英國全權大使在發起吳淞口戰役之前便趕上了英國遠征軍。最近從英國趕來的大部分戰艦和運輸船肯定也都加入了戰鬥行列。英國皇家海軍軍艦「懲罰號」在經過了 90 天的航程之後，於 6 月 19 日抵達香港。

我們還沒有從廈門或舟山接收到任何重要的消息。英軍已經從寧波和定海撤出，只在通向定海的甬江河口附近還留下了一支英軍衛戍部隊，以守衛那裡一個山頭的制高點。

英國遠征軍的目的地似乎是北京，至少今年是這樣。位於揚子江出海口附近的一些城市已經被英軍占領。根據最新的情報，英軍主力已經向南京城推進。在澳門，人們每天都在等待攻占南京的消息 —— 說實在的，廣州、澳門、香港等地的謠言滿天飛，說南京已經被英軍攻占。

南京被占領之後，下一步該怎麼辦？我們目前對此一無所知。占領大清國在南方的重要城市是否能促使兩國簽訂合約？假如不能簽訂合約的話，英軍是否能下決心永久占領華中地區的這片領土，或是在明年向北京進軍？英軍會利用毫無成果的談判來爭取時間嗎？假如是這樣的話，在中國已經積累了三年經驗的英國全權大使還會讓自己再次被愚弄嗎？有人認為占領南京可以使英國人控制京杭大運河這條向北方諸省運送糧食的大動脈，掌握江南各省豐富的自然資源，並且促使清朝皇帝和談，以避免英國人造訪北京。由於各種原因，盡可能不讓外國人來北京似乎是一種明智的選擇。當英軍逼近北京時，清朝皇帝很可能會逃往蒙古，於是英軍只能被迫選擇在北京過冬，或是放棄北京。在距離英國海軍艦隊 100 英里處過冬，會使英軍承擔很大的風險。英國海軍船隻在冬季的北直隸海灣淺水中找不到一個安全的錨地。眾所周知，在靠近蒙古山脈的北京過冬，將會遭遇冰雪嚴寒的惡劣天氣。

1842

NANKIN.

南京

　清廷頒布了一個很奇怪的諭令，其別樣的口吻表明中國當局終於覺得有必要向風暴低頭了。下面這段文字便引自這一諭令：

　　英夷正在江蘇、浙江兩省引起騷亂，他們的船隻數量正在不斷地增加，我們擔心他們會像老鼠那樣偷偷地侵犯大清國土。因此我們要對他們曉之以理，讓其明白這樣做將會給他們的國家帶來巨大的災難。

　　目前很難找到合格的通事（翻譯），據調查，我們發現英夷最信任的人莫過於行商伍浩官，但其年事已高，恐怕不能親自為朝廷做事。因此我們應該盡快挑選數名能與英夷交談和談判的伍浩官的弟弟及子姪。

　　經過考察之後，要立即派遣其中的一兩位通事以最快的速度趕到

江蘇。如能早一天趕到的話，將會對我們十分有利。當伍浩官的弟弟和子侄們服從朝廷命令趕往江蘇時，即能證明他們對朝廷的忠心和為皇帝肝腦塗地的意願，這些都會原原本本地稟告給皇帝。

　　在發布此急信的同時，我們也會稟告朝廷：事情十萬火急，我們必須立即找到通事，一刻也不能再拖延下去。

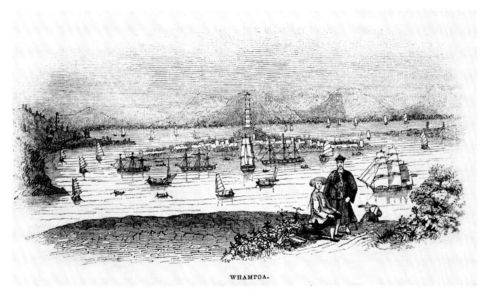

WHAMPOA.

黃埔

　　然而，最引人注目的一份文件則是皇帝於 1842 年 6 月 5 日親自頒發的一個關於如何處理夷務的詔令。它發表在由清政府刊印並在全國範圍內發行、用以控制公眾輿論的官方刊物《京報》上。它反映了皇帝本人對於這場戰爭起因和進展的說法。他認為戰爭的起因是「鴉片如鴆毒一般流入中國」。這些被他稱之為「盜賊」的「蠻夷」殘害大清臣民的慘狀令他心如刀割，並大聲疾呼：「我的臣民何罪之有，要忍受如此苦難？」皇帝承認清軍在虎門戰役中受到挫敗，致使海邊的黔首們生靈塗炭。廣州的贖金被說成純粹是行商們償還債務，六百萬兩的數額被貶為「小事一樁，不足為惜」。然而這個皇帝的詔令應該不加刪節地全文細讀。從詔令的內容看，清廷並

沒有任何願意妥協的意思，但是皇帝顯然最終了解了事實的真相。詔令中有一種沮喪和希望的奇異混合，以及對於清軍士氣所「無法企及」的「可憎異類」的強烈敵意。「然而，假如清軍盡力而為的話，」皇帝陛下補充道，「我們仍能將那些不中用的蠻夷小兒掃地出門，驅入茫茫的死亡大海，並且令大清國的子民重獲和平與安寧。」

通往北京的交通要道在 1840 年時完全不設防，但現在卻是嚴密封鎖，甚至還不惜代價地修築了大量的防禦工事，以確保其「固若金湯」，可抵禦「蠻夷逆賊」們的進攻。

從白河口至天津，清廷修築了眾多堅固的防禦工事，還聚集了大量的軍隊。清廷直轄的北直隸政府向皇帝報告了為加固這些防禦工事而追加撥款的極端重要性。而皇帝陛下在親自接見浙江提督之後，已下令讓他們建造炮臺和鑄造大炮，並且以十萬火急的速度將大炮送往浙江。這些臨時的準備工作肯定給清廷的戶部造成了巨大的壓力。《京報》最終也透露了這筆追加撥款的數目，即從戶部提取三百萬兩白銀支付給了浙江，另外還有一百萬兩白銀支付給了浙江周邊的省分。

廣州—澳門—香港

我們將懷著很大的興趣關注來自華北的報導。

3 月份《陸上郵報》的報導造成了香港所有建築的停建，但是澳門和廣州租界的大多數建築工程仍在進行。在新界裡除了鴉片貿易，根本就沒有別的生意。而且幾乎所有的鴉片貿易都被轉移到了黃埔，那裡有一支 10 到 12 艘船組成的懸掛著英國國旗的走私鴉片船隊。最近那裡又來了一艘葡萄牙的鴉片走私船，但由於被別人視為私自闖入者，這艘船很快就受到了控制，並被拖往別處。這些鴉片走私商跟當地人的關係很好，就連那些官員對他們也是聽之任之。廣州十三行仍處於半關閉狀態，有些洋行已經完全成為了廢墟，在廣州的外國人總數不超過五六十人。廣州的居民保持著緘默，他們並沒有在街上公開侮辱外國人。伍浩官並不經常公開露面，似乎

很想對生意甩手不幹。所有這一切當然都是發生在科克蘭海軍分遣隊司令進入珠江之前，而英國海軍進入珠江之後會發生什麼現在誰也不知道。香港周圍的海域海盜肆虐，其中一些已經被捕獲。在中國海域中有三艘外國軍艦，其中兩艘是美國軍艦，另一艘是法國軍艦，它們有的已經動身，有的正準備動身前往北方去圍觀英國海軍的戰役。英軍第 55 步兵團的坎貝爾上尉於 5 月 27 日在乍浦陣亡，他在攻城時胸口中了一槍，苟延殘喘了 9 天之後終於斃命。香港的報紙對於它們所謂「英中王國之都」目前不太好的衰落苗頭似乎並不喜歡。作為吸引定居者的優惠條件，報紙說只要在澳門連續三年租用一幢房子或倉庫，就可以獲準在香港建造一個同樣的永久性住房，並且以澳門海關標準價格的 1/4 來裝卸貨物。

中國的外交
(Chinese Diplomacy)

1842
《倫敦新聞畫報》第 1 卷，第 29 號，
1842 年 12 月 3 日，472 ～ 473 頁

　　跟往常一樣，我們為了滿足讀者的好奇心，不斷提供新奇而有趣的速寫插圖來娛樂大眾，即使它們來自世界上最偏遠的地區。上面這張我們為朋友們所提供的圖片所描繪的是停泊在鎮江府江邊的「皋華麗號」英國皇家海軍軍艦上的情景。它之所以有趣，並不僅僅是因為我們最近在那裡取得了戰爭的勝利，而是因為它描繪了作為我們最近天朝盟友的那些清朝外交官的衣著、儀態和風度，後者很可能在不久的將來就會成為聖詹姆斯宮的客人。這張速寫插圖的畫家曾在中國被稱作「蠻夷」（但現在中國已稱其為「最尊貴民族」的軍官），下面的文字描述則出自一位皇家海軍軍官

1842

之手：

三位清朝的高官——愛新覺羅·耆英、兩江總督伊里布和身為軍隊統領的提督牛鑑——於8月20日在一大群各級官員隨從的擁簇之下來到了我們的軍艦上，對英國全權大使、海軍司令和陸軍將領進行訪問。「皋華麗號」軍艦被指定為雙方會晤的地點。有一艘汽艇將他們從海岸邊送到了英國海軍的旗艦上。但他們在海岸邊登上汽艇時，「皋華麗號」鳴響了三聲禮炮，這是根據英國方面的禮儀規定。當他們登上旗艦時，兩位英國海軍上校和英國特使團的祕書在舷梯旁迎接他們，並將他們帶往船尾的艉樓，或者說是艉樓附近的上層後甲板。英國全權大使、海軍司令和將軍都穿著大禮服和軍官制服站在那裡，畢恭畢敬地迎接貴賓。當清朝官員走近時，我們戴假髮的英國官員也往前走了幾步。清朝官員寒暄了幾句，英國官員則脫掉了他們的海貍皮帽，鞠躬回禮。當雙方完全走到一起時，他們誠摯地握手致意，接著便如釋重負地回到艙房裡去休息。海軍陸戰隊隊員們在上層後甲板上列隊作為儀仗隊，水手們散布在上層甲板上，海軍軍官們在艦上隨處可見，他們都穿著制服，顯得精神飽滿，意氣風發。當清朝官員來到船尾的上層後甲板上時，還沒來得及從眼花繚亂的狀態中恢復過來，樂隊便奏響了英國國歌〈上帝保佑女王〉，這更使他們大吃一驚。後來，在參觀整個軍艦時，清朝官員對於他們所看到的一切都讚不絕口：你可以想像那些除了中式平底帆船之外從沒見過其他更大船的人首次見到一艘正規戰艦時的心情。他們在軍艦上吃了午飯，有的清朝官員因喝了櫻桃甜酒和白蘭地而醉醺醺的。所有的來賓在告辭時都顯得興高采烈和心滿意足。幾天後，英國人回訪了這些清朝官員，並在城外的一個寺廟裡受到了接待，也沒有發生什麼大不了的事情。那裡有一個八旗兵的儀仗隊，還有很多的官員、一個樂隊，以及一頓糕點加小吃的美餐。禮節十分隆重。這可以使你對那次會晤有個基本的概念。

CHINESE DIPLOMACY.

中國的外交

THE ILLUSTRATED
LONDON NEWS.

長城與大運河
(The Great Wall and the Grand Canal)

1842

《倫敦新聞畫報》第 1 卷，第 30 號
1842 年 12 月 10 日，489 頁

目前我們所收到來自中國的消息都是令人愉快的。由於即將有新的市

場對英國的製造商開放，所以貿易方面的前景變得更加樂觀，而公眾的目光也更加穩定和急切地轉向了我們在天朝的朋友身上。有關中國的每一個特寫報導都能夠引起讀者新的興趣，因此我們要在前一篇報導的基礎上再補充兩張插圖，其中一張描繪了世界奇蹟之一 —— 長城的一段，另一張是有關大運河的，英國軍隊最近有幾次戰役就是在大運河上進行的。

VIEW OF THE GREAT WALL OF CHINA.

中國長城的景觀

　　由於本文的篇幅有限，不可能包括冗長的統計學細節，否則我們可以寫出一篇洋洋灑灑的長文，追溯長城流傳至今的兩千年歷史。這些歷史有部分是真實的，還有部分是民間傳說：早在耶穌誕生兩百多年之前就已統一了華北的秦始皇是如何建造長城的；明朝的皇帝是如何建造第二道內長城，成功抵禦了蒙古征服者的入侵 —— 長城向東北綿延數百里的圍牆，那些每隔一段就有一個用於長城防禦守備的烽火臺，過去曾固若金湯，而今卻已幾近廢墟；長城上那些經歷了無數次戰鬥的磚砌平臺和雉堞以及無數長城建造者們是如何憑藉他們的勤勉和機巧，克服重重困難，把這座巨

大無比和舉世聞名的長城建在了那些山谷、河流、丘陵和高山之上。

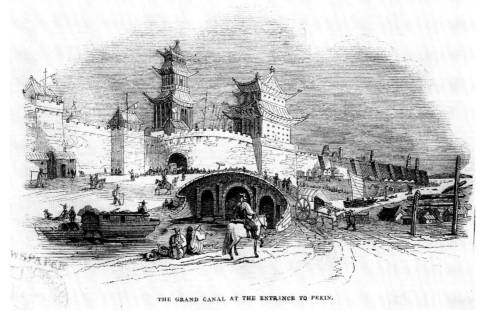

THE GRAND CANAL AT THE ENTRANCE TO PEKIN.

北京城門前面的大運河

　　我們以前曾經刊登過英國海軍艦隊如何在大運河上攻擊中國人的插圖，本期雜誌的插圖則展現了大運河令人感到驕傲的一面 —— 它是世界上最長和最重要的人工挖掘的運河。我們的畫家在這張插圖中所選擇的是一個也許並非那麼重要、但令人賞心悅目的畫面。運河上那些質樸的船隻、忙忙碌碌趕著進城去的人群、模樣稀奇古怪的中式城樓建築 —— 所有這些合在一起就拼成了一幅在當下頗能吸引讀者眼球的速寫，它本身就是一張相當生動有趣的市井畫。

THE ILLUSTRATED LONDON NEWS

中國的大使
(The Chinese Ambassador)

1842

《倫敦新聞畫報》第 1 卷，第 31 號，
1842 年 12 月 17 日，509 頁

啊，人們會如何爭先恐後地邀請和款待他！

下一個季節裡他無疑會成爲沙龍的新寵，

並在每個高檔餐館的酒宴上大放異彩，

這位天朝特使肯定會成爲閃亮的明星。

據說倫敦的出版商們已經在積極策劃，

爲這位中國佬寫書創造絕好的機會；

還有一位珍本書商，他總是能突發奇想，

已經爲給他做燕尾服而展開了談判。

人們將以令人瞠目的熱情來爲他畫肖像，

蝕刻的材料除黃銅、紫銅外，還有純鋼；

他的面容還將被雕刻在木頭和石塊上，

直至他想像（可憐蟲）自己頭腦已不聽使喚；

人們會帶他去軍火庫，或參加軍事檢閱，

直看得他雙腿在寬大的褲腿中瑟瑟發抖。

也許還會有人帶他乘火車前往伍利奇，

到那裡之後，用隆隆的炮聲將其震懾住；

人們還會拖他去鑽河底隧道，使他驚詫，

不明白自己怎麼會站在泰晤士河的底下。

而且當他再次回到自己國家的時候，

他要向皇帝解釋的東西該有多少啊！

他會告訴人們大不列顛帝國的茶葉，

至少是在樹籬上，生長過程極其緩慢；

以及英國人是一個多麼野蠻的種族，

他們進食的方法簡直就是丟人現眼；

因爲他們吃飯的時候根本不用筷子，

而是動輒訴諸尖利的鋼製刀叉。

當然，這位特使還將會正確地記錄下他的所見所聞，無論是在鄉村或城市；

當他的日記本記得滿滿當當的時候，

務必請默雷或朗文來出版這部奇書！

1843

THE ILLUSTRATED
LONDON NEWS

中國人的貢金
(The Chinese Tribute)

Mar. 11, 1843

《倫敦新聞畫報》第 2 卷，第 48 號
1843 年 3 月 11 日，174 頁

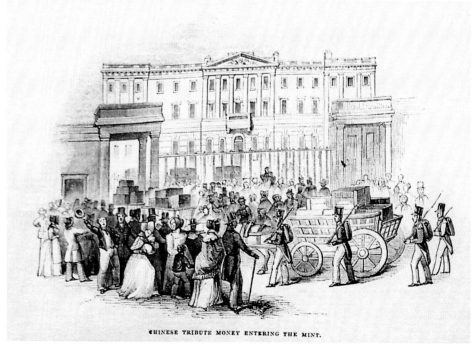

CHINESE TRIBUTE MONEY ENTERING THE MINT.

中國的貢金進入英國鑄幣局

　　我們這星期所承擔的愉快任務就是不僅用言語，還用圖畫來呈現最近《南京條約》中所規定的作為戰爭賠款的中方銀兩安全到達英國鑄幣局的情景。我們的版畫描繪那些馬車在英國皇家第 6 步兵團的護送下，載著昂貴的貨物，緩慢地進入鑄幣局的情景。這個步兵團（並非像日報上所說的是第 60 步兵團）在這批財寶從南安普敦火車站卸下時擔任了警戒任務，並且

很高興地負起了將它們護送到目的地的職責，它們注定要在那裡熔化，而且被鑄造成為另外一種形式的錢幣。那錢幣上面還會壓印上英國君主的形象，然後在一個跟把它們從大地母親中提煉出來的人們大相逕庭的民族中間流通。

銀錠是一個大約三四英寸寬的銀塊，並被鑄成了坩堝的樣子，就像右面插圖所示那樣。在銀錠的中間有漢字的印記，我們在圖中提供了漢字的樣本，以表現漢字的特點。這些象形文字之所以有趣，是因為它們與最近剛剛締結的中英《南京條約》上的文字十分相似。

SYCEE SILVER.   CHINESE DOLLARS.

銀錠與銀圓

星期二下午大約 3 點鐘的時候，由第 10 步兵團的一支強大軍隊押送的另外 5 輛馬車從位於九榆木的南安普敦火車站到達了鑄幣局，那些馬車上裝載著 20 噸來自中國的銀錠，價值 75 萬大洋，它們是由英國輪船「科倫芭茵號」從中國運來的，那條輪船是於星期六早上抵達樸茨茅夫，並且在鑄幣局供給處庫珀先生的特別監送下運到倫敦的。這些銀錠被裝在 425 個 2 英尺長、1.5 英尺高的木箱中。鑄幣局的人員為迎接這批銀錠早就做好了準備，在接收的常規手續辦完之後，它們就被搬進了金庫，因為由「謙恭號」雙桅橫帆船運來並交付的銀錠也放在那裡，兩者加起來總共價值 200 萬大洋。由於這些銀錠的到來，鑄幣局裡人聲鼎沸，大家都非常激動。人們都在期望，在一個星期之內還會有「先驅號」輪船上價值 100 萬大洋的

銀錠，以及「金髮女郎號」輪船上價值 300 萬大洋的銀錠入庫，這兩艘船目前仍滯留在英吉利海峽之內。據傳這些銀錠在被熔化之後，將會被賣給商人，但這並非事實。現在人們相信，在所有的戰爭賠款都到達之前，有關如何處置這些銀錠的命令不會下達。

GOLDEN ISLAND.

金山

上星期二在英國議會發布的一個文件顯示，1842 年 1 月，由英國皇家軍艦「康韋號」從中國進口了價值 2,001,200 大洋的白銀，淨重 143,639 磅 2 盎司 5 英錢，其毛重為 148,526 鎊 4 盎司 2 英錢。鑄幣局在按每盎司 59.5 便士、59.75 便士、59.25 便士的價格出售這些白銀之後，總共獲得了 440,720 英鎊 10 先令 6 便士。鑄幣局在把這些白銀熔化時並沒有收費，鑄幣局的提純員馬西森先生在得到財政部的批准之後，主動承擔了所有的費用。因為考慮到每出售毛重一磅的白銀都會有 3.5 格令黃金收益的緣故，由此獲得的總收益是 2,530 盎司 1 英錢 17 格令黃金。扣除了 1/10 之後，馬

西森先生得到的傭金是 940 盎司 13 英錢 9 格令黃金，給鑄幣局留下了毛重 1,589 盎司 8 英錢 8 格令黃金，其標準重量為 1,729 盎司 7 英錢 21 格令黃金。把這筆財寶從樸茨茅夫運到鑄幣局的運費為 200 英鎊 15 先令 8 便士。發給鑄幣局官員、職員和看門人等的超額工作津貼為 466 英鎊 15 先令 8 便士。按照每盎司黃金 3 英鎊 17 先令 9 便士的價格，這筆黃金相當於 6,723 英鎊 4 便士。把這筆白銀直接送到鑄幣局，而不是把它們在市場上出售，這讓鑄幣局獲得了 654 英鎊 12 先令 9 便士的利潤。

銀錠的純度特別高，這種品質跟它們是由著名的金山島上的銀礦所生產的礦石煉取的是分不開的。關於這個地方我們也在此附了一張插圖，因為人們現在對於這個地方抱有高度的興趣。在它那些古老礦井的最深處，人們正在全力以赴地搜尋這種貴金屬，作為支付給英國的戰爭賠款。為了使這次系列報導能夠更加完整，我們花高價得到了負責收集戰爭賠款，並將它支付給英國的特命全權大使的兩名清朝官員的肖像畫。這些中國官員所穿的服裝英國人早就從「中國瓷器」上看得很眼熟了。茶杯恰如其分地使我們熟悉了中國人的模樣，正如喬斯林子爵在他的一本新書中所評論的那樣：「真是奇怪，它們在中國人主要面部特徵的刻畫上竟是如此正確。」在插圖中可以看出他們很講究穿著，要比南亞的其他民族在衣著方面更加講究。

中國的大洋只是很粗糙的銀圓，大致呈圓形，上面沒有壓印的圖案，只有那些經手過的商人在上面留下的印記。每一個曾經擁有它們的生意人都會在那上面蓋上他們的印記。這樣，一塊流通很久的銀圓上往往蓋滿了以前各位擁有者的印章或簽名。

每年不同季節中典型的酷熱和嚴寒造成了中國上流階層夏裝和冬裝的顯著不同，然而主要的區別還是在帽子上：夏天的時候人們戴用很細的竹篾編織起來的圓錐形斗笠，在斗笠的頂端有一個藍色、白色或鍍金的球，並且有絲線或紅馬鬃做的流蘇從頂端披下來。冬天的帽子頂上是圓形的，有很寬的邊緣，而且那邊緣是往上翹的，其面料是天鵝絨或裘皮的，在頂

端也有一個球，有一大簇猩紅色絲線流蘇從那裡披下來。因季節到來而換帽子是如此重要，以至於官方的《京報》都要專門發布告來通知大家。在天冷的時候，人們通常在室內戴一種小的瓜皮帽。夏日的服裝是長而寬鬆的袍子，其質地為絲綢、紗羅或是亞麻布；在長衫上還系一根絲綢腰帶，而扇子盒、煙桿、打火石口袋，甚至帶鞘的劍和筷子，全都插在那根腰帶上。在冬季，人們還穿一種大袖口、蓋到臀部的上衣，罩在裡面的袍子的質地為絲綢或緙絲，一直垂到腳踝處。這件上衣是用裘皮、絲綢或寬布做的，外面全是動物的皮毛。夏天露在外面的脖子上要圍一個用絲綢或裘皮做的項圈。在一些重大的場合，人們穿在裡面的衣服上有用絲綢和金線刺繡出精美的圖案，帽子的顏色是猩紅色的，上面有各種顏色的頂戴。上流階層所穿的裘皮衣服非常昂貴，並且代代相傳。亞麻布用得很少，內衣有時是用薄紗做的，並且很少換洗。在北京的皇宮裡所觀察到的各色人等的穿著跟歐洲任何一個皇宮裡的穿著講究並無區別。時尚在這裡也有其追隨者。一個中國的紈絝弟子身穿昂貴的絲綢衣服，腳蹬南京出產的黑緞靴子或鞋子，腿上套有刺繡的護膝，頭戴式樣精美的帽子，上面還有漂亮的頂戴，懷裡掛著英國金表，一隻手拿著用珍珠串著的牙籤，另一隻手搖著南京出產的檀香扇，而且他還有好幾個穿著絲綢衣服的僕人跟在身邊，供他差遣。

CHINESE MANDARINS.

中國官員

臺灣島[1] 與廣州十三行

(The Island of Formosa and the British Factory in Canton)

1843

《倫敦新聞畫報》第 2 卷，第 49 號

1843 年 3 月 18 日，181 ～ 182 頁

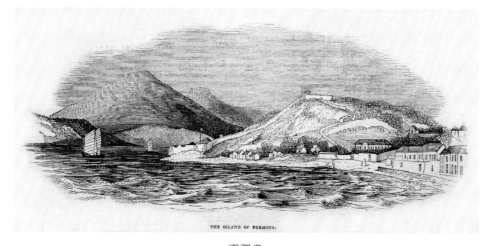

THE ISLAND OF FORMOSA.

臺灣島

在最近經陸地郵件送來的新聞報導中，有一個事件嚴重威脅了我們所希望恢復的英中兩國間的相互理解。這就是在與中國東海岸多山的福建省隔海相望的臺灣島上慘無人道的屠殺英國公民的事件。事情似乎是這樣的：在英中戰爭發展到高潮的 1841 年末和 1842 年初，有兩艘英國船隻 ——「內爾布達號」和「安號」—— 在臺灣島海域觸礁沉沒，除了在登岸過程中有少數幾位溺斃之外，這兩艘船的船員中有 297 人是活著登岸的，其中有 14 名是歐洲人。可是在停止敵對行動之後，這些人當中只有 10 名倖存者被移交給了英國方面。璞鼎查爵士在其措辭謹慎的對華照會中是這樣說的：「237 名『內爾布達號』的船員和 47 名『安號』的船員被臺灣

1　此處原文為「福爾摩沙」（Formosa），源於葡萄牙語，有殖民色彩。故本書對原文使用「福爾摩沙」稱呼處，一律改為臺灣島。

島上中國政府的軍官們處死，或因受到虐待和飢餓而死亡。」這些人似乎是在登岸後便立即遭到逮捕，「脫去身上所有的衣服，一絲不掛地在凌厲的北風中走了很長一段路。有兩人在路上就被凍死，還有其他數人因又冷又累而昏厥，是被放在籃筐裡抬到島上首府的，從這兩艘船觸礁的地點到臺灣島首府大約有 90 英里的距離。這些俘虜在那裡被分成了一個個不同的小組，並被關入了地方牢獄的鐵籠。他們大部分人都被餓死，剩下那些沒死的人也在 1842 年的 8 月左右被臺灣島上的中國當局砍頭，後者宣稱自己是按照皇帝的意旨來執行這一冷酷命令的」。璞鼎查爵士斷言，皇帝的命令是在臺灣島地方當局嚴重歪曲事實真相的情況下做出的，考慮到英國俘虜全都是手無寸鐵、毫無反抗能力、性格隨和及飽經折磨的水手和隨軍雜役，我們很難用言語表達自己的憤慨和憎惡。璞鼎查爵士在照會中已經威脅要重開戰釁，並且要求那些犯下屠殺罪行的臺灣島地方官員「被降職和受懲處，沒收他們的財產，並將其用於賠償死難者家屬」。人道主義法則大聲疾呼要為死難者正名，但我們希望此事不會再挑起英中之間的爭端。在照會中還有這樣一段話：「死難者中有一位是剛從華北回澳門的英國商人格利先生，他是『安號』船上的乘客。很難解釋為什麼六名歐洲人和美國人以及三名印度人會活了下來。據推測，他們被認為是各個階層的重要人物，地方官員們本來是要押送他們去北京，以便在那裡處決的。」死難者中絕大部分是印度人。

　　與此同時，讓我們來看一下發生這次可怕屠殺的地點，臺灣島的美麗富饒更襯托出這次屠殺事件的殘暴性。臺灣島被描述為中國東海岸線上的一個糧倉，為著名的廈門港提供糧食。臺灣島的大部分移民都是來自廈門，而島上的大部分投資也是來自廈門的商人。隨著臺灣島的繁榮昌盛，廈門也變得越來越富有和重要。說真的，臺灣島的西部堪與中國大陸最好的省分相媲美。它的表面呈現出各種不同的地理景觀，島嶼的山區有眾多的溪流蜿蜒而下，可用於灌溉平原的農田。島上最早的殖民者是葡萄牙人，後又來了荷蘭人，現在這兩種殖民者都已被驅逐出島。「福爾摩沙」

（Formosa）這個詞的拉丁語詞源是「美麗」，它只被用於描述該島的西部地區。島的東部是起伏很大的山區，那裡的居民是以狩獵為生的半野蠻民族，他們用樹葉當床，幾乎不穿衣服，家裡連家具都沒有。而且他們身上還有刺青，宛如最不開化的南海島民。本地人稱此島為「臺灣」。它長約260英里，寬約70英里。

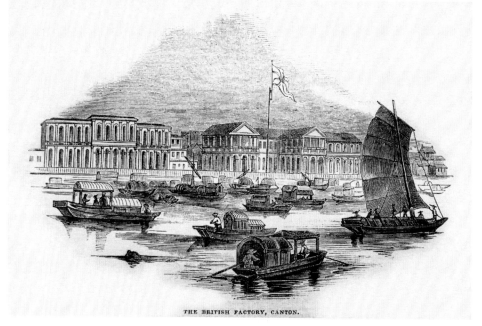

THE BRITISH FACTORY, CANTON.

廣州十三行

　　上圖所描繪的是廣州珠江對岸發生大火的十三行，即廣州外國商人們的倉庫和住處。它們都是花崗岩和磚砌的建築，其門面都十分漂亮和厚實。十三行的所在之地和大部分的建築本身都是由行商們所擁有的。房子前面飄揚的旗幟是用來表明國別的，如英國、法國或美國。十三行的正面寬度有600多英尺，其深度有大約1,000英尺。天朝帝國的所有對外貿易就是在這個狹窄的空間裡進行的。在十三行的兩端，可以看到位於珠江沿岸的一小部分廣州城市景色。廣州城是建在一個低窪的平原上的，因而從十三行是幾乎看不到廣州城裡全貌的。在十三行的正面有一個寬闊的

廣場，一直延伸到珠江的江邊。在廣州的歐洲人習慣於在傍晚到這裡來散步。

　　然而，廣州的這一部分屬於郊區，並沒有許多高大的公共建築。有幾條街通常是用於一些特殊行業的，例如那裡有一條「木匠街」，一條專賣古董的「古董街」（英國人的稱呼），以及一條藥鋪集中的「藥鋪街」。每個街區的居民會組成一個巡夜和守衛體系，以保護公共安全。火災十分常見，而且經常發生：西方的救火車已被當地人所使用。在當地人中間所流行的愚蠢宿命觀使得他們對於火的用法非常不注意，儘管 1822 年的一場大火曾經燒毀了整個城市。「豬街」是穿越十三行的三條大街之一：它要比歐洲任何一個城市的街巷都更加狹窄和骯髒。巷子裡擠滿了簡陋的小屋，那裡住著被命運拋棄的中國人，他們把摻麻醉藥的酒賣給貧窮而無知的水手。那些可憐的傢伙喝下有毒的飲料之後很快就會變得神志不清，他們經常會受到那些狡猾的誘惑者的襲擊，不僅被搶劫一空，還會遭到毒打。最近這個地區已經成了騷亂的滋生地。

THE ILLUSTRATED
LONDON ▲ NEWS

鴉片貿易
(The Opium Trade)

1843

《倫敦新聞畫報》第 3 卷，第 65 號
1843 年 7 月 8 日，21 頁

　　被壓成扁餅的土耳其鴉片原本是世界上唯一的藥用鴉片。印度鴉片則可分為兩種 —— 孟加拉鴉片和馬爾瓦鴉片。前者是由東印度公司種植並生產的，其味道頗受中國人讚賞。大約兩磅純鴉片被滾成一個球，並被裹上 10 至 15 層罌粟葉，直到看起來像一顆 32 磅重的炮彈。這些鴉片球被裝

入一個 2 英尺 8 英寸長、19 英寸寬、15 英寸深的小箱子，再用木板將鴉片球隔為兩層，每一個間隙裡都會填上乾燥的罌粟葉子。接著箱子會被密封起來，外面裹上綠色的皮革，以便防水，然後用粗帆布包住，再用繩子捆緊。最後在帆布上還要以醒目的方式畫上東印度公司的標記：VEIC（「U」和「V」兩個字母早期可以互換）—— 這幾個字母表示 United East India Company（聯合東印度公司）。這樣的鴉片目前是由政府當局向商人們公開拍賣的。

馬爾瓦鴉片是在印度殖民地各洲種植的。它是被壓成像小圓麵包那樣大小的一塊塊之後，再裝在一個 140 磅重的箱子裡的。

鴉片究竟是什麼時間被引入中國的，現在已經無法追尋。據記載，直到 1780 年，在澳門獲得永久性落腳點的葡萄牙人一直把澳門作為將鴉片引入中國的主要口岸。大約在 1780 年時，英國人在澳門的南面建造了一個倉庫，也開始賣起鴉片來，但每年只進口 200 至 300 箱鴉片。每箱鴉片需支付大約 20 先令的關稅，還有一種打包稅是每箱 16 先令 9 便士。毫無疑問，即使是在走私鴉片的初級階段，東印度公司那些商船和其他私營商船上的高級船員也都參與了走私，但規模相對較小。專門用於走私鴉片的武裝船隊是後來才出現的。

至於中國人在體質和智力上是否比任何其他民族都更加嗜好鴉片，與本文的主題無關。但是隨著這種毒品令人上癮的影響逐漸擴大，對於它的需求比例也與日俱增。僅短短幾年之後，中國每年的鴉片進口量就從兩三百箱增加到了數千箱。無節制地抽食鴉片對於人們身體所造成的惡劣影響也引起了清政府中一些識大體的官員的注意。到了 1796 年，不但鴉片貿易被完全禁止，而且一旦有人被發現抽鴉片，他就會受到嚴厲的懲罰。但鴉片走私此時已經成了具有全國性重要影響的賺錢生意。正如中國人要求英國商人用白銀來支付所有從中國進口的商品一樣，英國的鴉片商透過鴉片貿易將白銀又拿了回來。

為終止鴉片走私貿易，皇帝發布了禁煙的詔令，還專門裝備了緝私兵船。然而禁煙的昂貴代價，以及人們想要沉湎於這種有害的奢侈生活的決心，使得鴉片走私者不惜花大價錢去賄賂地方官員和海關官員。因此鴉片貿易不僅沒有被遏制，反而規模變得

OPIUM PACKAGES.

鴉片箱的形狀

越來越大和越來越賺錢，正如下面這些數字所能夠證明的那樣：1798 年中國進口的鴉片數量是 4,200 箱，此後十年中這個數字一直呈波動的狀態，1808 年的鴉片進口數量是 4,298 箱，與此同時鴉片的價格卻幾乎是以前的三倍。1818 年的時候，鴉片價格是以前的四倍，但進口鴉片的數量卻比 1808 年減少了。但是到了 1828 年，鴉片進口的數量幾乎增加了一倍，當年進口了 7,700 箱鴉片。鴉片進口的增速是如此之快，到了 1832 年，鴉片進口的數量在 10,638 箱以上。1833 年的鴉片進口數量是 12,223 箱，1834 年的鴉片進口數量是 12,977 箱。到了 1835 年，鴉片進口量又增加到了 14,745 箱。這樣的增速一直持續到了英中兩國發生了公開的衝突。據說那一年中國的鴉片進口數量達到了 40,000 箱，其價值超過了 4,000,000 兩白銀。以上的統計數字（最後那個數字除外）還僅是出自加爾各答，此外孟買和達曼也有大量鴉片出口中國。中國鴉片癮君子的數量有各種不同的統計，保守地估計有三百萬人，儘管實際人數可能會大大超過這個數字。

罌粟最早主要是在孟加拉、比哈爾、瓦拉那西等土地肥沃的地區，由私人種植的。隨著鴉片貿易變得越來越重要之後，東印度公司便以壟斷的方式將鴉片的所有生產過程都收入囊中。但發現罌粟在馬爾瓦和印度中部也生長得很茂盛後，為了能壟斷鴉片貿易，東印度公司跟那些地區的土著酋長們進行了談判，以阻止他們生產鴉片。但是這種做法成效不大，於是東印度公司便做出了讓步，同意讓大量的鴉片從馬爾瓦轉運到孟買，再從

孟買用鴉片船運往中國。

在東印度公司的經營之下，在其所能控制的領地之內，每一位農夫都被迫將最好的一塊田地留出來種植鴉片，並以半成品的狀態交給公司。負責收集和檢查鴉片品質的人收入很低，因此有許多侵犯利益、敲詐和作弊的事件發生。實際上，這一整套制度從頭到尾都充滿了邪惡，並且至今仍以這種危險的方式維持著。

我們現在來看一下把鴉片強行輸入中國的做法。當鴉片貿易變成一椿暴利的生意時，便有一些品質上乘的船被造出來，專門用於鴉片走私。它們具有式樣美觀、左右對稱等優秀航海船的基本特質，人稱鴉片快船。那些鴉片快船上配備有人數充足的水手，有些甚至武裝到了牙齒。最大的鴉片快船是三桅帆船，如第48頁的插圖所示，有些鴉片快船是兩桅橫帆船，有少數鴉片快船則是兩帆以上的縱帆船。由於和平時期的某些著名海軍軍官曾經指揮過其中一些鴉片快船，所以它們之間的競爭往往被飽經風浪的水手們視為楷模。一開始，鴉片快船的數量只有兩三艘，但如今已經增加到了十四五艘。在這些鴉片快船中，有一艘名為「海上巫女號」的360噸漂亮三桅船，船上有70名水手，武器裝備精良，被公認為是最好的。排名第二的是「紅色海盜號」，也是一艘三桅船，有60名水手。其他的鴉片快船還有「莫爾號」、「羅布·羅伊號」、「發癢豌豆族號」、「罌粟號」、「氣精號」、「塞王號」、「法國石竹號」、「約翰·布賴特莫爾號」（新），餘下那些鴉片快船的名稱我們一下子還想不起來。這些鴉片快船從孟買和加爾各答裝貨，經新加坡把鴉片運到珠江口（離澳門不遠處）的伶仃洋。有許多商船停泊在那裡，以便接貨。毒品的交易是由在廣州岸上的鴉片代理商操作的，先付貨款，然後派一條或數條「快蟹爬龍船」前往伶仃洋的商船，通報購買鴉片的數量。這是一種用很多支槳來驅動的船，順風時船上還會升起一塊用籐條和竹片編織成的帆。緝私官船時刻都在戒備著，或假裝如此。但是走私鴉片的人都是一幫膽大妄為者，且武器精良，所以並不把官兵們放在眼裡。雖然雙方也時常有衝突（通常是裝門面的假衝突），但是對於走私鴉片不會造成任何影響，因為那些水師官兵和每一位海關僱員透過

鴉片交易所賺到的錢要遠比制止走私多得多。實際上，那些緝私船所夾帶的鴉片不會少於那些專門走私鴉片的船。下頁插圖為伶仃洋上的一艘鴉片快船，其前帆逆風而長，以便能停船卸貨，鴉片快船附近有一條有許多槳手划的走私船，遠處還有一條緝私的兵船。

AN OPIUM SMOKER.

一個鴉片鬼

　　我們已經看到附有嚴厲懲罰條款的鴉片禁令對於阻止鴉片貿易並沒有產生任何影響。鴉片繼續在全國各地公開銷售，大清帝國內每一個城市的鴉片館數量就像英國的豪華小酒店那麼多。店門口的一張竹屏風就像是一顆定心丸，告訴癮君子們他們可以在這裡過足鴉片癮。

OPIUM SMUGGLING.

鴉片走私

　　在鴉片館裡你可以遇到社會上的各色人等，他們全來這裡追求那種醉生夢死的感覺 —— 沒有任何東西可以阻止他們。最終鴉片問題成了一個如此巨大的麻煩，以致因違背倫理，或者說未讓政府從中得到好處而引起清廷當局反感，並促使其採取決斷的行動 —— 沒收了 20,882 箱鴉片。假如他們的行動到此為止的話，這一做法是無可非議的。但是他們又進一步咄咄逼人地沒收了英國人的其他財產，並且不分青紅皂白地懲罰罪犯和無辜者。英國隨後向中國的開戰本可以被阻止，但現在這種狀態已不復存在。鴉片走私仍在進行，很可能會繼續存在，哪怕英國政府通過反對鴉片貿易的法案。中國人是如此沉湎於鴉片癮，以至於他們會不惜一切手段來得到這些毒品。由於中國支付鴉片的銀兩超過了英國進口茶葉的銀兩，所以每年肯定有大量銀錢和銀錠從大清國流失。

1844

中國的葬禮和墳墓
(Funerals and Tombs of the Chinese)

Jan. 6, 1844

《倫敦新聞畫報》第 4 卷，第 88 號

1844 年 1 月 6 日，5 頁

CHINESE FUNERAL.

中國的葬禮

　　中國人一旦到了一定年齡，就會開始為自己的後事做準備。每一個男人都會在自己家裡放一口棺材，跟其他家具放在一起，以便時刻提醒自己離死不遠了。有地位的人還會買一塊地，在那裡建造陵墓並蓋一座金碧輝煌的陵宮。死後他們就會被埋葬在這個陵墓裡，儘管陵墓可能會離家很

遠。喪父的子女會邀請親朋好友來參加父親的送葬行列，隊伍的前面有人抬著男女鳥獸身的塑像或畫像。靈柩的前面還會有烤肉和菜餚等祭祀食品。靈柩被一個圓拱形的豪華棺罩所覆蓋，由 20 ～ 30 名槓夫抬在肩上，後面還跟著擊鼓、奏樂和搖鈴的僧人樂師。子孫們全都步行跟隨在靈柩的後面，有些走不動的人還拄著拐杖。女眷們坐在窗簾低垂、外用白綢包裹的轎子裡。在轎子的旁邊，另外還有一些女子是專門雇來為葬禮哭喪的。到達像宮殿一般輝煌的陵宮之後，葬禮的行列會穿越一個巨大的宮門，進入陵宮，在大門的兩邊還有兩個較小的宮門。當靈柩停放在陵宮的大殿裡之後，靈柩前會放置一個祭臺，祭臺上有點燃的蠟燭。

逝者的朋友會在特定的節日前來掃墓，在墓前行三叩九拜之禮。他們點香、倒酒，擺上肉食和菜餚，以祭祀逝者。他們心裡都清楚，等他們走後，這些美味菜餚就會成為僧人們的腹中之餐。

逝者的生前品行被銘刻在祭臺前面的漢白玉牌上。每個人在家裡還有一塊神主牌，上面刻有祖父和父親的名字。人們也會對著這塊神主牌叩拜。那些大人物會為自己的祖先建造祠堂，並且每年都舉行祭祀儀式。

THE ILLUSTRATED LONDON NEWS

溫莎城堡裡的中國戰利品
(Chinese Trophies, at Windsor Castle)

1844

《倫敦新聞畫報》第 4 卷，第 88 號
1844 年 1 月 6 日，8 頁

有一批非常有趣的軍事戰利品最近由英國皇家海軍軍艦「復仇女神號」的海軍軍官們贈送給了居住在溫莎城堡裡的女王陛下，這是霍爾艦長率領其部下們在鴉片戰爭中所繳獲的。經過女王陛下的欽准，這批戰利品

目前正在對私人參觀者開放展出。我們有幸得到女王陛下的欽准來描繪這批中國戰利品，並將它們作為此文的插圖。

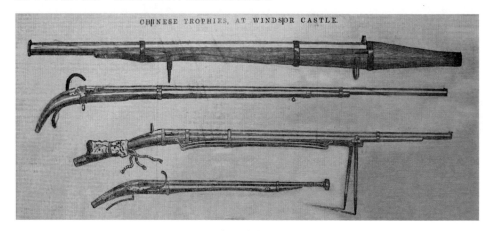

中國戰利品

　　這批來自「天朝」的戰利品在其比例和工藝水準上均屬上乘，而且非常符合中國總是以簡單魯莽的陣勢發動進攻，從不考慮防禦措施這一特質。它們以一種奇特的方式證明這個民族不是在更為和平的工藝領域，而是在好戰技藝上取得了相對快速的進步。其中有一把刀和好幾支火槍甚至可以與歐洲的產品相媲美。而且對於一些在政治上杞人憂天的人來說，它們無疑會引來各種有關俄羅斯的聯想。這批武器戰利品中包括了一些樣式非常漂亮的火繩槍，其長度分別為 5 英尺、5 英尺 11 英寸、6 英尺 6 英寸不等。還有一支 4 英尺長的大口徑前膛槍和一門 2 英尺 8 英寸長的火炮，這後兩者都是以愛德華三世時期環形槍（炮）的方式製造的。另外還有一些 4 至 6 英尺長的長柄刀劍，並且長柄上纏有布帶或刻有鋸齒形凹痕，以便於手持武器者能抓得住長柄。其他還有一些裝有現代防護裝置的雙刃直劍。這些武器的外觀、火繩、吊鉤、韌度、刀口等，均顯示出工匠們在如何製造槍炮和鍛淬刀劍上，已經掌握了相當可觀的實踐知識。

　　在第 51 頁的插圖中，我們還增添了一幅關於香港城徽的複製圖，為了能使讀者看得更清楚，我們特地把它印得比實物更大一些。因為我們相

信，對於一個民族的戰爭記憶而言，這將會是一個合適的紀念品。這是英國君主在中國領地上所使用過的第一塊此類徽章。正因為如此，無論是歷史學家，還是普通讀者，都會對它十分珍視。它是由女王陛下的御用獎牌雕刻師 B. 懷恩先生設計圖樣並親手製作的。我們認為這個城徽的設計和製作是成功的，充分顯示了製作者精深的技藝和卓越的才華。城徽底部有一小塊地方展示了香港的實景，分別有一艘英國和中國的船隻停泊在港口。在這方面，所有的殖民地徽章都是按照類似的原則來進行設計的。

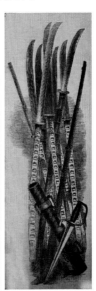

左、右：中國的戰利品；中：香港的城徽

在本期的其他部分還可以讀到跟香港這個新獲得的殖民地相關的重要的新聞報導。

THE ILLUSTRATED LONDON NEWS

送給女王陛下的非同尋常的中國禮物
(Extraordinary Chinese Presents to Her Majesty)

1844
《倫敦新聞畫報》第 4 卷，第 90 號
1844 年 1 月 20 日，36 頁

THE GREAT CHINESE BELL IN THE LIBRARY OF BUCKINGHAM PALACE,

白金漢宮圖書館裡的一口中國大鐘

　　女王陛下目前收到的中國禮物越來越多。兩週前，我們曾有幸將讀者的注意力引向了溫莎城堡中的一批軍事戰利品。但在本期中，我們將榮幸地向讀者展示收藏在白金漢宮的、其價值遠勝於那些武器戰利品的一些中國藝術品。實際上，它們堪稱是迄今已經運到英國的、有關中華文明的最

佳藝術精品。它們包括一口巨大的鐘和一對花瓶，這兩者都是從寧波的一個寺廟中獲得的。

這口鐘大約有 5 英尺高，其直徑為 3 英尺。它的形狀非常優雅美觀，鐘口邊緣的扇形曲線就像是花卉中單瓣花冠的邊緣，而整口鐘的形狀頗似莎士比亞筆下風鈴草的風鈴，英國植物學家將該植物的學名定為 "campanula tremuloides"。這口鐘之所以選擇這種形狀，毫無疑問是因為效法自然 —— 中國藝術家們在趣味的高雅上遠遠超越了其同胞崇尚怪異、奇想、拜神和大雜燴的民族風格。鑄造這口鐘的金屬似乎是一種以錫、銅、銀為主要成分的合金，是專門為了發出更大的聲響而設計的，因此這口鐘發出的聲音既嘹亮又優美。鐘的外表完全被銘文和浮雕所覆蓋，線條清晰，圖案完美。這口鐘的外表上圍繞著三條帶狀標記，由著名佛教高僧的坐像組成。

在這些帶狀標記之間是銘刻在條幅上的漢字，其中絕大部分是善男信女捐助者的名單。有好幾條帶狀條紋或由漢字佛經所組成的帶狀物將整體畫面分割成一個個單獨的小畫面，其中有一條較大的帶狀漢字條幅中有「平林北寺」（Peen ling pe sze）等字樣，此即鑄造這口鐘的寺廟。從其他的銘文來判斷，這個寺廟似乎坐落在紹興城附近。

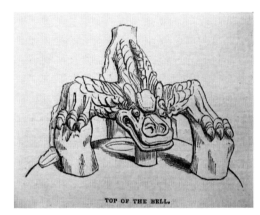

大鐘頂部的雕飾

鐘外部表面的浮雕人物

1844

在鐘的其他部分還有一些藏語或梵語的銘文。根據這些銘文的說法，這口鐘是於道光（當前在位的皇帝）十九年，即 1839 年，由該寺廟或紹興府相關的人員主持鑄造的。這些梵語銘文非常發人深省，因為它們似乎暗示了中國與印度半島之間的古老而親密的文化交流要比歷史學家們在編年史中所得出的結論更為悠久。

這口鐘的鑄造就跟它的文化特質一樣精彩。就鑄造工藝而言，這口鐘堪稱完美，而且它鑄造過程中的細節跟我們西方的鑄造工藝一定是相仿的。

許多本報讀者可能都熟悉席勒的〈鐘聲〉這首詩，而且在閱讀該詩的精彩詩句時，他們肯定會對下面的結論產生共鳴，即：

—— 透過這口鐘，大師奠定了他的名聲。

上述這口鐘的鑄造工藝基本上是跟歐洲的鑄造工藝相同的。然而在很久以前，

—— 歐洲鄉村的悠揚鐘聲

不時地傳入我們的耳朵，

抑揚頓挫，甜美悅耳。

在最古老和神聖的基督教王國，我們就可以聽見這樣的鐘聲。而南京和中國其他城市的鐘聲，其音樂有一個傳統。1839 年我們發現，中國人在日常生活中有使用敲鐘來計時和取樂的民族習慣。從這一點和其他許多類似的情況來看，我們可以穩妥地得出結論：我們對於中國人這個民族所知甚微，除了知道他們的名字和居所，其歷史、文學和藝術等各個領域都有待於我們去探索和發現。

有關上面所提及的那口鐘，大英博物館著名的埃及和東方古物學家塞繆爾·伯奇先生正在準備翻譯鐘上所刻的銘文，以便將譯文呈給女王陛下。

中國花瓶

　　插圖中的這些花瓶，跟這口鐘一樣，也是用金屬鑄造的。而且就其線條分明，以及形狀和裝飾的美觀而言，也跟這口鐘幾乎同樣精彩。倘若撇開花瓶上的裝飾物的話，它們跟伊特拉斯坎和龐貝城的花瓶並無區別 —— 它們的形狀是多麼的質樸和優雅。說真的，要不是花瓶上有那些蟠龍造型，我們真的很難相信自己是在欣賞中國人的手藝。

　　本期的第一幅版畫插圖逼真地描繪了在白金漢宮圖書館裡把中國鐘展現給女王陛下及其他訪客的場景。第二幅插圖所表現的是作為皇權象徵的龍這一形象，它位於鐘的頂部，是用作把鐘懸掛起來的一個把柄。第三幅插圖所描繪的是鐘外部圖案上一個帶狀條紋中的兩個人物形象。第四幅插圖為放置在圖書館櫥櫃頂上的兩個花瓶。

THE ILLUSTRATED
LONDON NEWS

中國花邊
(Chinese Lace)

1844
《倫敦新聞畫報》第 4 卷，第 92 號
1844 年 2 月 3 日，80 頁

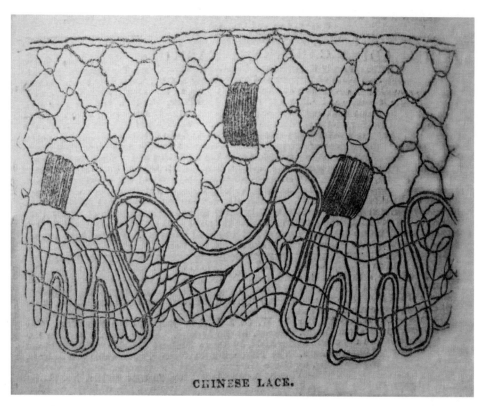

CHINESE LACE.

中國花邊

　　這個奇特的中國生產樣品是一個英國士兵（原先曾是個網狀花邊生產商）得到的，他參與了英法聯軍對中國的侵略和阻礙京杭大運河運行的戰役。在一次外出徵收糧草的過程中，他看見一位中國婦女在編織一種枕頭

的花邊。這種花邊的樣式在他看來是如此的新穎，以至於他情不自禁地從口袋裡掏出一把小刀，以最粗魯的方式割下了一碼左右的花邊，並把這塊花邊帶到了諾丁漢。他最初以為這個花邊是以一種野草為原料編織而成的，但是當他把花邊向諾丁漢的某些經驗更為豐富的專家展示之後，後者認為其原料是一種東方著名的絲綢。然而這種看法被證明是錯誤的，因為他剪下一小塊花邊，就像人們煮蠶繭那樣放在沸水中煮，以提取出它的膠。令他吃驚的是，當他提取出一種惡臭的黃色膠質之後，發現花邊織物原來是以巧妙地纏繞在一起的雙碼棉線為原料而織成的。它之所以有絲綢一般的特質，是因為它採用了一種使棉線變硬挺的膠。這一點已經被好幾次實驗所證明，即這種花邊是由塗了膠的棉線織成的。

總的來說，這一織物符合外國花邊的各種特徵：六邊形網格的四條邊都是兩根線繞在一起的。而剩下的兩條邊是由四根線纏繞或編織在一起的。以上描述的情況在梭網機上是實現不了的。改用機器來編織網格花邊已經是 20 年前的事情，而手工編織網格花邊的方法幾乎已經被人遺忘，它的結構跟梭網機和經網機所製作出來的結構都完全不同。這種織物被稱作「韋爾林花邊」（Welring lace）。這種編織過程速度緩慢，大約是梭網機用時的十倍。

中國花邊在其網孔的構造上幾乎對應了梅克琳花邊，後者在品質上被認為是次於布魯塞爾花邊和布魯塞爾針繡花邊的。第 55 頁所附的版畫插圖是中國花邊洞眼大小的一個摹本，其裝飾線的走向跟歐洲樣式的花邊完全不同。花邊中有些大塊斑點被線從網格中穿過了 15 次以上，但這些線在網絡中顯得很鬆散，而且並沒有在網狀花邊的頂部會合。當它最初從枕頭上被割下來時，其絲線的色澤相當靚麗，以至於可能被誤認為是金絲。那位士兵宣稱，他看到這種花邊被用作家具窗簾的鑲邊飾物，以及衣物的鑲邊飾物，如裙子底部的邊緣和緊身胸衣的肩部等部位就鑲有這種花邊。花邊圖案的粗糙和原料色澤的靚麗造就了一種大膽而引人注目的效果。

不久前，諾丁漢的花邊生產商曾經委託英國新殖民地香港的商人代理

099

生產花邊，但遭到對方的婉言拒絕，因為對方認為中國人從來就不用花邊飾物。這種說法對於居住在中國的英國僑民來說並無說服力。毫無疑問，用我們的機器可以生產出品質很好的中國花邊仿製品，而且就耐用度和品質穩定性而言，仿製品甚至優於手工織品。然而手工織品中在雙碼棉線上所使用的那種膠卻仍然是一個祕密，留待於住在寧波和上海的英國僑民想方法去發現。我們希望那些英國僑民能夠執著地去探查這一祕密，因為向中國出口這種花邊產品對於諾丁漢、萊斯特、格洛斯特、漢普郡、斯塔福德、倫弗魯、米德爾塞克斯和利默里克等郡縣來說，具有難以估量的重要性。在上述這些地區，花邊都是靠機器來生產的，或者是用針或鉤針來進行裝飾的。我們對存於倫敦的中國服裝收藏進行了仔細的檢查，並沒有發現任何中國花邊的樣品。對於這種情況，我們的原始材料提供者推斷，上述服裝收藏只是從華南地區收集的，並不能反映中國服裝的全貌。

我們感謝諾丁漢的花邊生產商湯瑪斯·希克林先生為本文提供了有關花邊生產的相關消息。

THE ILLUSTRATED
LONDON NEWS

新皇家交易所三角牆上的雕塑
(Sculpture for the Pediment of the New Royal Exchange)

1844
《倫敦新聞畫報》第 4 卷，第 94 號
1844 年 2 月 17 日，104 頁

我們有幸在新皇家交易所雕塑裝飾設計競賽的優勝者、雕塑家理查德·韋斯梅科特（R. Westmacott）的工作室裡觀賞到這些有趣的雕塑作品。

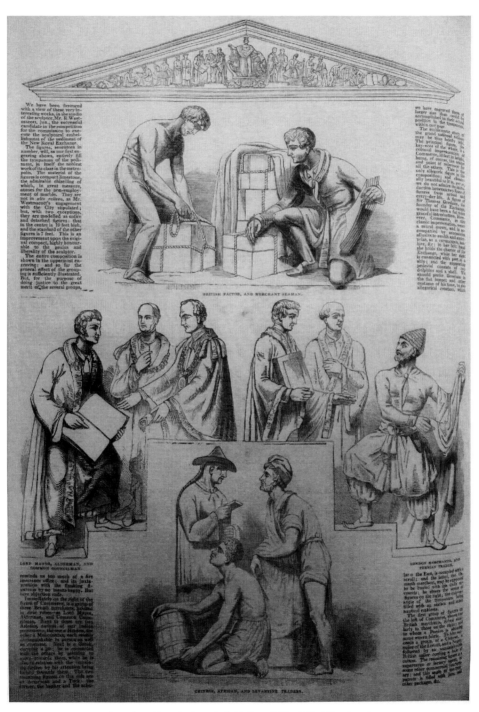

中國商人的形象出現在倫敦交易所的建築雕塑群之中

　　正如本期第一張插圖所示，這個由 17 個人物形象組成的雕塑群填滿了交易所三角牆的鼓室。這些都是倫敦最好的雕塑作品。它們並不是高凸浮雕，就像韋斯梅科特跟市政府原來所簽訂的協議那樣，而是完整且單獨的雕塑，只有兩個人物形象例外。位於中間的那個主要人物雕塑高達 10 英尺，其餘人物雕塑的標準高度都是 7 英尺。這對於原有的設計是一種改進，完全源於雕塑家天才的頭腦和開放的思想。

　　整個雕塑群的設計可見於最上面的那幅插圖，該圖足以反映這個雕塑群的整體效果。然而為了能夠更好地了解其中幾組特定雕塑的突出優點，我們特地將這幾組人物的形象放大，以饗讀者。

來自中國、非洲和黎凡特的商人

　　這個雕塑群簡略地講述了英吉利民族謎一般的偉大民族史故事。其中的關鍵人物形象，即高達 10 英尺的商業女神雕塑，與該雕塑群中的其他人物相比較，占據了中心的主導位置。在整個雕塑群中，她是唯一的諷喻性人物。這一人物形象雖然典雅美麗，但我們並不喜歡由她引出的兩組來自真實生活的人物形象。皇家交易所創建者湯瑪斯·格雷欣爵士這一人物形象其實要比她更加適合於這個角色。身為一個典型的擬人化角色，商業女神頭頂一個石頭王冠，身邊還有一些跟財富和事業相關的配件，如豐裕之角、蜂巢等。她的左手拿著皇家交易所的憲章，右手還連接著航船的一部分，而塑像的基座則是由兩隻海豚和一個貝殼所組成。其實我們寧可讓戴平蓋帽和穿舊式服裝的格雷欣來取代上面這個諷喻性的人物形象，首先她太容易讓我們聯想到火災保險公司，而且她身旁那兩組對應的人物形象根本就談不上幸福。但反對的理由僅此而已。

　　在商業女神的右邊是一組三位穿平民服裝的英國商人形象，分別代表了倫敦市長、高級市政官和地方議會議員。他們右面那兩個亞洲人是印度殖民地的土著，其中一位是印度教教徒，另一位是穆斯林。再往右是一個希臘人，手裡捧著一個甕，他與其餘兩人之間的連繫像是他似乎在朝他們走過去，而他跟他們的關係也只是因為他的注意力被他們所吸引。右邊剩下的那兩個人物分別是亞美尼亞人和土耳其人。前者是來自東方的銀行家和學者，手裡拿著一部捲軸書；後者是一位土耳其商人，似乎在忙於整理日常帳目。他是右邊那組最後一個人物。鼓室的角落裡還堆著錨和其他象徵航海的物件。

　　商業女神左邊的第一組人物形象是一個波斯人向兩位英國商人展示一塊織物。波斯人旁邊一組人物分別是一個中國人、一個黎凡特水手和一個非洲人。接著就是一個典型的英國水手在給一大捆棉花打包。最後一個人物形象是一位押運員或工廠的代理人。這一邊的鼓室角落裡堆著罈子和其他包裹等。

THE ILLUSTRATED LONDON NEWS.

關於英國軍艦的一張中國畫
(Curious Chinese Drawing of an English War-Steamer)

1844
《倫敦新聞畫報》第 7 卷，第 188 號
1844 年 12 月 7 日，368 頁

　　《大陸郵報》上週三收到的郵件中有一張奇怪的畫，那是一位中國畫家所畫的一艘剛剛抵達香港的英國軍艦。假如我們沒有記錯的話，中國人在最早見到英國輪船時，曾經很不客氣地給它起綽號為「火妖怪」。讀者在看我們為這張中國畫所製作的版畫時，一定要原諒這張中國畫的筆法幼

稚，但是原畫上的色彩卻是十分絢麗。中國畫家善於畫那些對於透視角度要求並不嚴格的畫面，如禽鳥、昆蟲、水果和花卉。喬斯林子爵向我們斷言，最好的中國畫可見於在中國生產製作的陶瓷茶具上。

一張奇怪的關於英國軍艦的中國畫

1845

中國的巨型臼炮
(Monster Gun, at Woolwich)

May 24, 1845

《倫敦新聞畫報》第 6 卷，第 160 號
1845 年 5 月 24 日，336 頁

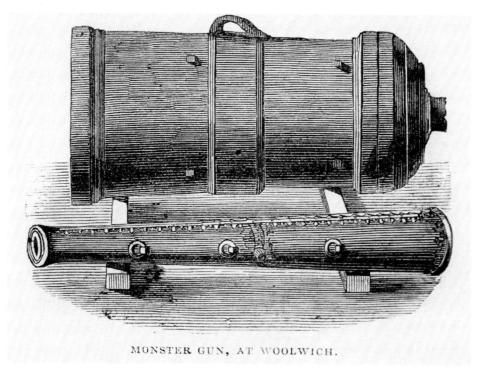

MONSTER GUN, AT WOOLWICH.

伍利奇的一門臼炮

　　上頁這個被伯克稱之為「祕殺器」的巨型臼炮剛剛被薩默塞特兵工廠的一條單桅帆船從德文波特運到了伍利奇的皇家軍火庫。這是被「皋華麗號」運輸艦作為戰利品運回英國的一門體積龐大的中式銅臼炮。它重達 8 噸 875 公斤，炮膛內徑為 2 英尺 3 英寸，有一個 20 英寸長的後膛，臼炮的整個長度為 5 英尺。這門臼炮是在中國的一個灌木叢中發現的，它的一半

炮身被埋在了地下。該炮顯然是用上等的精銅所鑄成，從炮耳已深受腐蝕這一證據可以看出，它存世已久。另外，它的火門完好，幾乎沒有磨損，似乎是經過重新鑄造，並被裝配在這門臼炮上的。臼炮後膛的中央有一個看上去像是螺帽和螺釘的裝置。假如它們真是螺帽和螺釘的話，那麼炮膛內肯定澆鑄了大量的合金。因為螺帽頂與金屬處於同一平面的話，是不可能被旋入當前這個位置的。下面這一事實可以讓讀者對於這門臼炮的體積和它所用炮彈的大小和重量有一個概念：眾所周知，兩年前為穆罕默德·阿里所鑄造的大炮，其炮膛內徑只有 15 英寸，但其所用炮彈重達 400 磅。印度東部比賈波（Beejapore）的一門巨炮重達 42 噸，在亞格拉的另一門巨炮重達 23 噸，其所發射的炮彈重達 1,500 磅。這些都是作為人們耳熟能詳的奇蹟載入了我們的史冊，而上面所描述的這門中國臼炮則是一個全新的種類。

THE ILLUSTRATED
LONDON NEWS

中國青年
(Chinese Youths)

1845
《倫敦新聞畫報》第 7 卷，第 184 號
1845 年 11 月 8 日，289～290 頁

在倫敦騎士橋（海德公園角）的「唐人館」裡來了一對很有趣的真人演出者，即「阿興」和「阿友」這兩位中國青年。他們大約是在 8 個月之前乘坐「英格爾伍德號」（Inglewood）帆船到達利物浦的。那條船的船長不幸在那次航行中去世。人們相信那位船長原本是為了想讓這兩位青年在英國受教育，並最終透過他們跟中國人進行談判，從而使自己也能獲得好處。他倆此前一直住在利物浦，直到本次中國展覽館的主辦人蘭登先生最近安

排他倆在倫敦暫時居住了下來。他倆都非常聰明，並且都受過良好的中文教育。由於都是出生於小商人家庭，他們跟廣州的上流社會也保持著廣泛的社會關係。目前他倆的英語已經講得差強人意。我們在此附上他倆各自的親筆簽名。

簽名

阿興和阿友

1846

THE ILLUSTRATED
LONDON NEWS

清朝欽差大臣耆英在香港
(Procession of the Chinese Commissioner at Hong Kong)

Feb. 7, 1846

《倫敦新聞畫報》第 8 卷，第 197 號
1846 年 2 月 7 日，89 頁

PROCESSION OF THE CHINESE COMMISSIONER AT HONG KONG.—FROM A SKETCH BY A CORRESPONDENT AT VICTORIA.—[SEE NEXT PAGE.]

清朝欽差大臣在香港的隨從行列 —— 根據維多利亞城一位記者的速寫繪製

　　香港的維多利亞城曾因英國當局接待清朝的欽差大臣耆英而成為一個舉行盛大慶典的喜慶場所。關於這次訪問盛景的具體細節描寫曾經占據了香港官方喉舌《中國郵報》上五個專欄的篇幅。而這些報導今天（1845 年 11 月 27 日）又得以重印，在維多利亞城的政府辦公樓外面就可以看到「欽差大臣耆英訪問香港的再版」等字樣，正如在倫敦的弗利特街或河岸街上

宣布英國政府各部門的命運那樣。本報的篇幅有限，所以只能從《中國郵報》上摘取一些主要的細節報導：

（1843 年 6 月）20 日星期四日落時分，「雌狐號」輪船載著清朝欽差大臣耆英及其隨從徐徐駛進了維多利亞港口。在船上的陪同人員有香港主要行政長官凱恩少校閣下、貿易專員祕書 A.W. 埃爾姆斯利先生以及代表英國政府專程去廣州迎接欽差大臣的郭實臘牧師。成群結隊的中國人在港口等待著欽差大臣的到來，以便目睹欽差大臣下船登岸，接受英國特命全權公使的歡迎。迎接欽差大臣的是香港衛戍司令官，他與香港總督總副官一起護送欽差大臣到他在女王路的寬敞住所。這個住所是拉斯特姆吉先生兄弟倆慷慨地無償提供給香港政府，以用於接待欽差大臣的。

當輪船在碼頭靠岸時，中國人的樂隊「突然發出了一陣尖銳刺耳的噪音」。耆英從輪船的階梯走下到地面時，岸上燃放了三個巨大的爆竹。等耆英在他的轎子裡坐下之後，有一位隨從用撢子撢去了他的大靴子上的灰塵，接著由英國人、中國人和印度人所組成的一個前呼後擁的隨從行列便開始上路了，其氣勢蔚為壯觀。在人群的最前面是一個由中國人所組成的樂隊，演奏出類似於《克勞諾霍頓索洛戈斯》（Chronohotonthologos）[2] 的「粗鄙音樂」。緊接著是一群揮舞小旗幟的小男孩。

「你也許會認為在這個隨從行列中的代表性人物都是憑空想像出來的，但我可以向你們保證，這些人物完全是從現實生活中如實記錄下來的，唯一不能夠確定的是準確的人數。欽差大臣在訪問香港時，身邊的隨從至少有 209 個，整個隨從行列長達 0.25 英里。」我們的記者精確地記錄了這個隨從行列的出場順序：

兩面銅鑼；

---

2 這是英國作家亨利・凱里於 1734 年創作的一部鬧劇。

清朝的黃龍旗,舉旗者兩個一排地並肩而行,手持孔雀尾羽和旌旗;

第一個樂隊方陣;

第一個舉著牌子的方陣,金色和紅色的牌子上用中文寫著給路人看的警句;

又有兩面銅鑼,騎在一匹灰馬上的清軍統領(白色頂戴),後面跟著他率領的步兵;

戴帽子的官方劊子手,手持代表其職業象徵的鞭子和斧頭;

清朝的欽差大臣耆英 —— 身兼兩廣總督、提督、大學士和宗室(紅色頂戴和孔雀花翎),坐在八抬大轎裡;周圍的隨從全是白水晶頂戴和黃銅頂戴的官員;

佩戴黑色翎毛的清軍都統,以及身為翻譯的郭實臘先生;

潘廷官(紅色頂戴花翎),八抬大轎;

糧儲道道員(藍色頂戴),四抬大轎;

駙馬(藍色頂戴),四抬大轎;

觀塘府知府(藍色頂戴),四抬大轎;

一些坐著清朝官員的轎子;

給隨從行列殿後的香港中國居民。

讓我們再回到《中國郵報》上來:

在一個我們仍尊稱其為教堂的竹蓆大棚前面,一些坐在轎椅上的西洋女士吸引了欽差大臣特別關注的目光。當他接近下榻的住所時,有一隊第42馬德拉斯步兵團的士兵努力地在街上給這個欽差大臣的隨從行列清理出一條道路,而香港總督的助理總副官卜魯斯上尉則在住宅的門口迎接欽差大臣。

第二天上午,香港總督(以漢學研究而著稱的戴維斯爵士)在衛

成司令官少將和軍事參謀部成員的陪同下拜訪了耆英，後者以其慣常的溫文爾雅的態度接待了他們，並且分別擁抱了總督和將軍閣下。由於這是一次禮節性的拜訪，當客人們告辭離去時，耆英一直把總督送到了大門口。

當天下午，中國人進行了隆重的回訪，並在訪問結束後陪伴總督檢閱了駐紮在香港的英國軍隊，軍隊都集結在女王路上。耆英坐在轎子裡檢閱了各支部隊，每一個團的官兵在耆英一行從面前經過時都舉起手中的武器，向他致敬。中國人似乎對於隊列操練中的行進和反向行進等項目頗感興趣，並且諮詢了許多關於變換各種隊形目的和意義的問題。在上轎子回去之前，他們應少將的邀請，去操練場觀看了炮兵們把大炮從牽引車上卸下和將大炮重新連上牽引車以及放炮等操練項目。

當天晚上，耆英和其隨從中一些最著名的官員到總督官邸赴宴，在那裡他們會見了總督、海軍司令官和香港各部門的首領。宴會之後還有一個舞會，但是耆英因忙碌了一整天，感到疲憊不堪，就提前告退了。跟往常一樣，東道主一直把他送到了轎子旁邊。

第二天上午，總督閣下對郭實臘先生進行了禮節性的拜訪。下午香港總督和清朝欽差大臣之間舉行了長達近兩個小時的正式會談。會談之後，他們一起視察了新落成的軍隊醫院。當天晚上，中國貴賓們應邀在他們上午參觀過的「阿讓庫爾號」軍艦上共進晚餐。那艘軍艦上從船頭到船尾都掛滿了旗幟，客人到來時還鳴放了禮炮，其效果從岸上看顯得極為壯觀。軍艦甲板上搭起了天棚，變成了一個漂亮的舞廳。清朝官員對於這種武力與文雅的巧妙結合印象極其深刻，宣稱即使再過一百年，中國也很難做到這一點。

第三天上午，欽差大臣等一些官員在香港總督和海軍司令的陪同下，乘坐「冥王號」鐵甲船環繞香港島進行旅遊觀光。海上略微起了一絲風浪，耆英有一點暈船，但總的來說，天氣很不錯，欽差大臣稱

113

此次航行令他感到非常愉快。

當天晚上，欽差大臣感受到了衛戍司令少將聞名遐邇的好客精神。一支由盛裝的英國皇家愛爾蘭步兵連官兵所組成的儀仗隊，在軍樂隊和軍旗的陪襯下，於當晚6點之前集結在衛戍司令的官邸前面。在屋前無數個火炬的照耀下，這支儀仗隊的英武之氣更是被烘托得淋漓盡致。

參加宴會的人數被限制在16個人。宴會廳裡裝飾著英國皇家愛爾蘭步兵團和第42馬德拉斯步兵團的軍旗。宴會廳中央放置著清朝的黃龍旗，跟英國的各種旗幟一起飄揚。門楣的上方用大紅色的綢緞懸掛著中國的金玉良言，表達出英中兩國之間業已存在的良好意願，這一切都是按照中國的習俗來安排的。

晚宴上只有兩次祝酒的儀式：

「英國女王和中國皇帝祝願兩國間的友好關係能進一步促進雙方的貿易和繁榮。」

「祝開明的政治家和英中兩國之友誼使者耆英健康長壽。我們尊敬他卓越的政治才能，我們頌揚他寶貴的社交品質。」

耆英專注地聆聽著祝酒詞，在祝酒過程中似乎急於想要人將每一句話都翻譯成漢語，並且以極為優雅和胸有成竹的方式致了答謝辭：「儘管我的才能被誇大了，但是將軍真摯的情誼我已經感受到了。我以清朝武士的信仰起誓，只要對於中國外交我還有發言權，兩國的和平繁榮將永遠是我最大的願望。」

耆英的和藹可親和富有幽默感，高超的外交技巧和良好的教養，幾乎無人出其右。他在宴會上談笑風生，但又極有分寸。在他主動唱了一首充滿激情的滿文歌曲，為大家助興之後，所有人都來到宴會廳旁邊的一個起居室。那裡有香港衛戍區軍官的夫人們、香港大多數的海軍和陸軍軍官以及一些香港平民。耆英主動跟屋內各個角落的人友好地打招呼，跟每一位女性賓客握手，並向其中的一兩位贈送了香袋

和佛珠等小禮品。

這位清朝官員的和藹可親和良好教養還集中體現在對待一位小姑娘的態度上，他把她抱起來放在膝蓋上，親切地打招呼，並將一件飾品套在她的脖子上。坐在旁邊的一位已婚女士吸引了他很大的注意力，他吩咐一位隨從去取來一塊絲綢手帕，作為禮物贈送給她，並請求得到她自己的手帕作為交換。對方一時不知所措，耆英馬上就解釋說：「我不希望做出任何違背適當禮儀的事情。」對方立即接受了他的道歉，並且表示能夠理解他的做法。

第四天，耆英舉辦了答謝宴會，這是一個極其奢華的中式宴席。東道主在迎接總督的到來之後，將他領到一個位於屋子中央的太師椅處，其他人都坐在兩側的座位上，每兩個座位之間都放有一個小茶桌。歐洲宴會前的那半個小時通常是枯燥無味，令人難以忍受的，但是在中式宴會前，客人們因為受到了熱切的關注並喝到了一等的好茶，所以覺得時間過得很快。飲茶時每一位客人都分到一個小茶杯，在西方通常放在杯子下面的小碟子被用來蓋在茶杯上，以保存茶葉的香味。

根據本報記者的描述，宴會廳是一個 100 英尺見方的房間，屋內覆蓋著紅布，還掛有 20 個漂亮的燈籠。宴席上共有 40 位客人，從晚上 6 點一直持續到 10 點。在這段時間內，不斷地有菜餚被端上桌子。耆英將客人們照顧得無微不至，有好幾次起身充滿感情地給大家祝酒。而且席間有源源不斷的香檳酒、雪梨酒和白蘭地酒供應。

《中國郵報》描述的此次宴席在很多方面跟杜哈德、白晉神父和其他現代作家在他們著作中的描述都有所不同。並非每一位客人都有一個小餐桌，而是跟英國人的習俗一樣，在宴會廳裡只有一張大桌子，所有的客人都在同一張桌子上吃。跟歐洲通行的做法一樣，除了邀請大家一起在宴席上就座之外，並沒有那種每個人都必須相互鞠躬等禮儀，與白晉在書中所描述的不一樣。

1846

　　我們用盡可能長的篇幅來列舉這次宴會的所有細節：每一個座位前都放著筷子，但清朝官員偶爾也會使用刀叉和湯匙。在碗的左邊會有一隻放置甜點或下酒菜餚的小碟子。在盤子的前面會有堆成小山一般的各種醃菜、酸菜和蘿蔔乾之類的冷菜。當盛在早餐碗裡的燕窩羹（《中國郵報》記者說它類似於英國的線麵）被端上來的時候，正式的宴會就開始了。緊接著端上桌的有鹿肉、鴨肉、用任何讚譽形容都不會過分的魚翅、栗子湯、排骨、用肉汁和豬油在平底鍋裡煎出來的蔬菜肉餡餅、公鹿里肌湯、僅次於魚翅的鯊魚湯、花生五香雜燴、一種用牛角髓浸軟並熬製出來的膠質物、蘑菇栗子湯、加糖或糖漿的燉火腿、油燜筍、魚肚、辣椒醬菜、一片片的熱餅和冷果醬泡芙，以及眾多難以用文字描述的熱湯和燉菜。它們都被盛在大碗裡，端到餐桌的中央，桌上放滿了蔬菜、鴿子蛋，尤其是豬肉，這些似乎是宴席上最常見的菜餚。

　　不時地，耆英會以一種最文雅的中式禮儀用筷子從他自己的碟子裡夾出一小塊肉，遞到身邊最尊貴的客人盤子裡。在餐桌的中央，還有烤製的孔雀、野雞和火腿。在這個極其奢華的宴會過程中，僕人還要給客人們續好幾次茶。令人驚奇的是，在整個晚宴過程中，人們在餐桌上沒有見到過一顆米飯，就連跟其他食品混在一起的米飯都沒有，儘管幾乎所有的作家都告訴我們，中國人進餐在任何時候都少不了米飯。假如按照戴維斯的說法，米飯在餐桌上出現就意味著晚宴很快就要結束，那麼這次早在主人準備結束晚宴之前，客人們就吃飽離席了，因為米飯這個信號在宴席上一直沒有出現。

　　宴席上不乏好酒和烈酒，還有中國燒酒。那些中國人更不會怠慢客人，他們不斷地用大酒杯勸酒，不讓對方有「逃避」的可能。有一位清朝官員酒都上了臉，除了喝了不少香檳酒和紅酒之外，還在跟人聊天之際灌下大半瓶黑櫻桃酒，緊接著又去喝另一瓶果仁白蘭地酒。每喝掉一杯酒，他都會敲打手鏈，大喊一聲「好」。

　　一道道的湯端上桌，前後持續了幾乎有三個小時。當宴會快要結束

時，耆英站起身來，向天后敬了一杯酒。緊接著有人在宴會廳裡擺上了一大排用紅布蒙著的小板凳，上面擺滿了廚師精心切好的烤乳豬、火腿、雞鴨肉等等。這個儀式是為了用來感謝天后的慷慨大方，並且向人們顯示，儘管已經在宴會上給客人們提供了如此豐盛的菜餚，但主人仍有足夠的食物可以拿出來獻祭天后。桌上擺著的那麼多肉片中還有羊肉和豬肉，都沒有人動過。接下來就是上水果和果脯，還有大量的紅酒、利口酒和中國燒酒。

然後是相互祝酒，一開始是為英國女王和中國皇帝乾杯，大家喝酒時爆發出了熱烈的掌聲。那些中國人鬧得尤其厲害，除了高聲喝彩和鼓掌之外，還以英國酒館裡最典型的方式拍著桌子，隔壁的中國樂隊也來湊熱鬧。之後還有幾巡祝酒，其中包括為法國國王和瑞典國王乾杯，因為在場的客人中有法國人和瑞典人。接著耆英邀請香港總督唱一首歌，其條件就是他自己也唱一首。後來他果然一展歌喉，而且唱得還真不錯，並跟大家一起鼓掌，以示謝意。鄭自星（Pwang-tyse-shing）唱了兩首歌，而那位駙馬藉口喉嚨嘶啞，推脫了表演。一位滿族隨從唱了一首粗獷的民族歌曲，它具有蘇格蘭或愛爾蘭民歌的特徵。在英國客人中間，除了總督之外，衛戍司令少將、大法官、卜魯斯閣下和肖特裡德先生也都表演了唱歌。

宴會結束之後，大家還玩了一個遊戲，這是在《查士丁尼兒歌集》這本書裡找不到的。有人把兩朵大麗花遞給耆英，他先是把它們戴在頭上，後又拿到鼻子前嗅了一下，將其中的一朵給了總督，另一朵給了將軍，並且要他們將花朵沿著餐桌依次遞給身邊的客人。與此同時，外屋有人開始擊鼓，擊鼓者會隨意地突然停下來，誰要是被發現手裡還拿著花，就得喝掉一大杯酒。這種靠「愛國精神」來支撐的遊戲給大家帶來了很大的樂趣。中國人特別關注這個遊戲的輸者，而一旦他們自己輸了，就會自嘲地笑起來。

第五天早上 7 點，欽差大臣及其隨從們登上了兩艘汽艇，離開香港島，前往廣州。耆英在他的住所門口擁抱了總督，並在碼頭跟衛戍司令少

將擁抱告別。耆英的香港之行就這樣結束了。它可以被視為中國跟世界其他國家進行自由交往所邁出的第一步。中國閉關鎖國，與世隔絕的時間實在是太長了。

THE ILLUSTRATED
LONDON ▲ NEWS

中式床架
(Chinese Bedstead)

1846
《倫敦新聞畫報》第 8 卷，第 212 號
1846 年 5 月 21 日，203 頁

　　下頁插圖上那個樣子非常奇特的中式家具樣本現在存放在芬斯波利的石板街 24 號 R.A.C. 羅德先生的倉庫裡供人參觀。它原是一位清朝官員的財產，是英國海軍的一位艦長在上次英中戰爭中從北京運回來的。它也許是在英國所能見到的最好的中式細木工家具，其裝飾花紋是在堅硬的紅木和白蠟木上雕刻出來的，它許多部件的木料都有 3 英寸厚。床架的設計極有品味，不僅僅以做工精細美觀而著稱。床架的華蓋（在插圖中看不見）是用柚木做的，其穿孔式裝飾也非常漂亮。該床架的另一個獨特之處在於跟它連接的、具有相同材質和裝飾風格的梳妝臺。整個床架重達 1,097 磅。

　　這原本是一位清朝高官家裡的物品，後作為戰利品被帶到了英國。這樣的床架非常珍貴，因為在中國，就如在英國一樣，人們對於最好的床架頂禮膜拜，並且將其作為傳家寶一代代地傳下去，其傳承往往長達數百年。

被作為戰利品運到英國的一個中式床架

1848

1848

THE ILLUSTRATED
LONDON NEWS

中國兵船「耆英號」
(The Chinese Junk "Keying")

Apr. 1, 1848
《倫敦新聞畫報》第 12 卷，第 310 號
1848 年 4 月 1 日，220 ～ 222 頁

中國兵船「耆英號」

　　這艘令人矚目的船隻是一艘最高等級的中國兵船，據說它還是第一艘繞過好望角到達歐洲的中國船。這艘平底帆船的載重量在 700 噸至 800 噸之間；它的整體規模是長 160 英尺，最寬處達 33 英尺，船艙深度為 16 英尺；它是用最好的楠木建造的，而且，跟歐洲的製造方法相反，它的船板並不是靠釘子將它們釘在一起，而是靠楔子和榫子來加以固定的。它有三根用鐵木製成的桅杆，主桅杆是一根高達 90 英尺的巨大木柱，該木柱的底

部與甲板連接處的周長有 10 英尺。這艘船的一個獨特之處是船上完全沒有方形的帆桁和索具。船上的帆布用的是厚實的編席，每隔 3 英尺就有一根用堅固的毛竹製成的肋狀支撐物，而且它們是用一根粗大的、用籐條編織起來的繩子來進行升降的。主帆的規模十分驚人，重達 9 噸，需要所有的船員花費兩個小時才能將它升起。「耆英號」上攜帶著三個巨大的船錨，完全是用鐵樹木製成的，連接船錨的繩子也是用籐條編織而成的。船上的舵似乎最有特色，因為它必須用兩根粗大的繩子來支撐，還有兩根繩子從船的底部穿過舵的下端，並在船頭的兩邊加以固定。這個船舵重達 7 噸以上；而且它可以由位於艉樓上的兩個轆轤隨時吊起來。

　　在旁觀者的眼裡，該船的最顯著特徵也許就是它的船首和船尾向上翹起；船首離水面大約有 30 英尺，而船尾則高達 45 英尺。而且按照中國水手的特殊觀念，在船首的兩邊都畫上了一個巨大的眼睛，以便使這艘船在穿越大海時能夠更好地看清航路。「耆英號」的艙內和外部都有圖案精美、色彩豔麗且具有濃郁天朝風格的裝飾畫。就像其他各個方面一樣，它的裝飾風格也跟其他國家的船隻完全不同。這艘平底帆船是幾位富有心計的英國人經過各種艱難曲折於 1846 年 8 月在廣州購買的，因為中國的法律嚴禁把中國船隻出售給外國人，違者要冒被問斬的危險。所以這艘船的所有權和出航的目的地在它離開中國之前都是祕密的。而購買者為了能夠得到這艘船，也不得不採取各種化裝手段，以便混入中國內地，完成這艘船的買賣交易。

　　它於 1846 年 12 月 6 日從香港出發，船上有 30 名中國人和 12 名英國人，還有一位身為乘客的清朝高官。在眾多小船和舢板的護送下它駛出了港口，當它的目的地被公布之後，立即在香港這塊殖民地引起了巨大的轟動，所有的人都來到了船上，或站在岸邊想看一眼這艘前所未有的試圖繞半個地球前往英國的中國平底帆船。在這艘船出發之前，香港總督戴維斯爵士、海軍分艦隊司令湯瑪斯·科克倫爵士及其艦隊的所有軍官們、駐港英軍總司令和大部分香港著名人士全都登上了「耆英號」的甲板。當這艘船

1848

離開港口時，停泊在港口的英國軍艦都鳴放了禮炮，「耆英號」也鳴放禮炮作為回應。

經過了一段還算平靜的航行之後，「耆英號」於 1847 年 3 月 31 日繞過了好望角，並且遇上了一場猛烈的海上颶風。在這場颶風中，就像在其他場合一樣，「耆英號」證明自己是一艘出類拔萃的海船，它經受暴風雨的能力絲毫不亞於那些在英國製造的海船。它於 4 月 17 日到達了聖凱倫拿島，當地的英國總督、海軍司令和島上的幾乎每一個人都來參觀中國兵船「耆英號」。在離開聖凱倫拿島之後，「耆英號」的船長原來準備直接抵達倫敦的，但由於遇上了逆風和海流，它偏離了航線，朝美洲方向駛去；當船員們在長途航行中發現食品和飲水的供應短缺之後，開始變得牢騷滿腹，幾乎釀成了騷亂。於是船長凱利特決定將船駛往紐約。「耆英號」在紐約一大群海船編隊的旗幟和禮炮聲中緩緩地駛入了港口。紐約市民渴望參觀這艘船的願望非常強烈，在「耆英號」抵達紐約後的這些日子裡，每天都有 7,000 到 8,000 人次登船參觀。

「耆英號」接著訪問了波士頓，1848 年 2 月 17 日從那裡出發前往倫敦，並於 3 月 15 日抵達了澤西島的聖奧賓海灣，只用了 21 天的時間就跨越了大西洋 —— 這個時間甚至比美國定期郵輪跨越大西洋的時間都更短。在跨越大西洋的途中，它遇上了暴風雨頻發的天氣，使得船體受到了輕微的損壞。這艘平底帆船於星期一到達了格雷夫森德。我們相信，它將在那裡被重新油漆，並在幾天之後到達布萊克沃爾，在那裡停泊，並向喜歡看熱鬧的倫敦市民公開展出。

THE ILLUSTRATED
LONDON NEWS

中國青年
(Chinese Youths)

1848
《倫敦新聞畫報》第 12 卷，第 313 號
1848 年 4 月 22 日，258 ～ 269 頁

CHINESE YOUTHS RECENTLY INTRODUCED TO THE QUEEN.

最近被引薦給女王的三位中國青年

　　我們不必去深究這幾位年輕人訪問英國時所引起的影響的重要性，然而此事已經引起的轟動足以使他們成為大家都感興趣的對象。他們出生在一個異教的國度，父母都是異教徒，但是他們受到基督教傳教士理雅各（James Legge）牧師的教誨，後者當時被聘為馬六甲英華書院的校長。這些學生對理雅各先生是如此的崇敬，對他的教誨的評價是如此之高，以

至於他們情願離鄉背井，告別家人和朋友，以便能繼續跟著他去完成自己的學業。當理雅各博士前去隸屬於倫敦會的馬六甲英華書院就職時，兩位年紀較大的學生，李金林（Lee Kim-lim）和宋戶劍（Song Hoot-kiem），被其父母送到了馬六甲的英華書院上學。年紀最小的那位學生，翁孟壽（UngMun-sou），簡稱阿壽，則是以一種更為仁慈的方式被收入理雅各門下的。有一天，當理雅各博士去他所主持的英華書院周邊的一個地區巡迴布道時，有人告訴他，那個負責給人跑腿的孩子應該受到倫敦會的慈善資助，而理雅各正好是負責此事之人。他意識到，這孩子的父母、朋友應該都無法改變他的命運。於是他就把那孩子召到了自己跟前，後者表達了想要改變自己境遇的願望，接著理雅各博士便跟那孩子的僱主進行了交涉，那孩子便被他收為義子。從此那孩子便一直跟在理雅各的身邊，受到他的精心照料，只有他剛到達英國的那一段時間除外。

1842 年，香港被割讓給了英國人，倫敦會的差會便於第二年從馬六甲搬到了香港島上。理雅各先生很想把他所教的第一班六個學生也一起帶到香港，但是那六個學生的家長卻堅絕不同意，於是他只能跟他們惜別。然而在香港定居了 12 個月之後，他聽說有幾個學生對於自己學業的中斷感到很傷心，假如有可能的話，他們很願意到香港來繼續跟他學習。聽說此事之後，理雅各便給新加坡的一位華人朋友寫信，告訴對方，假如此事屬實的話，就請他設法把他們帶到香港來。於是他便迎來了李金林和宋戶劍，兩位學生透過這次長達 2,000 海里的航程，證實了他們對老師的情誼和信任。

1845 年，理雅各博士因身體狀況不佳，想要回英國休養一段時間，便問這幾位學生是否願意跟他一起去英國，以繼續完成學業。學生們都贊同這一提議，於是他們便於 1846 年 4 月抵達了英國。這不到一個月的時間裡，他們在理雅各博士父親位於蘇格蘭亨特利的家中住下來，並定期就讀於當地的教區學校。他們在那裡的普通教育和宗教教育都是由牧師希爾先生負責的。後者證實這些孩子的行為舉止十分得體，贏得了老師、同學們

的喜愛，同時得到城鎮居民們的普遍喜愛。他們在各門功課上的進步令人滿意，他們的舉止無可挑剔，而且他們對於聖經可以倒背如流，以至於使他們成為能夠受基督教洗禮的合適對象。他們果然申請了洗禮，並於10月15日在亨特利參加了由理雅各和希爾共同主持的洗禮儀式，前者用漢語主持，而後者則用英語主持。很多人出席了這一洗禮儀式，那場面據稱令人印象深刻。

這些有趣的異鄉人在布朗普頓住了三個月左右，繼續進修一些被認為對他們有用的課程。李金林在繪畫方面顯示出了很大的才能，於是他便在那裡聽了幾週這方面的課程，並在繪畫上取得了驚人的進步。在這個大都市的氛圍裡，他們的風度翩翩再次贏得了那些跟他們打過交道的居民的心。倫敦會的支持者在見證了這幾位中國青年的虔誠和聰敏之後都感到非常高興，因為他們為了使中國人皈依基督教所做的努力並沒有白費。

本文所描述的這三位中國青年現在準備回國，帶著眾多想要造福於同胞們的想法和計畫。人們希望，當他們在香港的英華書院接受進一步的神學教育之後，將會在中國龐大人口中間傳播基督教一事中起很大作用，因為他們能夠自由出入這片廣袤的國土，而外國傳教士的努力只能局限於由清政府所安排的那些開放口岸。除了這些受到傳教士培養的學生之外，理雅各博士家裡還有一位中國保姆，後者在顯示出令人滿意的良好品行之後也皈依了基督教，並在本月的第一個安息日，由理雅各親自主持，在布朗普頓的特雷弗小教堂公開接受了洗禮。她還跟教會的全體成員一起分享了聖餐，那次精彩的禮拜儀式在前來參加教堂聖餐的眾多教眾中引起了巨大轟動。

注意：在這幅插圖中，坐在左邊的那個學生是宋戶劍，中間那位是翁孟壽，而右邊的那位是李金林。

2月9日，星期三，正準備返回香港的理雅各博士和他那三位剛皈依基督教的中國學生，在白金漢宮由尊敬的莫佩思子爵引薦給了女王陛下和艾伯特親王殿下。無論女王還是親王，都對這幾位中國青年表現出很大的

興趣，並且問了許多問題。對於這些問題，理雅各博士都很高興地給予答覆。在告別時，理雅各博士還把一本小冊子遞到了艾伯特親王的手裡，小冊子裡闡釋了倫敦會的傳教目標，並介紹了以訓練本地傳道士為宗旨的香港英華學院。

THE ILLUSTRATED LONDON NEWS

停泊在東印度公司碼頭的中國兵船
(The Chinese Junk in the East India Docks)

1848
《倫敦新聞畫報》第 12 卷，第 317 號
1848 年 5 月 20 日，331 ～ 332 頁

在 4 月 1 日的《倫敦新聞畫報》中，我們簡單介紹了這艘最高等級的中國兵船，它於幾天前來到了泰晤士河上進行公開展示。在這段時間裡，人們主要是對它進行了重新油漆，並且對船上的客艙進行了修繕，以供公眾參觀。倫敦的許多著名人物已經參觀了這艘船。上星期六，威靈頓公爵視察了這艘奇特的船隻，並且花了一個多小時來仔細察看艙內的裝備與裝飾以及它較為原始的防禦設施。星期二，維多利亞女王陛下和艾伯特親王也參觀了這艘平底帆船。星期三，阿德萊德母后和其他一些貴賓也專門抽出時間來視察了這艘船。從昨天起，它已經對公眾開放，以供參觀。

這艘名為「耆英號」的船現在停泊在東印度公司的碼頭上，離布萊克沃爾火車站不遠。這就使得從倫敦城裡來參觀的人感到交通十分便利。在停滿了軍艦的輪船碼頭上，這艘模樣奇怪的船隻就像是一條小小的諾亞方舟，跟當今那些根據科學法則建造起來的巨型鐵甲輪船形成了鮮明對比。有必要提醒讀者的是，這艘兵船上鋪設的是木頭甲板，甲板上有一個門廊，穿過門廊之後就是它的三根掛滿旗幟的桅杆，主桅杆的頂上有一個魚

形的風向標，上面刻有「鴻運高照」等字樣。

　　我們將它的船尾繪製成了版畫插圖，以呈現它的高度──超出水面
40 英尺──以及它的裝飾性特點，因為船上的舵也許是最具有特色的。
它是用鐵樹木和楠木包上鐵皮製成的，其重量約 7.5 到 8 噸。舵上穿了許
多菱形的孔，並可達到船底之下 12 英尺處的深水。由於船尾翹得很高，人
們可以根據水的深度來升降船舵。由於這個緣故，船的吃水深度可以在 12
至 24 英尺的範圍內進行變化。當船舵被升起時，就像在淺水中所必須做的
那樣，船可以透過在第二個艉樓上另一個較短的船舵來進行駕駛。當船舵
被降到最深處時，就需要有 15 個人的力量來掌舵，即便是這樣，人們還是
可以從它升降桿上的轆轤和滑輪組中得到助力，否則就需要有 30 個人的
力量來掌舵了。有一次，當這艘船在海上逆風行駛時，突然颳起了強風，
並且夾雜著冰雹，舵上拴著的一根九英寸粗的繩子突然斷裂。人們用兩根
粗大的、用竹子和草編織而成的繩子──而不是轉桁索和牽引掛鉤──
從舵的底部穿過，再經過船首，在甲板上牢牢繫住，這樣就把舵固定在了
船尾。

　　「耆英號」甲板上的船錨是用鐵樹木製成的，其中一個錨重達 3,000 英
磅，另一個錨重 2,700 英磅。錨爪上包了鐵皮，錨柄上拴著堅固的竹繩。
錨桿由三根用竹繩綁在一起的木頭所組成，並且固定在錨的頂部。錨爪的
直徑與英國船上類似大小的錨相同，但它們是筆直的，而非呈曲線形，而
且沒有錨掌。小的船錨只有一個錨爪。

　　走到「耆英號」的跟前，你就會對平底帆船的簡陋狀態產生深刻的印
象。船體的製造非常粗糙，船體側面的木板沒有經過平整，基本上保持了
木材的原生狀態。造船者沒有採用任何人工的方法在船殼上造成曲線形的
效果。木材上自然的曲線得到了巧妙的利用，但沒有進行人為的加工。中
國人在解釋這種情況時聲稱，不必要的精雕細琢是荒謬的；根本就沒有必
要把船殼的木板弄得十分平滑，因為船艙是用來裝貨物和壓艙物的。由於
這原本是一艘兵船，所以船殼兩側和甲板上的木頭主要是用來抵擋槍炮

的，沒有必要對它們進行精細的加工。

這艘船上的每一件東西都跟我們在歐洲船隻
上所看到的截然相異：船的建造方式、龍骨、船
首斜桁和側支索的缺失以及造船的材料、桅杆、

船錨

帆、帆桁、船舵、羅盤和錨等，所有這些都跟我們所熟悉的船上裝備迥然
不同。中國人雖然已經看過成千上萬的歐洲船隻，見識過它們優雅美觀的
外形和輕便的索具，但從來也沒有意識到它們的優越性，或是想要來模仿
它們。他們那種難以克服的偏見和對洋貨的極端輕蔑是取得進步的障礙。
而且這種偏見是如此根深蒂固，以至於假如人們在建造一艘平底帆船時偏
離了舊規矩的話，皇帝就會下詔令對它收取額外的關稅，彷彿它是一艘外
國船似的。

當我們登上了這艘平底帆船之後，甲板上的情景使我們強烈地回想起
像「英勇的哈里號」這類早期大型英國軍艦的招貼畫和油畫，在那些畫中
還可以看到甲板上高大的艏樓和艉樓。「耆英號」上巨大的艉樓上共有三個
船尾瞭望臺重疊在一起，而且它沒有船首斜桁的方形船頭也是位於離水面
很高的地方。船尾上畫著精美的禽鳥等真實和想像的圖案。從船頭來到船
的後面部分，我們發現有一系列的防水艙，就像我們西方在蒸汽機輪船中
已經採用的那樣。在船頭的兩邊有兩隻大眼睛：這是大多數古老的民族都
採用過的裝飾，並被認為是用來預見危險、保持警惕和活力。然而中國人
給了它一種不同的解釋，他們說：「有眼睛，就能夠看；能看，就能夠知曉；
沒有眼睛，就不能看見；不能看見，就不能知曉。」

甲板上的廚房當然不能夠使人聯想到改革俱樂部的廚房，所有的廚房
用具只有兩個放在磚砌爐灶上的大鐵鍋：一個鍋子是用來煮米飯的，上面
蓋了一個隆起的鍋蓋，以防止在煮飯的過程中，膨脹的稻米溢出鍋來，並
且可以防止船在搖晃時，把鍋裡的東西倒出來。另一個鍋子是用來炒菜
的。在甲板上還有三個大木桶，裡面盛有大約 8,000 加侖的淡水。為了查
看這艘船的奇異構造，我們下到了底艙：由於船上沒有內龍骨，所以桅杆

THE STERN AND RUDDER.

船尾和船舵

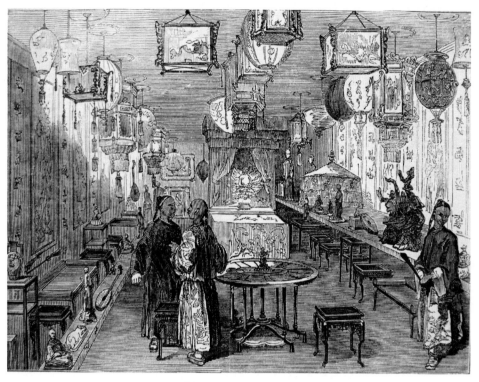

「耆英號」上的交誼廳

也沒有桅座。主桅杆的底端離船底有 4 英尺的距離，完全是靠系索樁來固定住的。跟西方的造船方法不同，中國人並不是先釘船殼上的木板，而是最後才將那些木板放置到位的，整艘船是靠巨大的樁釘連接在一起的。下一步是做甲板上下的復板和楔子。然後在船首和船尾的下面放置兩根巨大的橫梁或縱梁，它們可以使其他的橫梁保持在固定的位置上。船的甲板構架是弧形的，上面再鋪設一層平臺，以保護甲板免受曝曬或其他不可避免的損害。船的縫隙裡都塗上了一種泥，或是把牡蠣殼粉燒製後，再用一種植物油加以混合而成的鐵油灰。一旦乾了之後，它就會變得異常堅硬，而且從不脫膠，所以這些縫隙就被密封了。船上的舷沿很大，可以使船員們來到船的外面。腰部外板也從船側向外突出 3 英尺。據估計這艘船重約 400 噸，載重 700 噸。

「耆英號」上的交誼廳或特等客艙，是最能吸引人的地方。人們從一個天窗下走進交誼廳，天窗的兩邊都是用在中國常見的特製牡蠣殼作為裝飾，而不是用玻璃，後者對於普通人來說顯得過於昂貴。這個交誼廳長 32 英尺，寬 28 英尺，高 15.5 英尺。

SAILORS' JOSS.

船員供奉的菩薩

THE CHIN TEE JOSS.

千手觀音

它的牆壁和天花板上都貼著圖案漂亮的牆紙。在牆上懸掛著出自一位中國著名畫家之筆的全身肖像畫，在捲軸畫之間還掛有字幅，上面寫的都是些漢字的至理名言。從天花板上掛下來許多形狀大小各異的燈籠，它們分別是用角質材料、玻璃、絲織品和紙所做成的。燈籠架上精雕細琢，並因鍍金而顯得富麗堂皇。在透明的燈籠罩上有刺繡或畫著風景、花卉以及真實或想像的動物。在牆上的那些捲軸畫中，也畫有花卉、水果、昆蟲、禽鳥以及猴子、狗和貓；所有這些畫，包括船上的其他裝飾品，都是一位性格和善、名叫申興（Sam-Sing）的廣州人畫的，而且這名畫家就在船上。他身為「耆英號」的常任畫家，辭別了祖國和家庭，隨船漂泊，去往它航

行的任何目的地。在交誼廳梯子的左右兩面是中國皇帝的兩張奇特肖像
畫，很值得一看。

交誼廳裡的家具，包括桌子、椅子和床，都是紫檀木的，其式樣跟英
國一個世紀前的家具式樣相似。這裡可以看到許多小的臨時茶几，還有扶
壁、小桌子、長靠椅、扶手椅（椅座面是大理石的），在交誼廳的一端擺著
一張床，就像人們躺在上面吸鴉片的那種床，床上還放著一對煙槍。地板
上蓋著地席。在房間四周的架子上和桌子上放著各式各樣的「古董」，包
括一頂華蓋、各式各樣的模型和樂器、木雕等。在這個神龕前放著一個祭
壇，上面擺有香爐架和一個香爐，這是用來焚香和燒冥錢的。祭壇的桌面
是猩紅的底色，上面有鍍金的雕刻，其圖案為花卉、昆蟲和代表皇家的龍
等等。在祭壇的每一邊都有一個漆成綠色的方塊，上面用漢字寫著一些說
教的話，勸信徒們多多捐獻金銀珠寶。

離開交誼廳之後，我們登上了第二個艉樓看臺，去察看船員們的神
龕，那裡面所供奉的是南海觀音，身邊兩個隨從脖子上都掛著紅圍巾。在
觀音菩薩的前面是一個陶製的罈子，盛著聖土和稻米。這裡還點著一盞
燈。在觀音菩薩的身旁還放著「耆英號」船上的一塊木頭，船員們十分尊
崇這塊木頭。他們把它放在那裡，是把它當作一個象徵，代表整隻船都受
到了神的保佑。

掛在這裡和船上其他地方的好幾張畫，由於篇幅的關係，我們不能在
這裡詳細介紹：有一張畫是關於人類最初違抗上帝命令的，一個漂亮的女
人最後長出了一條蛇的尾巴，使人看了印象深刻。船上的物件也是什麼樣
的都有，其中居然還有一口棺材！

甲板上放著一隻中式的槳和一支火銃，我們將它們繪製成了版畫插
圖。火銃就是火炮，它的彈膛是可以移動的，在實戰中，往往會有備用的
火銃放在旁邊，以替代那些已經發射過的火銃。

星期二下午，女王和艾伯特親王在威爾士親王、公主和普魯士王子的
陪同下參觀了這艘平底帆船。皇室成員們受到了東印度公司碼頭負責人的

歡迎，碼頭上擠滿了圍觀的人，在碼頭和泰晤士河的船上都裝飾著色彩斑斕的旗幟，人們熱烈歡迎女王的到來。當女工陛下踏上「耆英號」甲板時，中國船員們將英格蘭皇家的旗幟升上了主桅杆的頂部；在該兵船的甲板上，女王受到了凱利特船長和裡維特先生的歡迎。艾爾弗雷德·佩吉特爵士把船長介紹給了女王之後，女王陛下便請求船長帶她參觀這艘船，並且向她介紹它的構造特點。女王陛下首先察看了船上的交誼廳，在那裡這位勇武船長的妻子，凱利特夫人，榮幸地被介紹給了女王。皇室成員們在離開了交誼廳之後，便一起前往該船的艉樓，在這艘船的制高點上，女王可以被站在船上和碼頭圍牆上成千上萬的群眾看清楚，人群發出了雷鳴般的歡呼。皇室成員們花了一個多小時來參觀這艘船，女王陛下在離開之前向凱利特船長表達了她從參觀中得到的樂趣。接著，皇室成員們在圍觀人群震耳欲聾的歡呼聲中離開了碼頭。

星期三，母后阿德萊德陛下也參觀了這艘平底帆船，她花了一個多小時仔細察看了這艘奇特的船和船上的各種物體。

總的說來，「耆英號」平底帆船將會成為倫敦很長一段時間裡最受歡迎的展出之一。它肯定是來到英國海岸的眾多奇特物品中最吸引眼球的一個。

1849

THE ILLUSTRATED
LONDON NEWS

清軍的軍旗
(Chinese Standards Captured)

Apr. 29, 1849

《倫敦新聞畫報》第 14 卷，第 366 號
1849 年 4 月 29 日，266 頁

被臥烏古勛爵所繳獲的清軍軍旗

THE ILLUSTRATED
LONDON NEWS

在虎頭門寨的會談
(Interview at the Bogue Forts)

1849
《倫敦新聞畫報》第 14 卷，第 367 號，
1849 年 5 月 5 日，284 頁

CONFERENCE BETWEEN HER MAJESTY'S PLENIPOTENTIARY AND THE VICEROY OF CANTON, AT THE BOGUE FORTS.

英國公使與兩廣總督在廣州會談

　　由於一名記者的熱心相助，我們得以把最近英國特命全權公使文翰先生與清朝欽差大臣兼兩廣總督徐廣縉之間的會談繪製成插圖。這次會談的時間是 2 月 18 日，地點是停泊在虎頭門寨後面一條小河上的中國官船內。在圖中，我們可以看見徐總督正在招待文翰先生，兩人都坐在一張底座墊高了的長榻上。隨同文翰先生來的還有英國皇家海軍軍艦「黑斯廷斯號」

上的英國海軍分艦隊司令弗朗西斯·科利爾爵士。有一位僕人正在上茶。

在船上寒暄了一小時之後，徐總督請文翰先生一行去旁邊一條船上進餐。宴席由88種菜餚組成，包括著名的奢侈品：燕窩和魚翅。

雙方的會談進行了很長時間，其內容肯定是非常重要的。會談的結果還沒有透露：話題是關於廣州城對外國人開放的問題。據說徐總督已經將此事稟告給清廷，正在等待皇帝的最後命令。

據稱廣州城裡幾乎所有的士紳都希望早日解決這個問題，因為這事已經拖得太久了，而且他們現在談論此事已經沒有了以前那種憤怒的情緒。引起恐慌的主要原因似乎並非外國人進城權利的問題本身，而是擔心城裡一些強盜和遊手好閒的下層人民會給進城的外國人帶來傷害。中國當局能夠而且必須執行和約的條款，但是這樣做的間接後果就是英國的利益會受到損害，不僅是在廣州城，而是在所有的開放口岸。中方對於英國特命全權公使堅持履行和約條款的堅定決心表示信任。英中貿易已經受到了廣州居民騷動的影響，但只要雙方擱置這一問題，情況就會得以改善，而且大家都傾向於認為問題最終能得到解決。

加爾各答的華人陵園
(The Burial-Ground at Calcutta)

1849
《倫敦新聞畫報》第15卷，第388號
1849年9月29日，212頁

（本報記者報導）

幾天前的一個早晨，我在加爾各答郊區英塔利一個偏僻的地方散步，忽然注意到，在一堵頹敗的圍牆和路邊熱帶叢林般的灌木叢後面隱約可見

一些白色的墓碑頂部。從一個打開的門走進去之後，我驚奇地發現，這裡原來是一個華人的陵園。雖然我在加爾各答居住了很多年，但我從來沒有聽說過這麼一個地方。這似乎印證了一個老套的說法，即人們可能在一個城市裡住了一輩子，但是對它卻知之甚少。

第二天早晨我又回到了這個地方，畫成了一幅速寫，特此寄給《倫敦新聞畫報》以求發表。

居住在加爾各答的華人幾乎都是鞋匠。據我所知，只有極少數人是例外——做了木匠，他們全都住在加爾各答最狹窄也最繁忙的商業街，即科西托拉街。加爾各答過去還有一位華人醫生，在喬林休劇院的一個側麵包廂裡，你每天晚上都能見到他。但他只跟我們交往，把那些卑賤（但我懷疑並不貧窮）的同胞留給了天朝帝國的唯一一名代表。因此，我為華人陵園中那些墳墓的特徵、昂貴材質（我注意到有一個墳墓是用花崗岩建成的）和數量感到驚訝。我在速寫中所畫的只不過是三個相鄰院落之一的部分墳墓。這三個院落的布局都是一樣的。

位於陵園上首的一個墳墓被許多杏樹所環繞，從它的精美結構和形狀大小來判斷，墓主應該屬於上流社會，或是陵園這塊地的捐贈者，或者它只是作為這個陵園的一個主要標誌，並為其他的墳墓提供一個標本。我注意到這裡所有的墳墓，就像英國的墓地一樣，都是朝著同一個方向的。它們的形狀大同小異。因此圖中最靠前的那個墳墓可以使讀者對於中式墳墓有一個概念。大體上，都有一堵前低後高的馬蹄形厚牆圍繞著墳墓，而非覆蓋在上面。在墳墓的前面有一塊用石板做成的墓碑。在墓碑的前面，是五六根尚未燃盡的紅蠟燭，或插在土裡，或插在石頭、瓦片的縫隙中。我相信，這是中國人在死者下葬時和每年春節來掃墓時點的。

位於院落上首的那些墳墓多數都顯得乾淨整潔，但在另一端的許多墳墓卻顯得破敗不堪，有的甚至已經陷了下去。有人警告我，那裡已經成為了毒蛇窩。在插圖的最後面，即主墓的左邊，有一座特別高大的墳墓，墓牆的頂部還有一個甕。它是用歐式和中式的混合建築風格建成的。墓碑上

用英語銘刻著題詞，旁邊還有中文說明。

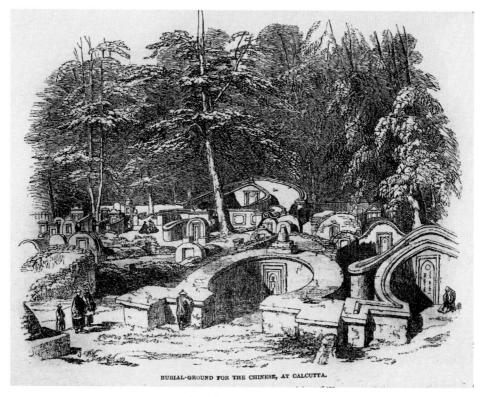

BURIAL-GROUND FOR THE CHINESE, AT CALCUTTA.

加爾各答的華人陵園

THE ILLUSTRATED LONDON NEWS

澳門總督被刺
(Assassination of the Governor of Macao)

1849

《倫敦新聞畫報》第 15 卷，第 374 號
1849 年 11 月 10 日，308 頁

在本報上一期中，我們記錄了這一悲慘的事件。我們現在再補充一些細節，並附上一位記者描繪這一悲慘事件的速寫。

據稱在 8 月 22 日，葡萄牙籍的澳門總督亞馬留先生像往常一樣在副官的陪伴下，於傍晚騎馬外出。就在離要塞大約半英里和距離柵欄門 300 碼處，他受到了 8 名中國人的包圍和襲擊，並從馬上被拖了下來。暗殺者砍下了他的頭顱和一隻手，消失在柵欄門的另一邊。那位副官也被拖下了馬，身受重傷。眾所周知，在廣州和其他地方都曾經有人貼出布告，懸賞澳門總督的人頭。毫無疑問，暗殺者是受到了中國當局的唆使或縱容，因為在後者的眼裡，這位前澳門總督面目可憎，應受到懲罰。急於為總督報仇的葡萄牙士兵們占領了柵欄門，並且摧毀了柵欄門另一邊的一座小要塞，因為那裡有人向他們放冷槍。在這一衝突中，據說有 7 名葡萄牙士兵受傷，74 名中國人被殺。

澳門總督被刺的消息剛傳到香港，英國皇家海軍的「亞馬遜號」和「美狄亞號」這兩艘軍艦就立即駛往澳門，以保護那裡的英國公民，並且以它們的存在來鼓勵和支持澳門的葡萄牙當局。有一艘法國軍艦和兩艘美國軍艦也出於同樣的目的停泊在澳門。有 60 名英國海軍陸戰隊隊員駐紮在岸上，其中有一隊士兵占領了弗朗西斯科要塞。法國和美國軍艦上的海軍陸戰隊隊員們也上了岸。然而人們擔心，一旦這些軍艦撤走之後，當地的中國人還會犯下同樣的暴行，除非葡萄牙當局採取撫慰性的措施。

亞馬留先生之死引起了外國人的普遍痛惜。他在對付中國當局時所表現出的能力、勇氣和堅定為自己贏得了所有人的尊敬，但是他在這方面的突出表現也使自己成為了暗殺的目標。

ASSASSINATION OF THE GOVERNOR OF MACAO.

澳門總督被刺

1850

THE ILLUSTRATED LONDON NEWS

在中國沿海被燒毀的一支海盜船隊
(Burning of a Piratical Fleet on the Coast of China)

Feb. 9, 1850

《倫敦新聞畫報》第 16 卷，第 414 號
1850 年 2 月 9 日，75 ～ 76 頁

DESTRUCTION OF A PIRATICAL CHINESE FLEET AT PINGHOY.—(SEE NEXT PAGE.)

在平海港剿滅一個海盜船隊

　　在本報上一期中，我們登載了英軍在東京灣（Gulf of Tonquin）摧毀沙盆寨（Shap-'ng-tsai）海盜船隊的圖片和詳細報導。此後我們又收到了幾張關於在中國沿海地區剿滅海盜的決定性戰役的速寫，還有一套三張描繪英國皇家海軍的「科倫芭茵號」雙桅橫帆船和「震怒號」鐵甲炮艦進行兩次攻擊行動的速寫。其中第一張速寫描繪「科倫芭茵號」在 9 月 28 日晚上對崔阿浦（Chui-apoo）海盜船隊（共有 14 艘平底帆船）的部分船隻發起攻擊的

情景。第二張速寫描繪「震怒號」鐵甲炮艦於 10 月 1 日跟停泊在中國沿海平海港（Pinghoy Harbour）的崔阿浦海盜船隊鏖戰的場景。第三張速寫（我們已經繪製成版畫）描繪海盜船隊 10 月 1 日在平海港內熊熊燃燒，而「震怒號」則停泊在附近的場景。

對於上一期《新加坡自由報》的報導，我們特別附上以下的補充報導：

必須記住，海盜船所採取的策略是絕不會主動攻擊軍艦，但是沙盆寨這個海盜卻利令智昏，揚言說他並不害怕進攻圍剿海盜船的英國皇家海軍二桅橫帆船，只是擔憂鐵甲炮艦，因爲後者有鐵甲防護，而且還不用等待順風。當我們考慮到該海盜船隊總共有 1,300 多門火炮，其中有些還是大口徑火炮，有許多還是英國製造的白炮，人們可以推測，假如那些天朝人是神炮手，就像他們在其他許多方面所表現的那樣，在當前這場戰役中要消滅英國軍艦可以說不費吹灰之力。但是 10 月 1 日在平海港所發生的這次戰役中，歐洲人還遠未進入射程之前，這些海盜就已經在開炮了。

我們在此可以提及一個奇特的例子，以證明法國和西班牙的天主教傳教使團在交趾支那[3]，這一地區傳播羅馬天主教信仰的廣度。據說歐洲人的船隻以前從未進入過這個地區。在「科倫芭茵號」甲板上的 30 多個當地人中，有些人竟然在脖子上掛著念珠和十字架。當人們把一張有關耶穌被釘死在十字架上的畫拿給他們看時，所有的當地人都一致虔誠地在胸前劃十字，並且跪了下來，直到每個人都親吻了那張畫之後才肯站起身來！他們宣稱自己並不認識歐洲傳教士，只有兩名本地人神父，而且他們全都來自 10 英里之外一個叫做法龍的村莊。

——《香港紀錄報號外》11 月 1 日

---

3 大體位於越南南部一帶，19 世紀該地區淪為法國殖民地後法國人的稱呼。——譯者注

THE ILLUSTRATED
LONDON NEWS

參觀中國的長城
(A Visit to the Great Wall of China)

1850
《倫敦新聞畫報》第 17 卷，第 449 號
1850 年 10 月 5 日，271 ～ 272 頁

（本報記者報導）

今年 6 月，英國皇家軍艦「列那狐號」在白河執行完任務之後，於 11
日起錨返航，13 日清晨又拋錨停泊在離長城僅約 1,000 碼處的地方。這道
人工修築的萬里長城東起於遼東灣的海岸邊上，位於白河北面約 120 英里
處，北緯 40.4 度，東經 120.2 度。從海上望過去，長城的起點似乎包括了
一個長約 300 碼的要塞，它的南面有一個高大的城門。在城門的外面，或
是在要塞與海灣之間，有一座古老的寺廟。而北面的要塞頂上則是一個現
代化的崗樓。長城就從那個崗樓的下面一直延伸到海邊。

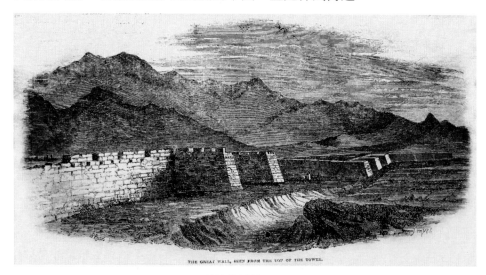

THE GREAT WALL, SEEN FROM THE TOP OF THE TOWER.

長城的城樓頂上

　　早上 10 時，我們一大群人從寺廟右邊的海灘上了岸，並在那裡受到了一位有白色頂戴的清朝官員和一小隊士兵的迎接。他們告訴我們可以完全自由地參觀那裡的長城。於是我們便沿著要塞外面一個寬闊的階梯，很快就登上了長城。城樓上面是一個 60 英尺長的平臺，鋪有深藍色的瓷磚。從城樓的古老和風化程度來判斷，這段城牆似乎是主體長城最早的起點。由於海平面的下降，上面提及的延伸到海邊的矮城牆現已破舊不堪，一半被掩埋在沙土之中，似乎建造的年代要晚得多，牢固程度也差許多。

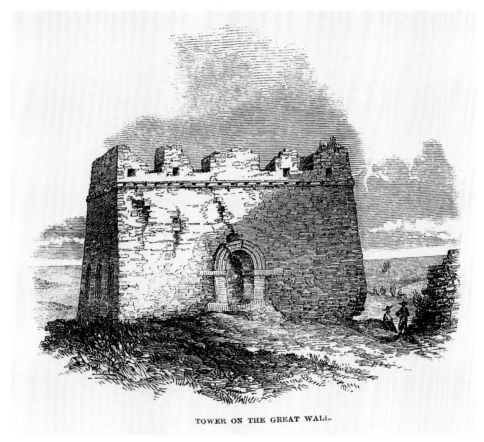

TOWER ON THE GREAT WALL.

長城上的烽火臺

最先吸引我們注意力的是平臺上三個黑色大理石石碑，其中兩個立著

149

的石碑靠牆很近，而第三個石碑已從它的基座上移走，這個雕刻著奇異花紋、形狀像祭壇的石碑橫躺在地上。在一個直立的石碑上深深地銘刻著幾個大字：「天開海岳」，另一個石碑的銘文是：「一勺之多」。這後一句的蘊義我們猜測半天也弄不明白。它也許是指遼東灣平靜的海水，或者是暗示長城這個宏大的建築跟創始偉業相比較，就顯得渺小和微不足道。那個倒下的石碑上有很多的銘文，但我們只好等參觀完長城之後再回來探討，因為剩下的時間不多了。

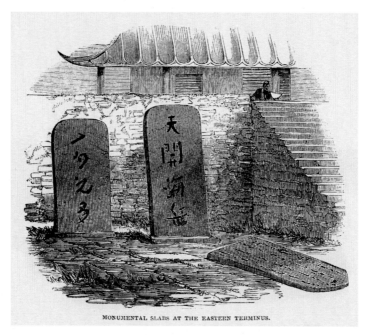

MONUMENTAL SLABS AT THE EASTERN TERMINUS.

長城城樓上的大理石石碑

於是我們又沿著一道寬闊的階梯從平臺登上了要塞的頂部，經過了崗樓（一個破爛不堪的建築），從另一個距離較短的斜坡下來，接著又沿著長城頂上走。我們發現長城在歷經了 800 多年的風雨之後，已經處於搖搖欲墜的狀態。我們起初經過的那一段簡直不比用沙土壘起來的堤壩強多少，每隔一段距離就有一大堆已經倒塌的磚石。

然而就在距離要塞半英里處，長城的保存現狀明顯好了起來：我們發

現這裡的城牆厚達 39 英尺。平臺上覆蓋著大塊的琉璃磚瓦，並且裝飾著各種顏色的花紋。此處的長城外側有大塊切割的花崗岩作為基礎，花崗岩的上面是用傾斜的牆磚砌成的城牆表面。這一部分城牆高約 35 英尺，再往上就是磚砌的護牆，高 7 英尺，厚 1.8 英尺，中間有一些不規則的雉堞將其隔開，雉堞之間的距離通常在 8 至 13 英尺不等。

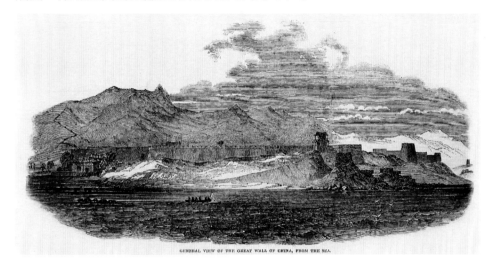

GENERAL VIEW OF THE GREAT WALL OF CHINA, FROM THE SEA.

從遼東灣海上看中國的長城

　　每隔 200 至 500 碼的距離，長城的外側就建有一個磚砌的烽火臺，45 英尺見方，52 英尺高。我們所測量的那個烽火臺是從城牆上的一個花崗岩圓拱門走進去的，門洞高 6.5 英尺，寬 3.5 英尺。這個門洞（見插圖〈長城上的烽火臺〉）的建築風格異乎尋常，因為中國人早就停止用拱頂石的方法來建造圓拱門了。進門之後，右邊有一排階梯，可供人登上樓頂。頂上也是跟城牆一樣，四周由雉堞環繞。烽火臺的塔樓內部由微微拱起的拱頂成對角線交叉，其終端便是一個雉堞。從外面看，烽火臺的每一邊都有三個雉堞。從這些拱頂建築看出，它們似乎是專門為弓箭手和手持長矛的兵勇——並非為哪種火炮——而設計的。在長城的內側沒有任何雉堞的跡象，只有一些低矮的塔樓，它們往往位於外側的烽火臺之間，但其內部沒有拱頂。

1850

　　從這個烽火臺（海岸上的第二個）起，長城顯然以一種多少有些破敗的狀況向北面和西北面繼續延伸了 3 英里，沿途經過連綿起伏的丘陵地帶。從在城樓頂上繪製的那張圖（插圖〈長城的城樓頂上〉）上可以看到這些丘陵。然後長城突然轉向西南，經過一個叫做「山海衛」的大城鎮。從那裡它直接攀上了一個荒涼而陡峭、高達 3,000 英尺的山脈，像一條巨大的蟒蛇一樣爬過山脊，然後消失在一座高山的頂上。

　　長城沿途的風景總的說來十分怡人，從海邊逐漸伸展到群山腳下的那一片土地長滿了茂密的樹林，顯然長城內側那一邊的居住人口稠密。長城的外側沿著連綿起伏的丘陵逐漸消失在遠處，那裡看上去物產豐富，土地精耕細作，不時地點綴著一些零星的村莊，那些農舍的屋頂形狀酷似英國馬車的頂部。在這個地區唯一可以穿越長城的關隘離海邊大約有 3 英里，稱作「山海關」。我們本想前去參觀那個關隘，但遭到了清朝官員的阻攔。沿著長城頂端閒逛時，我們觀察到有中國的騎兵正從內地朝要塞方向趕過來。我們當時以為他們只是想趕在我們離開之前看我們一眼，所以對他們並沒有怎麼在意。然而當我們向內陸走了近 1.5 英里之後，有三位清朝官員追上來告訴我們，說管轄山海衛的滿族將軍「都統」已經駕臨要塞，他希望我們不要再往前走了。於是我們便從長城頂上下來，走回了長城的起點。這時我們看到都統大人及眾多隨從都已經集中在那裡，此外還有大批的官員和士兵。他們的到來所引起的喧鬧和混亂，使得我們無暇再去考證第三塊石碑上的銘文 —— 那無疑將提供很多有趣的資訊。但我們為已經看到的這麼多東西而感到慶幸。倘若那位都統大人早來一兩個小時，我們就連能否登陸都將成為問題。回到船上後，我們對這次出遊所取得的成果感到滿意，因為我們考察的這一段長城比以前任何歐洲人所看到過的都多得多。而且根據中外簽訂的條約，這個地區仍屬於被封鎖的區域。也許要過許多年，才會有另一個英國人能享受跟我們今天同樣的特權。下午 3 點整，我們的船起錨出發，在天黑之前，中國的長城就在我們的視野之中逐漸消失了。

1851

1851

倫敦首屆世界博覽會開幕式上的中國官員（希生）
(Opening of the Great Exhibition—The Chinese Mandarin)

May 10, 1851
《倫敦新聞畫報》第 18 卷，第 481 號
1851 年 5 月 10 日，封面，899 頁

OPENING OF THE GREAT EXHIBITION—THE CHINESE MANDARIN, &c.

世界博覽會開幕式上的中國官員希生

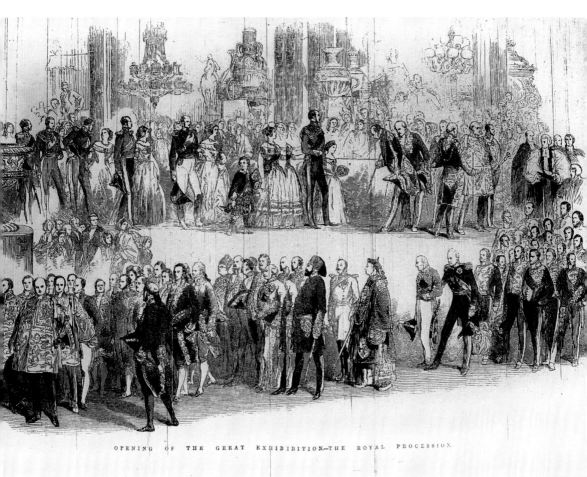

OPENING OF THE GREAT EXHIBITION—THE ROYAL PROCESSION.

世界博覽會開幕式上皇家嘉賓行列的中國官員希生

THE ILLUSTRATED
LONDON ▲ NEWS

中國家庭
(Chinese Family)

1851
《倫敦新聞畫報》，第 18 卷，第 483 號
1851 年 5 月 24 日，450 頁

　　倫敦的唐人館又增添了一組令人賞心悅目的真人演出，其中包括一位名叫潘怡果（Pwan-ye-Koo）的中國女演員，金蓮小腳只有 2.5 英寸長。她的丈夫是一位粵劇藝人，還有一男一女兩個孩子、女演員的貼身女僕和一位通事。孩子們活潑可愛，十分機靈。女演員本人性格隨和，談吐風趣。她的丈夫則彬彬有禮，十分殷勤。他們表演節目的一部分是一段折子戲：潘怡果表演了一兩段粵劇的唱腔，由她的丈夫伴奏。然後他也為大家表演了粵劇的唱腔。這個家庭組合非常值得推薦給大家，他們的服裝豔麗奪目，式樣奇特，完整呈現了一個中國家庭的民族特色。他們行為舉止既謙卑又友善，非常合乎禮節。同時在家人之間又顯現出一種無拘無束和相互照顧的良好氣氛，正好能給觀眾留下一個美好的印象。

倫敦唐人館的一個中國家庭

THE ILLUSTRATED
LONDON NEWS

中國海盜崔阿浦
(Chui-A-Poo, the Chinese Pirate)

1851
《倫敦新聞畫報》第 18 卷，第 486 號
1851 年 6 月 14 日，547 ～ 548 頁

中國海盜崔阿浦

這個有名的中國亡命之徒兼海盜首領首次被在華外國人社區所知，是跟一起極為慘烈的悲劇有關，即皇家工程兵團的達科斯塔上尉和錫蘭步槍團的德懷爾中尉這兩位英國軍官被蓄意謀殺案。他倆於 1849 年 2 月的一個星期天下午，正在香港某個半島上一個名為紅毛角的村莊附近的一片海灘上散步，那裡離赤柱兵營還不到兩英里。這個惡名昭彰的惡棍（其形象在插圖中有逼真的描繪）馬上就被宣布為兇手，並在其可怕罪行暴露之後立即逃離了香港。從那時起便沒有任何有關他的消息，直到 9 月 30 日他才被發現已經成為一個龐大海盜船隊的首領。那個海盜船隊由 23 艘平底帆船所組成，平均每艘船的載重在 500 噸左右，並且裝備有重 12 至 18 磅炮彈的臼炮。

這支海盜船隊剛剛回到它位於東北沿海的一個俗稱「海盜窩」的船塢，那裡離香港只有不到 50 海里的距離。那天有一位當地人報告說：「這個亡命海盜在沿海地區所經之地留下了燃燒的城鎮、冒煙的鄉村和無人收割的莊稼，還有擱淺的漁船和水平面以上船身部分都被燒毀的商船。那些

失去了家園的村民聚集在周圍的小山上，眺望他們那些已經沒有了屋頂的房屋，以及被糟蹋了的莊稼。」然而他受懲罰的時刻來到了。1849 年 9 月 29 日，崔阿浦的那支由 23 條平底帆船所組成的龐大海盜船隊，加上 3 艘還未曾下水的新船和兩個船塢，全都被一把大火給點燃了，而他手下那 1,800 名海盜中，1,400 人被打死，其餘的全都潰散而逃。這一輝煌的勝利是英國皇家海軍的「哥倫布號」和「震怒號」在「廣州號」的協助下取得的。

海盜船隊被殲滅之後，海盜首領逃亡中國內地，並一度銷聲匿跡，直到今年 2 月才重新露面。他是被東方輪船航行公司一條名為「地獄火河號」的戰船遣送回香港的，那條船當時正停泊在廣州的一條河流上，船長叫尼布利特夫。他被五花大綁，嘴裡還塞了團布。據傳，抓獲他的人正是他以前的幾位手下，他們是受到金錢誘惑才出賣舊主的，因為在他謀殺達科斯塔上尉及其夥伴並逃離香港時，香港政府曾懸賞 100 英鎊要他的性命。

今年 3 月 10 日，香港最高法院的特別法庭審理了崔阿浦的謀殺案，並判決殺人罪名成立，但證據沒有能夠支持死刑判決（已經過了那麼長時間，以及重要證人的過世和消失），最終判決為終生流放。但由於習慣於忙碌而富有冒險性的生活，無法忍受長期的苦難，崔阿浦在即將被從中國驅逐的前夜在香港牢獄中自殺，當時一艘罪犯船正準備將他運往檳榔島的流放地。就這樣，一位堪比西班牙舊時海盜的亡命之徒終於得到了報應。

THE ILLUSTRATED LONDON NEWS.

在「耆英號」兵船上的中國武術表演
(Chinese Performance on Board the Junk)

1851
《倫敦新聞畫報》第 19 卷，第 488 號
1851 年 8 月 2 日，148 頁

在市政當局（泰晤士河管理處）的准許下，「耆英號」中式兵船現在已經在倫敦河岸街與埃塞克斯街末端交界處站穩了腳跟。離船不遠就是聖克萊門特教區下水道的出口處。該船目前從早到晚都對外開放，船上有各種不同的中式娛樂表演，包括戲曲演唱、樂器演奏、武術表演和變戲法等。那些再也不想去海上航行的中國船員現在變成了演員，其藝術水準堪與維多利亞或阿斯特利等處劇院的明星演員們相媲美。在晚上演出時，這條奇特的舊船在五彩燈籠的裝飾下，就像是沃克斯豪爾的一個縮影，船中央是由四五件樂器所組成的一個開放樂隊，「蠻夷」們（並非指中國人）的耳朵須為隨之而來的奇怪聲音組合做好準備。當樂隊在主甲板中央坐定，準備為觀眾演奏時，那些「天朝人」臉上莊嚴肅穆的表情無人能夠比擬。突然間，鑼、鼓、鈸等樂器響聲大作，震耳欲聾。接著是一段如訴如泣的京胡過門，樂隊指揮靠敲擊用三條腿的架子支撐的一個類似於燉鍋蓋的樂器來控制音樂節奏。然後就是聲樂演唱！這是一段無與倫比的，用假嗓子尖聲演唱的二重唱，既催人淚下，又引人發笑。由上面提及的那位樂隊指揮（他似乎身兼科斯塔和馬里奧這兩種角色）和另一位後臺的年輕人來演唱。還有誰能夠取得比這更動人心弦和滑稽有趣的效果呢？除非是我們有時在半夜時分所聽見的屋頂野貓發情時的那種即興演唱。音樂會是在觀眾因震驚而呆若木雞的靜寂中結束的。接下來就是中國的武術表演，其效果與前面的音樂會相比有過之而無不及。第一個節目是一套奇特的拳法套路，表演者一個接一個地上臺演示各種高難度的動作，在甲板上左衝右突，上下翻飛，一會兒向前攻擊，一會兒又後退防守。與此同時，樂隊鑼鼓齊鳴，為表演拳法者吶喊助威。接著是一系列用類似棍棒和紅纓槍的兵器表演，其高潮是兩位表演者的對打表演。我們在插圖中所力圖呈現的就是這一場景。另外還有刀法和舞劍的表演，其套路與前者相同。如果說這種兵器表演的目的是為了弘揚中國的軍事科學，那麼中國在這一方面真是落後其他國家太遠了。有一位年輕的武術家在展示他高超技藝時引來了觀眾們的一陣陣笑聲，他時而撲倒在地上，時而又一個筋鬥翻身而起，越過了自己的盾牌。當我們離開的時候，那「原生態」的音樂又響了起來。據說舞蹈表

演即將開始，但是我們並沒有耐心再等待觀看下面的表演。

被燈籠點亮的中國兵船 —— 武術表演

THE ILLUSTRATED
LONDON NEWS

到奧斯本宮做客的中國家庭
(The Chinese Family at Osborne Palace)

1851

《倫敦新聞畫報》第 19 卷，第 491 ～ 492 號
1851 年 8 月 23 ～ 30 日，238、269 ～ 270 頁

8 月 23 日

上週一，最近剛從廣州搭乘英國船隻「皮爾女士號」直接來到英國的一個中國家庭，應女王的特別邀請，由菲普斯中校護送到了懷特島上的奧斯本宮來覲見維多利亞女王陛下。這個家庭包括一個名叫鍾阿泰（Chung-

1851

Atai）的紳士、他的兩位妻妾、他的小姨子以及一位中國女僕。那三位女士都擁有象徵中華帝國上流社會女性的小腳。這個家庭於星期天下午離開了倫敦，在南安普敦的拉德利旅館過了一夜之後，便於星期一乘坐郵輪來到了懷特島上。船長在先去了西考斯島之後，便把船上的貴賓送到了東考斯島上。女士們在鍾阿泰先生、跟他們一起從中國來的克勞福德先生和已經在本地居住很多年的萊恩先生等人陪伴下，按照女王陛下的意願，在 11 點半的時候前往奧斯本宮。女王、艾伯特親王殿下以及皇族下一代的所有成員，都在國賓接待室裡歡迎這個中國家庭的到來。中國客人們是由華茂公司的少東家哈蒙德先生介紹給女王陛下和其他皇族成員的。鍾阿泰先生的小妾有幸為女王表演了歌詠節目，多才多藝的女王自然很想聆聽這位天朝女子的獨特表演。鍾阿泰的正妻則向女王贈送了一張由比爾德先生用達蓋爾銀版法為這個有趣家庭所拍攝的全家福照片。那位小妾還送給公主一雙非常漂亮的繡花鞋，那是她自己用金線刺繡，並按自己腳的大小（長 2.25 英寸，寬 1 英寸）縫製的。這兩件禮物都被女王一家非常客氣地接受了。以和藹可親而聞名遐邇的艾伯特親王殿下認為這個中國家庭可能會對從中國引進的眾多植物和花卉感興趣，所以便領著客人來到國賓接待室旁邊的花園裡，帶他們參觀那裡的花壇和花圃。女王陛下和她的孩子們則看著那些女士無助而不雅的走路姿勢而捂著嘴笑。因纏足而引起的腳變形嚴重影響了她們的步行能力，只要走一小段路就會氣喘吁吁。親王殿下接著領客人們參觀了用精美琉璃磚裝飾的走廊，最後又向他們展示了國賓接待室裡那張描繪萬眾敬仰的女王及其皇族配偶和全家老小的大幅油畫。女王的侍衛也向客人們解釋了撞球桌的功能，並且還揭開撞球桌上的蓋布，打了幾桿作為演示。在離開奧斯本宮的時候，客人們還應邀去菲普斯中校的家裡做客，並被介紹給了菲普斯夫人，即德薩特伯爵夫人及其家庭成員們。然後他們回到了考斯島，為自己所受到的接待而感到極其欣慰。同一天晚上，他們便回到了倫敦。

女王陛下在懷特島上的奧斯本宮招待一個中國家庭

8月30日

上週一我們最殷勤好客的維多利亞女王陛下在奧斯本宮招待了一位剛從廣州來到英國的中國士紳鍾阿泰（Chung-Atai）及其兩個小腳妻妾、一個小姨子。這個中國家庭所獲得的殊榮便是上面這張插圖的主題。這是迄今所知享受到這一崇高特權的首個中國家庭。由於清政府嚴禁上流社會的婦女離開中國，所以這個中國家庭能夠克服根深蒂固的偏見，舉家離開大朝帝國，必定是下了極大的決心。這更彰顯了他們的冒險精神，並且使得這一事件變得非常耐人尋味。關於在奧斯本宮舉行的這次招待會，本報在上一期中有一篇詳細的專題報導。因涉及纏小腳的士紳女眷們出洋，這個中國家庭在廣州經歷了當局設置的各種障礙和刁難，但最終還是把所有的難題都解決了。1851年2月20日，他們在香港登上了開往倫敦的「皮爾女士號」船。

雖然這一航程花費了很長時間，但他們看起來似乎非常自在和愉快。

1851

家庭成員們都住在艉樓的船艙裡，相互間經常保持聯繫，這使得他們始終能相互依靠，由於他們具有安靜而隨和的性格，很享受家族成員間的親情，所以他們成為了家庭幸福的完美典範。對於英國的許多家庭來說，他們提供了一個良好的榜樣。在離開中國之後，船停靠的第一個地方是蘇門答臘島。在那裡該船得到了水果和糧食儲備的補給。當船的甲板上出現了馬來人那陌生而粗獷的身影時，那些中國人簡直遏制不住自己的喜悅和驚奇。船停靠的第二個地方是聖凱倫拿島。由於在過去的幾個星期裡船上的淡水供應較為緊缺，因此給旅客們造成了很多不便。所以當人們看到陸地時，喜悅之情溢於言表。該島的總督克拉科中校、他的副官以及幾位女士和紳士一起來到了船上，為能跟這個獨特的中國家庭面對面地進行交談而感到高興。

「皮爾女士號」最終於本月 10 號到達了格雷夫森德。這個中國家庭全都安全登岸，並且受到了英國朋友們的熱烈歡迎。後者已經在此等待了一段時間，中國人給他們帶來了自己的介紹信。

他們此行的目的之一是參觀在倫敦舉行的世界博覽會。上週六他們已經達成了這個心願。由於女眷們都纏小腳（她們的鞋底只有 1.5 平方英寸大）這一令人無奈的特點，她們顯然不適合去擠世博會的人群。一個更為妥善的辦法就是讓她們趁上午到為殘疾人安排的專場去參觀。所以他們便穿上了本國生產的漂亮刺繡綢緞衣服，坐在巴斯的轎椅裡，被人抬著去水晶宮裡轉了一圈。他們對於自己所看到的每一件物品都感到非常喜悅和驚奇。他們也受到了世博會管理委員會一位執行董事的殷勤接待，後者全程陪伴他們在水晶宮裡參觀。這個中國家庭很高興地發現每一位參展者都很客氣，想讓他們盡可能地看全那裡所展出的各種產品樣本。尤其是在法國的展區，有好幾位參展者都對他們彬彬有禮，有的甚至把展品從展櫃裡拿出來，以便能讓他們看得更加仔細。

據稱這些可愛的中國人在倫敦這個大都市裡逗留一段時間之後，還想去訪問巴黎。

本期所刊登的有關這個中國家庭的插圖是根據用比爾德的達蓋爾銀板法所拍攝的照片而繪製的。關於比爾德，本報上一期有關奧斯本宮招待會的專題報導中也有介紹。插圖最右面的那個人就是鍾阿泰，他身邊的那個女人是他的妾，她有幸為女王演唱了歌曲。再往左就是他的妻子。第三位女士是他的小姨子，在其身後站立的是一位婢女。招待會是在奧斯本宮的一個大客廳裡舉行的，客廳的牆上掛著溫特哈爾特所繪的女王和艾伯特親王肖像以及女王全家的大幅油畫。

THE ILLUSTRATED
LONDON NEWS

英國皇家海軍「埃及豔后號」的小船襲擊中國海盜
(Attack on Chinese Pirates by the Boats of Her Majesty's Ship "Cleopatra")

1851

《倫敦新聞畫報》第 19 卷，第 520 號
1851 年 10 月 4 日，401 ～ 402 頁

我們有幸從香港一位熱心腸的記者那裡得到了關於上面插圖的一份令人感興趣的文字報導。據信，這次對於中國海盜的襲擊是由英國皇家海軍首次派小船在遠離軍艦 50 ～ 60 海里的距離之外發起的：

6 月 24 日上午，（香港警察總監）考德威爾先生從一些在大鵬灣附近受到攻擊、劫掠並身受重傷的漁民那裡得到情報，說有些海盜正在周邊地區活動。考德維爾便約見了高級海軍軍官，把這一情報告訴了他。馬西艦長於是命令「埃及豔后號」軍艦的專用艇、艦載艇和沿海巡邏快艇都配置起人員和武裝，以便追蹤海盜。當天早上 11:30，這些小船就離開了軍艦，由乘坐專用艇的普萊斯海軍上尉統一指揮，並由考德維爾先生和海軍候補少尉科普蘭先生協助指揮。在艦載艇上除了波切海軍上尉，還有 C. 克羅夫頓閣下，每艘小船上各有一位漁

民。在沿海巡邏快艇上有二副史密斯先生和助理外科醫師麥凱。在鯉魚門道（Lye moon Passage）外面他們遇到一些船，得知在前一天有一艘運送稻米的平底帆船在大鵬灣附近被劫。雖然英國海軍官兵只帶了一頓晚飯的乾糧，但他們決心繼續追蹤，晚上他們在三門島邊拋錨過夜。第二天早上，他們從一個小村莊的村民那裡了解到，海盜船隊前一天曾經在大亞灣裡出現過。在把隨身水瓶灌滿水之後，他們就馬上出發了。在快到大亞灣的時候，他們看見有三艘原本停泊在海灣裡的平底帆船一見到他們，馬上就起錨向海灣深處駛去。一場追逐戰就這樣開始了。經過數小時的激烈追逐，小船們終於把那三艘平底帆船逼到了海灣的海灘上。那些船員跳下船之後，就向山上跑去。但有兩人例外，他們被抓住，做了俘虜。在海灣的不同部位又出現了四艘海盜船，可是在前面那三艘船被追趕的過程中，它們趁亂逃脫了。那三艘擱淺的船在經過搜尋清點後就被點火燒掉了。第一艘海盜船上裝備了17 門火炮，船上有 80 多人。第二艘海盜船上裝備了 15 門火炮和兩桿抬槍，船上有 70 多人。第三艘海盜船是在快到海灣的盡頭處拋錨的，船上的人有足夠的時間把船上的火炮和最值錢的東西都藏好，但是從船上留下的炮車來看，原來裝備著 10 門火炮。前兩艘船上的東西都在，尤其是火藥、彈丸和惡臭彈。這些船在逃跑的過程中，大部分時間都在抵抗。尤其是那前兩艘船經常繞圈子，並用舷側炮向艦載艇和沿海巡邏快艇發射彈丸和葡萄彈（參見插圖），但幸運的是沒有造成傷亡。毫無疑問，肆虐於海港出口處的海盜們在劫掠時自以為很安全，除非當時有一艘輪船在場。這件事會給他們一個教訓，即離開他們自己老巢的三角區 50～60 海里之外，即使周圍沒有輪船，也是不安全的。這裡正好是過去「震怒號」軍艦向停泊於此的 29 艘海盜船發起攻擊，並將它們全殲的地方。

在《印度之友》的一篇報導中，我們還找到了以下的補充細節：

追逐和連續不斷的戰鬥持續了 5 個小時。在這段時間結束之後，

幾乎就是在沙盆寨海盜船隊被殲滅的同一個地方，那三艘最大的海盜船終於拋錨停船。船員們跳下船之後，向山裡逃去。他們絕大部分人都逃脫了，但是有一個惠州人和一個淡水人作俘後關進了維多利亞的監獄。他倆身上除了裝鴉片的藥罐外，還各有四五塊現錢。

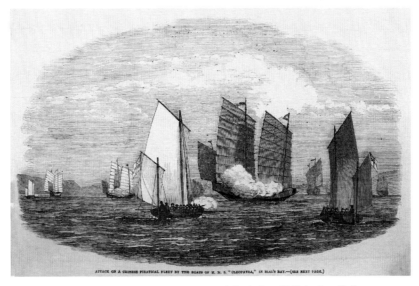

ATTACK ON A CHINESE PIRATICAL FLEET BY THE BOATS OF H. M. S. "CLEOPATRA," IN BIAS'S BAY.—(SEE NEXT PAGE.)

英國皇家海軍「埃及豔后號」的小船在大亞灣襲擊中國海盜

在反思這次遠征時，我們實在無法表達我們對於普萊斯和波切這兩位海軍上尉、三位海軍候補少尉、D. R. 考德維爾先生和幾位水兵的無比感激之情。出發時他們只帶了一天的食品和飲水，但他們冒著酷暑，對海盜船窮追猛打，經過了幾乎 24 個小時，他們才最終追上了敵人。雖然已經精疲力竭，但他們還是開始用兩門可發射 12 磅炮彈的火炮向裝備有 18 門火炮、武裝到牙齒的三艘海盜船進行連射和騎射 —— 後者其實只要發射一次舷側炮，就可以把這些小船炸得粉碎。他們不斷地發起攻擊，直到火藥幾乎用盡，才最終擊敗了這三艘海盜船，並在海邊將它們燒毀。在整個遭遇戰中，英軍方面只有一名傷亡者。普萊斯海軍上尉因一個廢炮而受了輕傷。小船受損最屬害的

部位是船帆，但是撕成碎片的船帆足以見證官兵們的英勇和遭遇戰的
激烈。

THE ILLUSTRATED
LONDON NEWS

中原的猶太人定居地
(Colony of Jews in the Centre of China)

1851

《倫敦新聞畫報》第 19 卷，第 530 號
1851 年 12 月 13 日，700 頁

趙金井　　　　　　　　　　　趙萬貴

　　位於中原的開封府有一個猶太人的定居地，這件事早已廣為人知。這
一事實最早是由羅馬天主教的傳教士們在 17 世紀中告訴歐洲人的。但從

那時起，關於這些猶太人的故事就已經變得寥若晨星，就連他們是否真的存在這一件事也都受到了質疑。希伯來語的信件時不時地會被各種不同的人轉寄給傳教士，但從來也不能從後者那裡得到回信。所以直到今年為止，我們所掌握的少量關於這些猶太人的消息也都只是來自那些傳教士的信件。最近倫敦會啟動了一項遠征行動，以便前往猶太人群中去傳播基督教，並且已經得到了相當令人滿意的結果。倫敦會於 11 月份從上海派遣了兩名本地的基督徒前去調查，他們在返回時所帶來的報告在各方面都肯定了此前的說法。他們同時還帶回了用古希伯來語書寫的六小段律法和兩種希伯來宗教禮儀的手稿。他們發現那些希伯來人的後代雖然已經失去了許多古代希伯來人的特徵，但仍然作為一個特殊的群體住在中國城裡。無論如何，他們已經在各方面都習慣了漢人的服裝和生活方式。他們依然受到特權階層和穆斯林的蔑視和鄙視。在開封城裡已經有相當數量的穆斯林人口。最後一位阿訇大約死於 50 年前，從那以後再也沒有找到其他人來接替他的位置。在那些猶太人中間已經沒有人能夠閱讀希伯來文，儘管兩位調查者在被允許進入最為神聖的猶太教堂時，看到人們在那裡還小心翼翼地保存著 13 個捲軸的猶太人法律。他們已經不再舉行宗教儀式，因為大部分人都處於赤貧的狀況。那兩位本地信徒在返回上海並提供了上述報告之後，倫敦會決定再次派遣他們前往開封，目的是為了把所有能夠得到的那 13 個希伯來語捲軸全都買下來。到目前為止，他們已經得到了其中的 6 個捲軸，而且將它們帶回了上海，並且很快就要把它們寄往倫敦，以供聖經學者們研究。其中有一個捲軸非常古老，而其他的捲軸則保存得很好，因為都是寫在很厚的羊皮上的。每一個捲軸都包括了 239 列字，每一列的寬度從 3 英寸至 9 英寸不等。每一個捲軸都包括了《舊約》的前五卷。

除了這些捲軸，他們還帶回了 40 多段希伯來語的律法，其中有五六段只是抄本。還有大約一打的希伯來語的宗教儀式描述，有的只是日常儀式，另有關於普珥節（Feast of Purim）和贖罪日（the day of Atonement）等儀式的。還有一份是關於住在開封的猶太人主要家族的譜系表格，用漢語和

1851

希伯來語撰寫。英國駐廈門領事列敦（T. H. Layton）先生去年用希伯來語和漢語寫給開封猶太人的一封信也在他倆帶回來的文件之中。還有兩位猶太文人陪同那兩位本地基督徒來到了上海，其中一位猶太文人目前正在一位傳教士的指導下學習希伯來語。在目前已經得到的這些書中沒有任何線索可以幫助我們了解這支猶太人的歷史。開封猶太教堂中的一塊石碑碑文宣稱，這些猶太人是在漢代（大約基督元年前後）來到中國的，他們從印度帶來了彩色的布料作為貢品。而他們所擁有的那些小書則指明，他們很可能來自波斯。在中文視角中還沒有發現任何關於這些希伯來人的記載，但也許將來的研究可以釐清這批猶太人的歷史。

1853

THE ILLUSTRATED LONDON NEWS.

THE ILLUSTRATED
LONDON NEWS

香港的中國帆船比賽
(Chinese Boat Race at Hong Kong)

Jan. 29, 1853
《倫敦新聞畫報》，第 22 卷，第 626 號
1853 年 1 月 29 日，77 頁

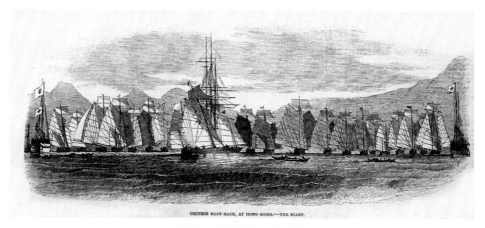

CHINESE BOAT-RACE, AT HONG-KONG.—THE START.

香港中國帆船比賽的起點

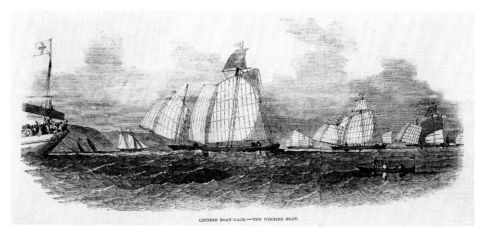

CHINESE BOAT-RACE.—THE WINNING BOAT.

中國帆船比賽的獲勝者

　　中國人最近以非常溫和的方式克服了對於改良現行所持器具的反感：透過目睹過去幾年受到外國居民積極支持的香港帆船比賽中英國船隻所表現的飛快速度，天朝人終於肯低頭來改進他們自己船隻的外形。《陸上中國郵報》（Overland ChinaMail）對於最近這次中國帆船比賽提供了以下的報導：

　　我們要祝賀中國完全憑藉自己的力量，對於香港船隻進行大規模明顯改進所做出的努力。兩年前，這裡的舢板還是骯髒而擁擠的小划艇，而現在我們有了更大更寬敞的船，不僅速度比以前大大提升，而且還保持得很乾淨。負責此事的委員會一定會很高興地發現，對於這種努力的積極態度正在感染整個香港社會。

　　在世博會所收集的古董當中將會增添舢板船一項。所以本報讀者只要看一眼插圖中參加帆船比賽的船隻，馬上就能夠判斷出中國人對於舊式船型所做出的改進。

　　香港帆船比賽是對屬於香港港口所有持有執照的中國船隻開放的。下面是這項運動的賽程：

　　第一天是 11 月 2 日，星期二。有 25 艘舢板從港口出發，以優雅的方式來爭奪錦標，呈現出了中國帆船比賽中最為美麗壯觀的場面。剛啟程不久，最快的中國帆船之一「蛟龍號」，因與其他船齊頭並進，靠得太近，結果潮水的浪頭打來時，使它撞上了「約翰·萊爾德號」的船頭，由此犯規而被取走了船上的帆，主桅杆也被從桅座上取下。又過了 100 碼的距離，另一艘領先的帆船上中桅折斷。在繞過標誌轉彎處的船折返以後，「黑蛇號」帆船一馬當先，把其他船隻遠遠地甩在了後面，但由於它太靠近海岸線而處於背風的狀態，另外幾艘帆船趕上來，超過了它。這時候，一長串帆船沿著海岸線行駛，白帆在陽光下熠熠生輝，構成了一道美麗如畫的風景線。「黑蛇號」帆船在擺脫了困境之後，再一次迎頭趕上，似乎馬上就要戰勝其他的競爭者了。但是它在港口裡偏離航道太遠，無法回到正確的航線上來。與此同時，第

1853

348號帆船帶頭繞過了礁石，船體離礁石僅一碼多的距離，暫時領先了其他帆船。第813號帆船在它後面緊緊追趕。接著有四條蜑家船出現了，每條船都由三位女子操縱。其中有一條船的搖櫓女起初拚命反對跟別的船競爭，因為她所在的是一條新船，而其他三條船都已經用過了很多年。然而，在克服了她的顧慮之後，這四條船開始發力，那條新船走在前面。然而她的那兩位同伴在比賽前半程裡已經耗盡了力氣，所以其他三條船逐漸超過了它。在這四條蜑家船中，那條新船是最後到達終點的。

　　第二天是11月3日，星期三。有18艘帆船相互競爭，比賽進入了白熱化的狀態。最有望奪冠的似乎是「黑蛇號」、「蛟龍號」和「飛魚號」這三艘帆船。但是它們的航行實力被高估了，或者說它們的舵手判斷失誤。這支小小的船隊所顯示的嫻熟駕馭技巧實在是令人嘆為觀止，尤其是當它們打開了「鯉魚門」的時候。在繞過礁石之後，它們只用了幾分鐘就到達了終點，翼帆和中桅帆全都張開，被風吹得鼓鼓的，實際上，每一塊帆都被用來借助風力。最終奪標的是第279號帆船。緊隨其後的是七艘蜑家船，但是那條新船上的搖櫓女不在其中。最快的船是第792號。接著舉行的是抓鴨子比賽，這是一項令人興奮刺激的比賽。每條蜑家船裡只允許坐兩個人，坐在船頭的那個人負責抓鴨子。但人們很快就發現，這並非易事。因為每當船趕上了鴨子，船頭的女子伸出手去時，受到驚嚇的鴨子就會潛入水中，或拍著翅膀掠過水面。於是這就變成了名副其實的「徒勞之舉」。然而取勝的那條船確實抓到了一隻鴨子，而第二隻鴨子，無論大家如何絞盡腦汁地圍追堵截，最後還是逃得無影無蹤。

　　第三天是11月4日，星期四。在第三天的比賽中，「蛟龍號」獲得了頭獎。但是第二名卻引起了爭議，因為最前面的兩條船都有意犯規。雖然在這種情況下，無論在中國還是在其他地方的帆船比賽中，都應把第二名的獎品發給第三名，可是裁判卻決定比賽要重新舉行。

在接下來的三天裡都幾乎沒有風，而參賽的帆船紛紛因無法支付額外勞工的工錢而退賽。到了星期一再次比賽時，在起點露面的只有三艘帆船。頭獎又被「蛟龍號」奪走，而奪冠者恰恰就是前次比賽犯規的原班人馬。這一週的帆船比賽最後以一個化裝舞會作為閉幕式。

我們要感謝中國帆船比賽委員會給了我們這個機會來畫以上比賽的速寫。

THE ILLUSTRATED
LONDON ▲ NEWS.

中國的革命
(Revolution in China)

1853
《倫敦新聞畫報》第 23 卷，第 636 號
1853 年 8 月 6 日，69 ～ 70 頁

我們不知道「革命」這個詞，按其表示政治改革的普通意思，是否能夠用來形容衰敗的中華帝國中正在發生的一系列異乎尋常的事件。然而，雖然目前我們的消息仍不完備，甚至支離破碎和自相矛盾，但它足以證明在這個國家裡，一次重大的社會（假如不是政治）振興即將到來。這個人口眾多但至今仍閉關鎖國、與世隔絕的地區即將暴露在基督教和西歐各種思想的影響之下。這棵被人工限制發育的樹將被允許自由生長，自然系統將在某種程度上取代長期以來監視和禁錮中國人思想並且阻礙該民族正常發展的那個古老人為的系統。天王所領導的太平軍成功擊敗了皇帝手下所有的清軍，取得了無數次戰鬥的勝利，並在帝國最富饒的部分建立了堅固的根據地。雖然我們對於細節的了解還不是十分可靠，但下列事實卻無庸置疑：中國舊的內外政策已經受到了嚴重的打擊，以至於不可能再重新恢復。

　　本報 6 月 4 日那一期已經提及了太平軍「叛亂」[4]的基督教性質，最近從中國傳回來的書信和外交急件更加證實了這一點。起義者已經奪取南京，並因此掌握了整個帝國的命脈。香港總督和英國駐華特命全權大使文咸爵士在 4 月份乘坐英國皇家海軍的「赫耳墨斯號」前往南京，去向天王通報英國政府的中立立場。這是一個謹慎和明智的政策。大英帝國沒有必要用支持清政府來反對中國人民的需求和願望，儘管清政府在對待我們的行為舉止上顯得更為理智一些，或比早前的態度似乎顯得更好一些。在溯揚子江而上遠赴南京的途中，文咸爵士獲得了大量的證據，以證明太平軍的革命（或「叛亂」）在很大程度上具有反對偶像崇拜的性質。江面上隨處可見被太平軍所搗毀的菩薩和神像的碎片。文咸爵士懇請與天王會見並面談，這一請求得到了滿足。一份由他和其他特使團隨員簽名，並且在《北華捷報》上發表的文件已經透過最近的郵件送達了歐洲。該文件稱天王為「陛下」，並宣稱在中華帝國各處的英國貿易和英國臣民都將受到太平軍的保護。文咸爵士還得到了一些在太平軍中得以傳播和被視為神聖的宗教書籍，從中可以明顯地看出，基督教思想已經占據了他們的頭腦，儘管這些思想十分粗淺，充斥著訛誤。這種基督教的形式究竟是源於耶穌會士，還是新教傳教士，我們目前還無法斷定。南京到處都能夠看到早期英國新教傳教士們在中國人中間散發的那種宗教小冊子的摹真本。那些傳教士是為了傳播基督教的偉大真理而採取這種方式來吸引當地人的注意力，然而根據我們從天王洪秀全的軍營裡所了解到的所有情緒和看法來判斷，他是在「用武力的方式來宣講和平」，他在信奉基督教的同時，也歪曲和玷汙了它。「三合會」的最初目標是驅逐清朝皇帝和所有的韃靼，以建立一個漢人的王朝和政府，正是這一目標孕育了「叛亂」的起因，並為它提供了軍隊。一種虛假的基督教被嫁接到了這一根基上，其結果不僅造成了「叛亂」，而且還以一種政治、神學和詩歌形式出現的宣言來解釋和捍衛這種「叛亂」，這就是太平天國的「三字經」。在這個奇特的詩歌文本中，每四

4　太平天國運動是反對封建清朝統治起義，本書使用「叛亂」處為原報導用詞的翻譯。

行成為一個詩節，每一行由三個中文字所組成。它概述了《舊約》和《新約》中一些最主要的事實，偶爾會有歪曲或誤解，即使其後果不那麼重要，也會讓人覺得荒唐可笑。此外，它還把基督教的歷史從耶穌誕生一直追溯到1837年。到了那個時候，一個名叫洪秀全的「耶穌基督小弟」出現在了中國，他的使命就是要「逐妖魔」。據稱他成功地完成了使命，並升入了天國。而他將來的目標——驅逐韃靼，奠定基督教——則要由他的繼承人，太平軍目前的首領天王來完成。洪秀全的使命在下面的「三字經」中得到了描述：

> 上帝怒，遣其子，命下凡，先讀史，
>
> 丁酉歲，接上天，天情事，指明先。
>
> 皇上帝，親教導，授詩章，賦真道，
>
> 帝賜印，並賜劍，交權能，威難犯，
>
> 命同兄，是耶穌，逐妖魔，神使扶。
>
> 紅眼晴，即閻羅，最作怪，此蛇魔。
>
> 皇上帝，手段高，教其子，制服妖。
>
> ……
>
> 戰勝妖，復還天，皇上帝，託大權。

天干的使命以類似的風格得到了描述：

> 戊申歲，子煩愁，皇上帝，乃出頭。
>
> 率耶穌，同下凡，教其子，勝肩擔。
>
> 帝立子，存永遠，散邪謀，威權顯。
>
> 審判世，分善惡，地獄苦，天堂樂。
>
> 天做事，天擔當，普天下，盡來王。

從上面所引的這些詩句中，我們可以判斷太平軍的領袖們心裡真正的

基督教含量。然而必須指出的是，儘管他們的信條有訛誤，但據在華的英國人所描述，他們的倫理道德要比普通的中國民眾更加純潔一些。除了作戰兇猛之外，他們跟敵對的滿人和佛教徒相比較，也要更加佔優勢。然而在這一方面，他們的做法儘管為真正的基督教教義所不齒，但與世界上其他地方更為堅定的基督徒們的行為舉止並無二致。

歐洲人雖然也為歐洲大陸上更為重要的事件而分心煩惱，但他們對於太平軍「叛亂」的進展和終結變得越來越關注。他們從中看到了為整個人類帶來好處的很大可能性。假如天王得勝，他很可能會成為一個比大清帝國歷屆皇帝都更加開明和更加容易相處的君王。他宣稱是漢人的代表，而漢族在有記載的所有時代都表現出了耐心、勤勉和心靈手巧。在更近的時代裡，他們透過跨越太平洋和赴加州殖民，證明了自己具有足夠的好奇心和冒險精神。人們有理由相信，假如深受基督教的影響，他們將會試圖衝破長期以來將這個神奇的國家和人民與世隔絕的障礙。即使天王不能夠得勝，咸豐皇帝的絕處逢生也會給漢人的異族統治者一個教訓，即他們要比以前更多地依靠民眾和人性的友善。無論如何，目前發生的這些事件似乎正在迅速演變成重大的變革。我們毫不懷疑，遠東將從半野蠻狀態和不合群的政策中解放出來，由於統治者和人民的驕傲自大和無知，這種半野蠻狀態和不合群的政策已經在遠東存在了很長的時間。甚至就連天王那種虛假的基督教和「三字經」也能夠發揮好的作用。它將打開千萬民眾的視角，使他們看到過去長期被剝奪或隱藏的神賜，並在一定時間以後將引導民眾去努力得到對於基督教更為完備和純潔的理解，這種真正的宗教將會使世界變得更加開化和純淨。

基督教在中國
(Christianity in China)

1853

《倫敦新聞畫報》第 23 卷，第 652 號
1853 年 8 月 6 日，71 頁

早期中文基督教小冊子中的插圖

1853

　　我們有幸收到了一位記者（住在帕丁頓區布羅姆菲爾德臺地的 W. 布拉姆斯頓先生）寄來的這幅插圖。它證實了新教傳教士們在中國傳播基督教的文本已經有許多年了。布拉姆斯頓先生宣稱，他在中國的時候，每天都在已故馬禮遜牧師兼醫生的家裡。當時他們正忙於從基督教的《聖經》裡引章摘句，翻譯成中文之後，再以方塊字的形式刊印出來。為了吸引中國人的注意，他們就在文字的對面那頁配上類似於上頁插圖的圖畫。這些小冊子在澳門、廣州與河南流傳。有些用石印術印刷的畫是布拉姆斯頓先生的作品。由於澳門總督禁止他們在澳門印刷此類小冊子，所以印刷所從澳門搬遷到了廣州。成千上萬的基督教文本就是以這種方式印出來的。上帝的話語就是以這種形式傳播，並被大多數人欣然接受的。有時已故的馬儒翰（馬禮遜醫生的大兒子）先生與布拉姆斯頓先生一起到內地去旅行，口袋裡只放一點錢（中國的小銅錢），就可以在當地人那裡受到很好的款待。

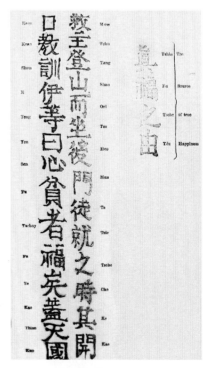

他們就是以這種方式散發了成百上千本基督教的小冊子。布拉姆斯頓也以同樣的方式陪伴過郭實臘，在澳門城外一個叫做「兵營」的地方把聖保羅的書信和其他《聖經》摘要分發給當地的窮人們。

　　除了插圖之外，我們還刊印了中文福音書的最開頭幾行方塊字，每個字的旁邊還附了注音：

　　第一行：真福之由

　　第二行：救主登山而坐後，門徒就之時，其開

　　第三行：口教訓伊等曰：心貧者福矣，蓋天國

早期中文福音書中的漢字

THE ILLUSTRATED
LONDON NEWS

《祈禱文讚神詩》
(The Book of Common Prayer)

1853
《倫敦新聞畫報》第23卷，第654號
1853年8月20日，第131頁

漢譯《祈禱文讚神詩》

　　我們有幸從威廉·布拉姆斯頓先生那裡得到了一本用漢字印刷的英國《祈禱文讚神詩》，這是中國基督徒在早禱時念的祈禱文。這本小書是由牧師馬禮遜博士翻譯成中文的。我們將該書的中文題目作為插圖印出來，以滿足讀者的好奇心。考慮到我們跟中國的商業關係，以及中國新階層與在華基督教傳教士之間所存在的宗教同情心，我們應該不失時機地在英國增進學習中文的便利條件。英國政府、大學校長和高等院校，以及宗教和商業團體等，全都對這一話題很感興趣。一些優秀的中國文人應該被邀請來參與跟我們的合作。政府應撥款來設立中國語言和文學的教席及中文獎學金。中國為基督教傳教事業提供了廣闊的天地，然而學習中文的困難卻為此構成了障礙。我們應該採用特殊的手段來成功地克服這一障礙。

THE ILLUSTRATED
LONDON NEWS

中國的內戰—英國皇家海軍「赫耳墨斯號」在揚子江上

(Civil War in China H.M.S "Hermes" in the Yang-Tze-Kiang River)

1853

《倫敦新聞畫報》第 23 卷，第 665 號

1853 年 11 月 5 日，380～381 頁

英國在華的外交和海軍當局在最近的太平軍「叛亂」中竭力試圖保持中立，而清廷當局則在不厭其煩地傳播一個說法，即英國當局即將在水上和陸地上的軍事行動中協助清廷剿滅起義者。為了使謠言顯得生動，他們還說服了「火蛇號」上的一些水兵成為逃兵——「赫耳墨斯號」奉命在今年 7 月派了一些槳划艇溯揚子江而上，去尋找那些逃兵，並且假如有可能的話，把他們帶回「赫耳墨斯號」當時停泊的上海。這次由人數如此少的英國水兵所進行的勇敢遠征因為在揚子江上航行時經常遭遇槍擊，被迫在沒有完成任務的情況下就返回了。但是負責率領各條船的軍官們帶回了有關太平軍和清廷敵對雙方以及關於內戰前景的一些重要和珍貴的情報。

我們有幸得到了「赫耳墨斯號」上大副威廉姆斯先生尚未發表過的日記和他所畫的一些現場速寫。兩者合在一起，以一種非常耐人尋味的方式勾畫出了鄉間的風景和太平軍「叛亂」期間在揚子江上所發生的一些場景。要特別指出的是，他的日記只是記錄了尋找逃兵的途中所發生的事情，而他的速寫則描繪了「赫耳墨斯號」於 4 月份進行的揚子江之旅，那一次是運送英國特命全權大使文咸爵士前往南京去向得勝的太平軍首領說明英國的中立立場。速寫中包括 1853 年 4 月 27 日夜晚清軍從上游放下火筏子，而英國皇家海軍的「赫耳墨斯號」拖著載有翻譯的小船正好在其下游的情景。另一張速寫描繪「赫耳墨斯號」5 月 3 日從南京歸來途中向鎮江府前面的山頂開火的場面，那些山頂上都是用柵欄圍起來的營寨。

CHOOSHAY PAGODA, FROM THE SHAY-AOU RIVER.

從賽翁河遠眺山頂的寶塔

　　揚子江（或稱「大洋之子」）是一條大河，它在上海附近稍靠北面的地方流入了大海。它流經中國的中部各省，並被京杭大運河所貫穿，以此跟黃河和其他大部分省分也連接了起來。揚子江中的潮水一直可以漲到距離海洋 450 英里的鄱陽湖，從鄱陽湖以上 250 英里的江段都是可以航行的。吳淞是一個小漁村，位於舟山西北 80 英里處，在最近的英中戰爭中修築了堅固的炮臺，但還是在 1843 年被英軍所攻占。這次英軍小船遠征所達到的最遠處是鎮江府，後者是南京東北面 48 英里處的一個修築了嚴密防守工事的城市。1842 年 7 月 21 日，經過殊死抵抗之後，最終它還是被英軍所攻陷。在做了這些初步解釋之後，我們現在來看威廉姆斯先生的日記：

南京的太平軍首領和士兵們

6 月 23 日，星期四，下午 5 點半。我們由四條帆船所組成的小船隊從上海領事館登岸碼頭啓程出發，天上刮著一陣清風，正值強退潮的峰值期，江水都嘩嘩地往下游流。於是我們的小船隊被分爲了兩個部分：在最前面的是船隊隊長所在的小船，裡面坐著斯普拉特海軍上尉和我，這是一條最舊的船，而且漏水。它的模樣讓人一看就覺得不舒服。在第二條船裡，有來自「赫耳墨斯號」軍艦的一位下士、一位二等兵和來自「火蛇號」軍艦的兩名水兵及兩名海軍陸戰隊隊員，還有兩套鐐銬。第三條船上有一位穿著道臺官服的清朝官員和他的隨從，這是一條極其精美的官船，不僅船體很寬敞，而且還配備了最精美的家具。第四條船載有英國駐上海總領事館翻譯密迪樂（Thomas Taylor Meadows）先生。

「赫爾墨斯號」炮擊鎮江府前面小山頂上的營寨

POSITION OF IMPERIALISTS.   POSITION OF INSURGENTS.

清軍的據點（圖左）與太平軍的據點（圖右）隔江相對

　　天黑的時候，天空中開始烏雲密布，船到達吳淞之後，大雨傾盆，夜空一片漆黑，伸手不見五指。為了避免出現船隻脫隊的情況，我們轉入了一條支流小溪，下錨過夜。由於有無數的蚊子騷擾，我們發現根本就不可能睡覺，於是便抽著雪茄，度過了一個難熬的夜晚。密迪樂覺得跟自己的中文教師住在同一條船上不太方便，就在那裡專門為他的中文教師雇了一條船。於是，我們的船隊便增加到了5條船。

　　24日，星期五，早上9點半。吃了早飯以後我們起錨起航，隨著最後一波退潮進入揚子江，想借助漲潮的機會使得船隊逆流而上更容

易些。天上刮著小風，是個多雲的天氣，正是黃浦江上最佳的航行時機。借助主航道的斜風和漲潮，我們的船隊前進得相當順利，與左邊的一條船和其他幾條船結伴而行。下午4點，我們在密迪樂的船上飽餐了一頓火腿，因爲那條船的船艙令人感覺最舒服。我們一致同意將它作爲我們的總部，在這裡聚會和用餐。

TARTAR FIRE-RAFT, OFF NANKIN.—H.M.S "HERMES" GETTING UNDER WAY.

清軍從上游放下來的火筏子 —— 英國皇家海軍「赫爾墨斯號」位於其下方

下午5點，我們過了一個拐角，江岸變得非常平坦和單調，只見到處都是墳堆，偶爾有幾個令人窒息的茅舍。晚上7點，漲潮又變成了退潮。夜晚很黑，令人心情壓抑。

25日，星期六，早上7點鐘。船隊上路了，刮著小風，我們試圖前行，但發現效果甚微，就又停泊下來。下午1點鐘，開始漲潮，起錨上路。下午6點，船隊經過了狼山。揚子江的江面在這裡有7英里

寬。我看到那條官船的船頭朝著一條從上游順流而下的小平底帆船開去，當兩者距離只有幾碼的時候，官船上突然有人朝小船開火。我們了解那些官員恃強凌弱的本性，便掉轉方向，跟了上去。正好看見那位官員手下的一位小頭目一手持打開保險的手槍，一手揮舞刀劍，跳上了對方的船頭。我們把他叫了下來，怕他會開槍打死人。我們自己的人搜查了那條船，發現這是一條走私鹽的船，但除此之外並無危險可言。我們放它走了之後，又回到了自己的航道。太陽下山的時候，為了避免船隊在晚上走散，就用繩子把船兩艘兩艘地綁在一起。晚上9點鐘，看到了正對著船舷的福山。天亮的時候，福山仍然正對著我們的船舷。潮水使我們在原地踏步。

26 日，星期天。天上颳起了東風，是多雲的天氣。中午，我們的船隊在靠近右岸的航道上前行，順風。莊稼和水田一直延伸到了江邊，江邊不時會出現一條支流或一個村莊。多雲轉少雲，江岸上的風景過了許多英里都是一成不變的。太陽下山了，船隊又下錨停泊。官船落在了後面。夜晚漆黑一片。

LEADER OF THE IMPERIALIST BAND.

清軍「常勝軍」樂隊的首席小提琴手

27 日，星期一，夜裡12點半。在江陰的一條運河裡下錨停泊。早上 6 點，密迪樂先生與我們一起沿著運河驅船走了半英里，以蒐集情報。在一座橋下停泊，人下了船。在江陰城的郊區走了3/4英里，到了江陰城的城牆之下。從北門（它位於一個與城牆毗鄰的要塞之內）進城，沿著街道一直往前走。

由於時間尚早，而且天上下著毛毛細雨，所以街上的行人很少。我們參觀了城隍廟，還有學臺衙門，在這裡我們看到了書生們每年參加科舉考試的貢院，每年都有數千人在此參加倫理學、哲學和法律等漢學科目的考試。從那裡我們又去了知府的衙門。這裡有一名男子告訴我們，城裡的總兵率領100名兵勇去支援鎮江府的清軍，只留下了200名兵勇在城裡防禦。而清軍水師的兵船都停泊在銀山島（Silver Island）周圍。這就是我們所蒐集的所有情報。我們在城牆內外都偵察過了，城牆很高，也很堅固，是一種不錯的防禦工事。它被維護得很好，而且城牆外還有護城壕環繞。城裡種了大量的樹，還有大片的水田，尤其是在南門與東門之間。城市的西北部有一座精美的七層寶塔，非常古老，外部呈錐形。按照中國的標準，這裡的街道寬闊整潔，還有許多店鋪。我們注意到，街上有許多燒餅店，在這些店裡，他們有一種揉麵團的新方法，即在揉麵者對面的牆上插一根竹竿，在竹竿的另一端上坐一名男子，他上下跳躍，透過自己的體重，使得竹竿重重地落在麵團上。雖然時局那麼混亂，但是我們在城牆內外，或城裡的其他地方，都沒有看見衛兵，每一個居民都無憂無慮地在從事自己的職業。人們都對我們彬彬有禮，儘管我們在城裡絕對是新奇的玩意兒，但是人們的好奇心都沒有達到讓人討厭的地步。回到船上以後，我們吃了早飯，又重新回到了船隊。那位中國官員依然不見蹤影。早上

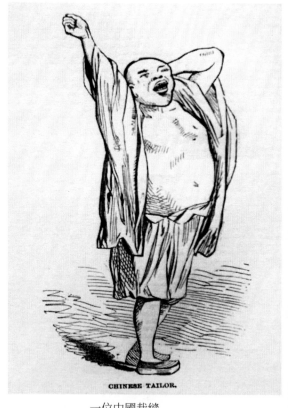

CHINESE TAILOR.

一位中國裁縫

9 點,起錨上路。下午 5 點,進入夏港河(Shayaon River),順風和退潮。看到那條官船在河上拋錨停泊。我們的船與它會合。這裡江面的寬度有四五鏈長。

28 日,星期二。早晨下小雨,天氣令人沮喪。起錨。早飯後,天氣逐漸晴朗,萬里無雲。船隊往上游走了不少路。江岸上景色優美,售山(Chooshan Hill)和寶塔就在前面。風逐漸停了。

NIGHT SCENE, OFF NANKIN.

南京附近的一個夜間場景

THE ILLUSTRATED
LONDON NEWS

中國的「叛亂」
(Chinese Rebellion)

1853
《倫敦新聞畫報》第卷，第號
1853 年 12 月 10 日，495 ～ 496 頁

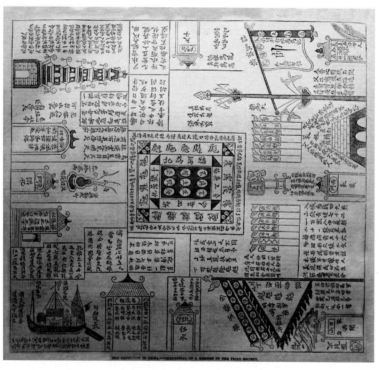

中國的「叛亂」：天地會成員證書

　　我們向讀者展示一份相當有趣的文件摹本，它跟正在中國發生的一個異乎尋常的事件直接相關，它是人們加入天地會的一個證書。多年以來，天地會一直想要推翻清朝統治，並且為目前正威脅要顛覆清王朝的太平天國提供了全力支持。

BOATS OF "THE HERMES" ON THE YANG-TSE-KIANG RIVER.

「赫爾墨斯號」軍艦的艦配小船在揚子江上

　　這份神祕的文件並不想讓外人明白它所隱含的意義。即使是在中國，我們也有理由認為它是許多人感到好奇和想要探究的目標。在這個文件中我們沒有找到任何跟基督教教義相關的內容，而是充滿了神祕的典故，其謎底對於任何了解中文的人來說，可以提供很多樂趣。「洪」這個漢字在文件中頻頻出現，它被認為是代表了明代後裔的姓氏。而明朝正是被滿族人所征服和取而代之的。大旗上書寫著各種美德的名稱，如「替天行道」、「結義洪旗」、「仁義禮智信」。在上下左右四條邊上有四個寺廟，分別寫有「北門」、「南門」、「東門」、「西門」等名稱，加入天地會的人將根據自己屬於哪個部分而最終決定進哪個門。一個七層寶塔將天地會與中國人的宗教情節連接了起來。另外還設有各種祭壇，以紀念「福」、「德」、「慎」、「安」、「忠」。還有一艘帆船被稱作「大洪船」，跟皇權的象徵有關。還有

其他許多象徵，暗示「洪」將作為天子（中國皇帝的俗稱）降臨。十四面小旗意指旗人的功能，後者在中國軍事史上佔有重要的地位。還有一些從屬的旗幟，表示洪門弟子「勇猛剛強」。香爐是用來為天神燒香的。太平天國首領給自己起名為「洪秀全」，但是沒有任何理由可以使人相信他跟古代的皇族有關。實際上，他也沒有宣稱自己跟古代皇族相關，而是給自己指定了另外一個角色，即「天父」的一個兒子。然而，廈門的太平軍官兵卻明確地宣稱自己是天地會的成員，之所以聚在一起，是為了重建漢人的朝代。

我們補充一張關於英國皇家海軍軍艦「赫爾墨斯號」艦配小船溯揚子江而上的速寫。

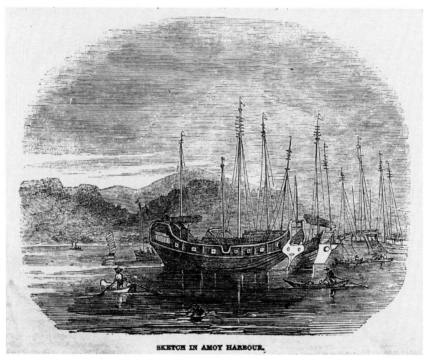

SKETCH IN AMOY HARBOUR.

廈門港的速寫

1854

剿滅粵匪圖
(Chinese Military Despatch)

Jan. 7, 1854

《倫敦新聞畫報》第 24 卷，第 676 號
1854 年 1 月 7 日，15 ～ 16 頁

中國軍情捷報

　　我們在此附了一張由清軍將領送到北京的「剿滅粵匪圖」的摹本，這是一張宣稱清軍已經從起義者手裡收復鎮江的軍情捷報。這張捷報實際上只是一張木刻版畫，其中有些部分的主要顏色是暗紅色，而畫中的漢字是黑顏色的。起義者的頭上都纏著頭巾，他們都不戴頭盔，而是留著長髮。畫面右上角可以看到江蘇巡府撫院楊大人及其隨從正站在鎮江府的城頭，欣賞他麾下將士奮勇殺敵。清軍的服裝和外貌刻畫得相當準確。

　　我們必須補充一句：這張捷報所宣揚的勝利純屬捏造。根據英國方面的情報，在所謂的收復之後很長的時間裡，鎮江府仍然掌握在太平軍起義者手裡。假如威靈頓公爵是清軍的將領，他在解除了布爾戈斯城的圍困之後，毫無疑問會向英國寄一份捷報，宣布收復布爾戈斯城，並且附上一張關於發起最後總攻的速寫，以便能登在報紙上。

　　作為這次假勝利背景地的鎮江府坐落在揚子江邊，位於南京和揚子江出海口之間，是一個重要的策略要地。

包令爵士─法學博士、香港總督和英國駐華全權代表
(Sir John Bowring, L.L.D., Governor of Hong Kong, and H. M. Plenipotentiary in China)

1854
《倫敦新聞畫報》第 24 卷，第 680 號
1854 年 2 月 18 日，152 頁

　　人們對於包令這個名字感興趣是具有雙重原因的。因為很多年以來，他是以政治家和文學家的雙重身分出現在公眾面前的。眾所周知，他的政治理念主要是來自邊沁，後者甚至把包令定為自己的文學執行人，因為他富有文學才能，而且還是完全靠自學的。包令博士即將離開英國，去擔任英國駐華特命全權公使，並且在他再次訪問那個國家之前，還將出任更高的職務。在他出發之前，本報向讀者介紹一下他的經歷背景，相信讀者可以從中對於這位博學多才的博士的政治生涯、以前為國家服務的價值以及聞名遐邇的語言學才能有一個初步的概念。

　　包令博士出生於 1792 年 10 月 17 日，今年 62 歲。多年來，他的家族都跟英國西部的羊毛貿易有關聯。他是在達特穆爾附近的一個鄉村小學裡接受了基本的教育。然而他的學習在 14 歲時便已中止，因為他必須幫助

父親做羊毛生意，主要是向中國和西班牙半島出售粗羊毛。當時年輕的包令根本就沒有想到，命運會將他送到中國那麼遙遠的地方，或者他對於學習語言的愛好竟會變成那麼有用的工具，並使他成為英國駐天朝帝國的公使。從小包令就養成了勤勉工作的習慣。在孤獨一人的時候，他熱衷於學習各種不同的知識。也許他的主要特徵就是想要掌握各種語言的欲望：在16 歲之前，他就學會了法語、西班牙語、義大利語和葡萄牙語，尤其是後來在德語和荷蘭語的學習上達到了很高的水準。他無師自通地掌握了多種語言。

SIR JOHN BOWRING, LL.D., GOVERNOR OF HONG-KONG.—FROM A PHOTOGRAPH BY MAYALL.

香港總督包令爵士 —— 根據馬塔爾拍攝的一張照片繪製

　　成年之後，他學會了斯拉夫語的各種方言以及俄語、塞爾維亞語、波蘭語、波西米亞語、保加利亞語、斯洛維尼亞語和伊利里亞語，冰島語、瑞典語、丹麥語等斯堪地那維亞語，還有古日耳曼語、古英語、高地德語、低地荷蘭語、菲士蘭語、古德語、愛沙尼亞語、列托語、芬蘭語、匈牙利語、比斯開語、法語、普魯旺斯語、加斯科涅語、義大利語、西班牙語、葡萄牙語、加泰隆語、瓦倫西亞語和高盧語！由於他的朋友們為他規

劃了一種商業生涯，所以包令成年後的大部分時間都是在國外度過的。首先他在戰時訪問了西班牙半島，並且在那裡推銷了大量的商品。後來他又先後訪問了北歐、俄國、瑞典、芬蘭和德國。在整個行程中，他都會特意跟不同民族背景的當地居民待在一起。

他在海外也擔任了各式各樣的官方職務。1828 年，他被英國政府任命為職員，並被派往低地國家，去考察那裡維持公共財政的方式。1830 年，他和亨利·帕內爾爵士一起被派到法國去執行類似的任務。這兩次考察的報告都上交給了英國議會。第二年，他又跟維利爾斯合作，對英國和法國的關稅進行了考察，以便制定減稅的方案。1834 年，包令被派到了比利時。1835 年，他又被派到了瑞士。1836 年，他先後訪問了義大利和埃及，其目的是為了推動自由貿易的原則，以改善英國的對外貿易。然而，包令爵士去國外執行各種和平使命的行程並非總是一帆風順的。1822 年，他在法國被逮捕，其罪名是煽動自由思想。法國政府拘留他的真正原因也許是為了獲取他身上攜帶的英國政府致西班牙政府的外交急件。最終他被法國政府驅逐出境，但是在 1830 年他又訪問了法國，這一次是作為倫敦市民的代表去祝賀法國人民推翻波旁王朝的。

從維多利亞港看香港

在英國議會中，包令爵士是始終如一的改革倡導者。在 1831 年的議案

獲得通過並成為法律之後，他曾參加競選，希望成為布拉克本市鎮的議員代表。但是在這一次以及 1835 年的另一次競選中，他都沒有成功，只得到了很少的選票 —— 少數人的認可見證了該選區選民們對於他的看法。然而在克萊德鎮議員代表的競選中，他面對輝格黨和托利黨候選人的競爭，卻獲得了完勝。但是在 1837 年，同一選區的選民們卻拒絕了他的服務，主要是因為他關於「反對教皇」的呼籲。他繼續擔任代表博爾頓鎮的議員，直至他被輝格黨政府任命為駐華公使。

包令爵士絕不是一位懶惰的議員。他的注意力主要集中在金融問題和跟商業部相關的事宜。同時他也被選為一些重要的委員會的主席。他在手織機織工委員會、愛爾蘭教育委員會和英國商品品質改良委員會裡表現得最為積極。他經常就議會改革和全民教育等問題發表演說。

包令爵士用外語寫作了一些書。他曾經就自由貿易問題用西班牙語跟哈瓦那總督唐伯納多·奧賈文進行過長期的爭論。

皇家劇院
(Drury-Lane Theatre)

1854
《倫敦新聞畫報》第 240 卷，第 687 號
1854 年 4 月 7 日，263 頁

在本報上一期中，我們注意到了在皇家劇院有一個中國雜技劇團。在這個雜技劇團來歐洲之前，有些橫跨大西洋的雜誌裡就有一些預告，其獨特的風格使我們對於這種奇異的新劇種有了一點思想準備。史密斯先生在預告他們將出現在皇家劇院的舞臺上時，稱其為「世界上還活著的最偉大的魔術師、巫師和雜技演員」。我們的切爾西哲學家湯瑪斯·卡萊爾也許會

反對這種說法，並且告訴這位富有想像力的承租人：「最偉大和最卑微的事物從未進入過人們的經驗之中，或者至少從邏輯上說，沒有人能夠宣稱他們已經有過此類經驗。」然而，撇開所有這些超驗主義或其他的教條，當今的劇院老闆們從他們的經理人詞典中早就比拿破崙更為堅決地抹去了「不可能」這個詞的所有含義。

THE CHINESE "IMPALEMENT" FEAT, AT DRURY-LANE THEATRE.

在皇家劇院裡上演的「飛刀」節目

　　因此，在他們看來，「最偉大」這個形容詞對於坐在國家劇院裡的英國公眾來說，就是指這些來自天朝帝國的雜技演員。上星期，我們描述了他們的一些表演節目。我們現在把最令人吃驚的節目，即所謂的「飛刀」，繪製成版畫刊印出來。有一位雜技演員站在一塊門板的前面，而另一位雜技演員向他投擲尖銳的匕首，後者穿透了接近他耳朵、喉嚨、頭顱、雙手和手指間的空隙處的木板。投擲者的動作輕鬆而又穩健，百發百中，而其擊中目標的驚險程度則足以激發觀眾最大程度的驚愕。用插圖來呈現這個異乎尋常的表演節目，其效果要遠勝過任何形式的口頭或文字描述。

　　這個雜技表演除了能夠給觀眾帶來娛樂之外，還具有教育的功能。許多人現在可以第一次親耳聽到漢語是怎麼發音的，因為在雜技表演的過程

中夾雜著演員之間的對話，或者漢語被用作表演的「即興輔助」，以造成完美的幻覺。雜技表演本來還有音樂的伴奏，但是這次卻沒有保留下來，因為坐在臺前的觀眾似乎對於這種實驗頗有微詞。然而他們應該想到，這些中國人並非想顯示他們比歐洲人在聲樂和器樂方面更為高明，而是要顯示中國人在這些方面所獲得的技藝。必須承認，中國音樂相當粗糙，但是英國觀眾對此應該加以容忍，因為它傳達了豐富的資訊。

1855

THE ILLUSTRATED
LONDON NEWS

包令爵士出使北京
(Sir John Bowring's Mission to Pekin)

Jan. 27, 1855

《倫敦新聞畫報》第 26 卷，第 729 號
1855 年 1 月 27 日，76 頁

DEPARTURE OF THE BRITISH EXPEDITION FOR THE TIEN-TSIN RIVER.

英國外交使團出發前往天津的白河

　　正如上一期所預告的那樣，本期我們所提供的兩張插圖跟英國派往北京的外交使團有關。下面這段是有關此次外交使命的報導（引自《中國之友》1854 年第 22 期）：

　　英國皇家海軍軍艦「響尾蛇號」（梅勒什艦長）已經結束了使命，將包令爵士閣下及其隨員們從北直隸灣送回到了吳淞口。據我們所知，它在白河口（更準確地說，是天津衛）停泊了幾乎一個月。同時

停在那裡的還有運送美國特使萊恩先生閣下及其隨員的美國軍艦「波瓦坦號」和另一艘美國輪船「約翰·漢考克號」。

　　停泊在北直隸灣的軍艦與兩位公使的祕書們經常保持著通訊聯繫，而這兩位公使則棲身在白河上的美國縱帆船「費尼莫爾·庫珀號」和三桅帆船「舟山號」上，這兩條船是作爲此次外交活動的輔助船而被其他大軍艦給拖來的。11月3日那天舉行了一個極爲隆重的外交儀式。以「波瓦坦號」上的樂隊爲先導，英、美兩國的特命全權公使手挽手地經過了由200名海軍軍官、海軍陸戰隊隊員和士兵所組成的儀仗隊，並且受到了一大群清朝官員的迎接。後者護送兩位公使來到專門設置的帳篷裡。在帳篷的門口，他們受到了清廷欽差大臣的親自迎接。照例的寒暄之後，帳篷裡清空了湧入的大量中國官員和外國軍官，只留下了舉行外交談判的高級官員。經過了長達幾個小時的會談之後，兩位特命全權大使又在北直隸灣逗留了6天。在第10天，「響尾蛇號」軍艦便離開了北直隸灣。

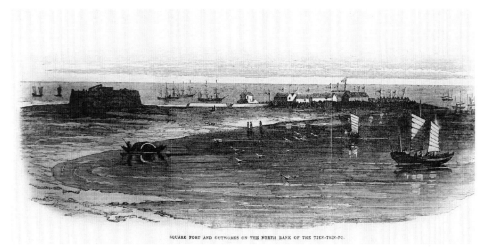

SQUARE FORT AND OUTWORKS ON THE NORTH BANK OF THE TIEN-TSIN-FO.

天津衛白河河口北岸的四方炮臺

　　在這次外交會談之後什麼事情也沒有發生，公眾的好奇心恐怕要等到各方政府公開發表他們的聯合聲明之後才能夠得到滿足。我們知道克萊茲

考斯基伯爵是受英、美公使之托來與法國公使進行聯絡的，後者因法國護衛艦「聖女貞德號」揚子江口遭遇災難之後無法乘坐本國的軍艦前往白河。

當兩位公使跟清朝高官們進行外交談判時，陪同兩位公使來北直隸灣的所有特使團成員們得到了大量的食品和茶葉供給。為了解決特使團成員們的住宿問題還專門設置了許多帳篷。在「西洋鬼子」和本地官員們的相互交往中發生了許多尷尬的事情。許多中國官員還是第一次見到洋人。「響尾蛇號」軍艦上的一位黑人尤其成為了人們好奇和驚訝的對象。

THE ILLUSTRATED LONDON NEWS

南京的起義者向「李號」炮艦開火
(The Rebels of Taipings Opening Fire Upon the "Lee" Gun-boat)

1855
《倫敦新聞畫報》第 26 卷，第 738 號
1855 年 4 月 2 日，328 ～ 329 頁

一份剛剛送達的陸上郵件給我們帶來了有關額爾金勳爵的消息，他乘坐軍艦在揚子江上游游弋了兩個月之後已經安全回到了上海。我們現在給讀者奉上關於南京城和起義者太平軍在城郊揚子江邊著名的報恩寺瓷塔廢墟上建造要塞的一篇報導。

上頁的插圖和下面的報導是關於護送英國特命全權大使的英國海軍中隊與南京要塞之間交火的過程。我們很幸運，有一位紳士當時就在現場，他寫下了這篇目擊報導。

這支英國海軍包括：英國皇家海軍的「復仇號」，艦長查爾斯·貝克海軍上校是一位資深的軍官；「震怒號」，艦長是謝拉德·奧斯本海軍上校，軍艦的主桅杆上掛著特命全權大使的旗幟；「游弋者號」，艦長是 J. 比思西海軍中校；「李號」炮艦，艦長是 W.H. 瓊斯海軍上尉；「鴿子號」後勤艦，艦

長是布洛克海軍上尉。另外還有沃德海軍中校和一組海軍勘測員，他們在
11 月 9 日至 20 日之間清除了揚子江下游的所有的障礙物和淺灘。

南京的太平軍起義者向「李號」炮艦開火

　　11 月 20 日早上，英國海軍中隊從鎮江府廢墟附近的銀山島起錨，全
速向南京推進。站在軍艦甲板上的人都很激動，因為大家知道額爾金勛爵
已經從上海登上軍艦，前往湖北的漢口，去跟清朝的欽差大臣會談。假如
太平軍起義者膽敢阻擋英國海軍中隊，或是向全權大使的旗艦開炮，那麼
他們將遭到猛烈的回擊。大約中午時分，英國海軍中隊暫時停了下來。由
噸位較小的「李號」炮艦載著身為乘客的英國公使館中文祕書威妥瑪獨自
前行，去向圍困南京的清軍和被圍困的太平軍解釋 —— 假如他們要問的
話 —— 英國海軍中隊此次前去揚子江上游的和平目的及中立立場。我們
知道，「李號」炮艦艦長瓊斯海軍上尉從上級那裡接受了嚴格的命令，一旦
受到清軍或太平軍炮擊的話，他必須馬上停下來，升起一面停火的旗幟，
同時駛向發射炮彈的方向，在沒有得到清楚的允許之前，絕不回擊。當它

像一隻灰狗那樣，急速離開英國海軍之後，人們對於它的行動非常關注，每一艘軍艦都做好了準備，以便隨時能前往支援。在這種情況下，太平軍的要塞顯得十分可怕。下午 3 點鐘，大約在其他軍艦的前面 1.5 英里處，我們看到「李號」靠近了太平軍的要塞，接著又未受盤問地經過了要塞和太平軍建在西奧利特角的前哨站。

THE ILLUSTRATED LONDON NEWS

南京的太平軍起義者
(The Rebels of Taipings in Nankin)

1855
《倫敦新聞畫報》第 27 卷，第 776 號
1855 年 12 月 21 日，171 ～ 172 頁

本文所附的插圖反映了今年 7 月份南京城的情景，當時皇家海軍艦艇「響尾蛇號」在該城附近停泊了好幾天。從圖中可以看到，前往城市的航道上有柵欄的防護，江岸上布滿了有偽裝的炮臺，守軍兵力充足，炮臺前的地上插滿了籬笆樁和竹樁，以防敵軍的進攻行列。從插圖中可以看到，通往中城門的小河兩旁有經過偽裝的炮臺，還有可以觀察周圍地區的瞭望臺。

南京郊區、城牆以及起義者設立的柵欄

NANKING INSURGENT SOLDIER.　　　YOUNG NANKING REBEL.　　　REBEL OF THE KWANGSI PROVINCE.

南京太平軍起義者　　　　　　年輕的南京起義者　　　　　廣西省的起義者

　　有位剛從中國回來的記者描述說，那些起義者的模樣極為怪誕，因為他們與天朝的普通習俗反其道而行，把頭髮都養得很長，所以許多有關太平軍士兵的真實速寫在英國會被視為誇張的漫畫。大首領們都戴著用紅色硬紙板做成的頭盔，頂上有一頭獅子的形象，還有一個流蘇作為裝飾。小頭目們的頭上都戴黃色的帽子，帽頂掛在腦勺後面，非常引人注目。他們的武器包括戟、短刀和火繩槍。所有這些武器都是破爛不堪，以致造成敵人傷亡的數目很小，儘管戰鬥十分頻繁。去年英國人跟太平軍領袖東王，以及太平軍自命的「聖靈」之間奇異而有趣的通信現已由英國公使送回國內，獻給女王陛下，但還沒有公布。無論太平軍起義者的普遍意向如何，其領袖並未顯示任何要博得歐洲人支持的意向。據說東王就像廣州當局那樣舉止傲慢無禮。因此有關太平軍的勝利將會帶來更為誠摯的貿易關係的看法似乎是沒有根據的。然而所有的說法都認為太平軍的天王是一個很能幹的人。雖然跟其他所有投機取巧者那樣，他被稱作是個江湖騙子，但他無疑絕頂聰明，這可以從他維持統治地位的巧妙方式上明顯地看出來。

　　有關太平軍的最新消息是，由滿族軍官指揮的清軍已經在江西、湖

南、湖北的許多戰役中打敗了他們，並且收復了揚子江上幾個重要的城市。目前在廣州附近集結了大批的英、美海軍，所以這座城市不會有受到太平軍進攻的危險，但據說那裡的商業已經停滯，要等清除了阻礙通道的起義者之後才能恢復。最近在英海軍艦隊司令的住宅裡召開了有包令爵士、賜德齡爵士、艾博特艦長、伯駕醫生和羅伯遜領事先生參加的祕密會議。天地會叛逆者在岸上跟鄉鎮民團以及在珠江上跟水師兵船的戰鬥仍在繼續，使貿易完全陷入癱瘓。

英海軍艦隊司令賜德齡的海軍中隊在珠江的存在已經對起義者首領產生了威懾力，使他們暫時不敢貿然行動。賜德齡爵士正在忙於勘察十三洋行後面的一塊地方，他的意圖是在廣州西郊劃出一塊地方作為中立地區。

號稱指揮 15,000 人的起義者首領

鎮江府和化州的吳統領

1857

THE ILLUSTRATED
LONDON NEWS

炮轟廣州
(Bombardment of Canton)

Jan. 10, 1857

《倫敦新聞畫報》第 30 卷，第 839 號
1857 年 1 月 10 日，4～6 頁

虎門炮臺與虎頭門寨

廣州，1856 年 11 月 13 日

　　能看到一顆火星如何燃起燎原大火是令人驚奇的。我們跟中國的友好關係在一個歷史的危急關頭正迅速地演變成敵對行動，而且很難斷定這種敵對行動何時才能結束。這種已經發生的公開決裂只是由於中國官員扣押本國罪犯而引起的。一艘由中國船員駕駛的英國三桅帆船「亞羅號」停泊

在廣州城外，似乎是一名船員向當地官員告密，說他的一些同伴跟太平軍起義者有染。廣州當局在沒有預先通知英國領事的情況下，就擅自採取行動，逮捕了全體船員，並降下了船上的英國國旗，將俘虜押往廣州城。那條三桅帆船的船長當時並不在船上。英國領事得知此事以後，立即要求廣州當局將全體俘虜歸還給「亞羅號」三桅帆船，並就違反英中條約，侵犯英方條約權利和對英國國旗的侮辱做出道歉。然而中方並沒有給予道歉，而且也沒有像英方所要求的那樣，將俘虜歸還到那條三桅帆船上，而是將他們用鐵鏈鎖著，押到了英國領事館。英國領事遵照約翰·包令爵士的指示，拒絕接受這些俘虜，並將解決這個問題的權力交到了英海軍艦隊司令麥可·西摩爾爵士手裡。於是英艦隊司令與兩廣總督葉名琛之間展開了信函往來。麥可·西摩爾爵士要求跟葉總督當面會晤，以便可以更加便利地解決爭端，並宣稱所有的外國軍官在任何時候都有權謁見地方當局，以防類似的敵對行動再次發生時，不必經常訴諸英國特命全權大使來出面堅持這種簡單而正當的要求。在廣州的所有外國人都認為麥可·西摩爾爵士的要求是正當的，一旦被中方接受，就有可能一勞永逸地解決爭端。

英艦隊司令的審慎和節制證明了他的良好判斷力和人性化的一面。迫使葉總督認真對待英方要求的作戰行動是分階段逐步進行的，其目的就是明白無誤地使廣州人民感到敵對行動是針對政府，而不是針對他們的。英軍先是攻占了珠江上的要塞，緊接著就是炮轟位於廣州城北部的總督衙門和要塞。然後，城牆被攻破，英軍首次進入了廣州城。麥可·西摩爾爵士親自訪問了總督衙門，而且據中國人說，英軍雖然只有 500 人，但清軍的防禦仍是不堪一擊。而且以前除了變節背叛之外還從來沒有淪陷過的廣州城，是在沒有任何正規軍支援的情況下被我們的水兵和海軍陸戰隊隊員們所攻破的。英軍的人數不足以在城裡維持一個據點，他們也從來沒有試圖這麼做過。英艦隊司令在對其堅持要去的總督衙門正式拜訪之後便撤出了廣州城，同時通知葉名琛，他已經拜訪了總督衙門，但發現總督並不在那裡。下一個步驟是富於冒險性的，但也成功地做到了。廣州城內只有衙門

1857

受到了炮轟，其他地方都得以倖免。炮轟的效果並不像人們所預想的那樣具有毀壞力，這種做法卻收到了奇效。城裡的不同衙門很快就變得空無一人。有些炮彈的射程竟達到了 3,000 多碼！受到炮轟的那些部分在廣州內城的那張插圖上可以看到寺廟旗杆的地方。總督自己的官邸已經被毀壞，所以人們認為他會把衙門搬到將軍府或是巡撫衙門。這些軍事行動對於葉名琛來說並未產生任何效果，但老百姓們卻有機會看到他們寄予很高期望的廣州水師兵船全都毀於一旦。這些兵船原來停泊在城東一個叫做「法國炮臺」的要塞城牆下。這支水師曾經顯得信心十足，因為許多水勇曾積極圍剿過起義者，或者做過海盜，身經百戰。由艦長福特斯庫和巴特指揮的「杖魚號」軍艦，以及由霍爾上尉指揮的其他支援船隻，在英海軍分艦隊司令埃利奧特的統一領導下，前去進攻據說是已經做了充分準備的這 30 艘兵船和要塞。英國軍艦上的大炮剛剛開火，中國兵船和要塞上便重炮齊發，炮彈像飛蝗般襲來，撕裂了「杖魚號」軍艦的船帆索具，並無情地轟擊它的船體，而且由於它掉頭轉向下錨所處的位置，一時無法進行還擊，因此使得清兵水勇士氣大振。然而，當「杖魚號」軍艦最終將大炮的火力發揮出來時，要塞和兵船便受到了重創。其他的小船和「烏木號」後勤輔助艦也一起向中國水師開火。不到半個小時，中國兵船上的水勇便棄船逃跑，要塞也被英軍攻占。所有的兵船都被付之一炬，熊熊的大火和劈哩啪啦的軍火爆炸聲向周圍的地區宣告英軍所取得的英勇勝利。所有其他的要塞都是未經絲毫的抵抗就被英軍占領的。但這一小小的戰役提升了英軍的士氣，並給了中國人一個很好的教訓，即試圖抵抗是無濟於事的。

虎頭門寨俯臨珠江的入海口，此處的上游便是廣州城。這裡的山丘從河邊拔地而起，十分陡峭，尤其是北部，要塞大部分都修築在那裡。要塞分布得很廣，在河邊有一長條的防禦工事和堡壘，還有一些是在山坡上。假如它們是掌握在一個懂得軍事科學的敵人手裡，那將會是令人望而生畏的。自從在 1841 年的戰爭中這些要塞被英國軍艦攻破之後，它們都已經被重新加固，並且裝備了一些重炮。虎門島位於虎頭門寨對面的珠江之中，

它的四周也修築了防禦工事。

虎頭門寨

　　虎門要塞是由清軍重兵把守的，他們原本指望當英海軍艦隊司令歸來之際能全殲整個艦隊，但兩天以後，所有的要塞都已經掌握在英軍的手中。英艦隊司令的下一個戰役是什麼很難預測。他手下的兵力不足以占領整個廣州城，而且他所有的措施都是針對清政府的，所以他不太可能會摧毀整個城市，或是在沒有足夠兵力來保護老百姓的情況下占領廣州城。所有這些困難都是由英國政府的失策所造成的。不久之前，英國政府堅持要進入廣州城，結果從中國官員那裡受到了羞辱。這些都是早就被預料到的。值得慶幸的是，我們現在有了像麥可·西摩爾爵士那樣的軍官，他在讓對方同意自己的觀點之前是絕對不肯罷休的。

　　廣州的老百姓似乎並不反對我們，而且一些最富有的本地商人毫不猶豫地譴責葉名琛的頑固不化，並且對我們在炮轟廣州城時採取的人道措施感到滿意。英國領事巴夏禮先生採取了一切可能的手段來向本地居民們溝

213

通英艦隊司令的真實意向和葉名琛對英方要求所做出的回答。就目前而言，我們可以看到他做得非常成功。我們有這麼多積極參與此事的官員實在是幸運。巴夏禮領事也許比任何其他英國人都更理解中國人。英國公使的漢文翻譯威妥瑪也在這裡的領事館幫忙。巴特艦長似乎是英艦隊司令的得力助手，他當然幹得不錯。當「法國炮臺」被攻占時，他派海軍陸戰隊隊員和水兵們去拆除工事，而自己卻冷靜地坐在要塞頂上，描畫出了城內各建築的所在方位。霍爾上尉指揮岸上的所有兵力，在哪裡都能看見他的身影。英海軍分艦隊司令也是沒日沒夜地默默工作，面對危險毫不畏懼。

要恢復貿易還有很長一段時間，我們仍將觀察清朝官員目前的狀況對起義者產生的影響。他們隨時準備乘政府被削弱的機會東山再起。然而南方的起義者光靠自己還不足以形成任何穩定的領導權，而且也沒有一個能獲得人民尊重的領袖。假如附近有足夠的太平軍能把廣東省兼併到太平天國之中，這裡的百姓也許不會受那麼多的苦。我們也許會發現，中國政府太虛弱，而且已受到如此沉重的打擊，可能會完全癱瘓，整個廣東也會陷入比兩年前被起義者占領時更加糟糕的境地。那時我們也就不得不成為老百姓的保護者，並因此獲得立足之地，那將會對我們非常有利。

英艦隊司令在對付中國政府這一方面顯得胸有成竹，至於他究竟是否忠實地執行了來自國內的指令，或是利用各種突發事件來增強英方的地位，並得到新的在華商業利益，這些已經成為人們議論的話題。也許最近有關俄國人跟中國皇帝締結條約的謠傳影響了他，因為我們聽到來自北京的消息，說俄國要幫助咸豐皇帝鎮壓南京的起義者等等。為此目的，他們要派遣軍艦去那裡，而作為回報，就得租借舟山或附近的一個島嶼。這樣他們就在太平洋上獲得了一個越冬的港口，也許還會在那裡修建要塞和軍火庫，這將危及英中貿易，倘若英俄之間再次發生決裂的話。

葉名琛以殘暴著稱。太平天國「叛亂」的六個月之內，他光在廣州城內就處決了十幾萬人。我們為他對文明戰爭仍然一無所知而感到驚詫。在中國人經受了那麼多的教訓之後，他居然還在全省範圍內懸賞，要人們將

外國人的頭顱送到他的衙門來。當英艦隊司令對他進行諫誡時,他在回函中宣稱是老百姓懸賞殺洋人的。那些年長的行商對此說法感到十分憤怒。讓葉名琛不能自圓其說的是在他的官邸附近發現了一張由他署名的懸賞布告。已經有人試圖在廣東省的其他地方抓捕外國人。假如葉名琛的命令傳到其他省分,那麼英國跟中國的一場全面戰爭將會不可避免。然而,福建和兩江的總督們能否同意這位欽差大臣的觀點仍是值得懷疑的。

GENERAL VIEW OF CANTON.

廣州全景速寫

11 月 14 日

我們從虎頭門寨得到了消息。守衛要塞的中國軍隊人數眾多,然而它們全都被攻陷,英軍的損失只是一人陣亡,三人受傷。當清軍的最高官員被要求投降時,他回答說,他為跟英國人打仗感到遺憾,但他必須得執行命令。在中國人被從炮臺上趕走之後,我們採取了一切努力來防止進一步的死傷。有許多人是從水裡撈上來並被帶往內地的。清軍官員拖走了要塞

所在島嶼的所有船隻，以便強迫清兵血戰到底。

有一張從珠江東岸的高地上畫的廣州城全景速寫，上面畫出了城北的要塞和遭到炮轟的內城督撫衙門的位置。還有一張速寫畫的是總督衙門對面轟開的一個缺口，這是從「荷蘭炮臺」要塞看過去的角度，轟擊衙門的炮臺即位於這個要塞。

CANTON RIVER: THE RED FORT AND EUROPEAN QUARTERS.

珠江：紅色要塞和歐洲人租界

這張速寫是在廣州城後面的山上畫的。速寫的作者繞著城牆外面走，把十三洋行落在了西邊，又穿過郊外狹窄的街道，最後來到了廣州城後面的一塊開闊地。在一段距離之外的小山頂上，有一個可以俯瞰全城的小要塞。登上小山以後，畫家坐在要塞的階梯上畫下了這幅速寫。然而他認為這事有點冒險，因為在城外散步是很危險的。那裡的視野十分寬廣，周圍景色一覽無遺。除了整個廣州城之外，還可以看到珠江的眾多支流以及河對岸平坦的田野。往珠江的下游望去，一直可以看到黃埔港，港口旁一座高高的寶塔清晰可見。廣州城看上去似乎是一大片紅屋頂的房子，很少有

高於其他建築的房屋。城牆是用方形的石塊夾著其他碎石砌成的，而且每隔一段距離就用城樓來加固它。城牆的周長據說有 9 英里。城牆穿行於擁擠的房屋之間，將郊區的很大部分都囊括在內，在很遠處仍能辨認出來。城門都是低矮的圓拱門，拱門的上面則是架著大炮的城樓。

中國人似乎很害怕清軍放火燒城，甚至希望我們能在攻城的前三四天預先通知一聲，他們似乎根本就不信任清兵。

今天（11 月 14 日）下午，有一場針對「法國炮臺」要塞的遠征流產。對於這個要塞沒有採取任何行動，也許因為它並不值得花這樣的代價。可以看得出，要塞裡的人很少，儘管那裡的大炮已經又被架設起來了。

上週二的《倫敦公報》登載了由麥可·西摩爾海軍少將發來的消息，其中有許多附件，詳細描述了最近的廣州戰役。主要的特寫報導已經發表。然而，被中國當局從香港船隻「亞羅號」上押走的 12 個人最終被遣送了回來，但並非像被抓走時那樣在光天化日之下被放回來的。由於中方顯然不肯做出道歉，所以英國領事館拒絕接受這些人。中國人大膽地試圖用火筏來攻擊和燒毀英國的軍艦，要不是「杖魚號」軍艦及時滑脫了絆繩，也許會發生災難性的後果。麥可·西摩爾海軍少將乘這次「亞羅號」事件的機會，要求獲得外國人根據條約進入廣州城的權利，但直到 11 月 14 日為止，這個要求尚未得到滿足。

英軍官兵們的健康狀況相當不錯，而且英國海軍艦隊對於繼續服役也保持了良好的狀態。

麥可·西摩爾海軍少將對參戰的所有官兵表示了極大的讚賞，他感謝英國人和外國人社區的熱情支持，也感謝美軍司令為維護良好的秩序及和諧所做出的貢獻。他還詳細列舉了英軍軍官們所表現的熱忱和英勇行為。

從上游往下游看的珠江景色圖是在位於十三洋行上游的地方畫的，在圖的左邊可以看到這些外國商行。在洋行與珠江之間的花園裡是英國人和美國人的教堂。在花園靠河的岸邊有堅固的柵欄圍護，還有一個門。洋行的其餘部分都有圍牆。幾乎與十三洋行隔河相望的是「紅色要塞」，之所以

這麼叫是因為該要塞的下半部分用漆塗成了紅色。另外兩個圓形的要塞分別叫做「荷蘭炮臺」和「法國炮臺」，它們在廣州城的東端處把守著珠江。在插圖的中央，即在十三洋行的對面，經常會停著一艘英國軍艦，作為保護那些外國居民的一種措施。珠江中船隻來往繁忙，在洋行的上游和下遊湖面較寬的地段停泊著一排排的船隻，就像在街上停車一樣。這些船並不開來開去，而是供那些在岸上沒有房屋的家庭居住。另一些船就在這些浮動的街道上不斷地來回向人們兜售食品，形成了一道忙忙碌碌、五顏六色的風景線。

THE ILLUSTRATED
LONDON NEWS

跟中國的戰爭
(The War with China)

1857
《倫敦新聞畫報》第 30 卷，第 840 號
1857 年 1 月 17 日，37 ～ 39 頁

1856 年 11 月 14 日

你們將會從《陸上郵報》(*Overland Mail*) 獲悉，英國又要跟因故步自封而聲名遠颺的天朝軍隊開戰了。引起這場衝突的具體原因很容易說清楚，所有願意花時間來研究一下的人都會同意，我們之所以訴諸武力，完全是出於捍衛我們心中的正義。

現任兩廣總督葉名琛喜歡炫耀他那個聽來甚為熱愛和平的姓名。他的前任徐廣縉大人因在 1854 至 1855 年間鎮壓太平軍不力而被撤換。假如我沒弄錯的話，新任總督葉大人是南方人，無疑很有才幹和手腕，當然從某種程度上來說，他剛愎自用，且嗜殺成性。他剛上任時就一舉擊退曾經對

廣州城造成威脅的太平軍，在鎮壓起義者時大獲全勝。而且在過去 18 個月中，他大開殺戒，為死於太平軍之手的家族成員報仇。他曾把被捕的疑犯押往廣州的刑場，將其全部砍頭，用以祭祀被害者的在天之靈。

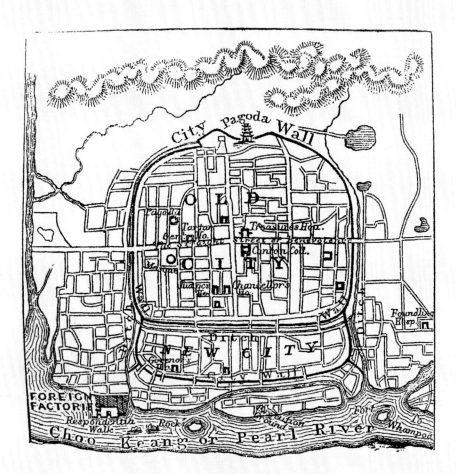

PLAN OF THE CITY OF CANTON

廣州城地圖

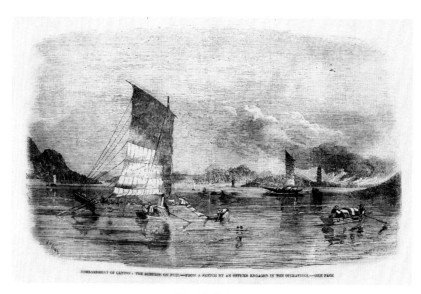

英軍炮轟廣州

珠江上的「荷蘭炮臺」

　　然而他嗜血的天性終於給他帶來了意想不到的麻煩，或者可以說，對
於太平軍的勝利完全沖昏了他的頭腦，使他忘卻了 1840 至 1841 年間發生

過的事件。無論如何，他需要對自己的行為做出解釋。茲將引起爭端的事實簡述如下：一條從事海岸貿易，名為「亞羅號」的三桅帆船於去年10月間停泊在廣州郊外。這艘船已經登記註冊，受到英國國旗的保護，並且由一位英國船長指揮。但廣州當局獲得密報，說在這條船上有一兩個中國人曾從事過海盜或有過「叛亂」行為，於是便派出一支軍隊強行登船抓走了12名身為船員的中國人，並同時降下了懸掛在桅杆頂部的英國國旗。對於所有這一切，那位英國船長都已發誓證實。但是葉名琛及其手下卻宣稱該船當時並沒有懸掛任何旗幟，因此他們並不知道這是一條英國船。

英國領事巴夏禮先生在得知上述事件以後，立即趕到了「亞羅號」船的出事地點，並且身為一名語言學家和保護廣州英國僑民的領事，他要求廣州當局立即釋放被抓走的所有中國船員，並對此侮辱做出道歉。但總督衙門對於他的干預嗤之以鼻，甚至還有人威脅他的人身安全。

在「荷蘭炮臺」看被英軍炮火摧毀的部分廣州城城牆

廣州城郊的中國渡船

　　在這種情況下，巴夏禮跟兩廣總督之間便開始了曠日持久的筆墨官司。在整個過程中，葉名琛都採取了一種傲慢和以勢壓人的口吻，並且表現出一種絕不妥協退讓的頑固態度。在事件的這一階段，當時正停泊在珠江上的「西比爾號」英國皇家軍艦在埃利奧特艦長的指揮下，率領「科羅曼德爾號」汽輪拖船向廣州進發，並公開奪取了停泊在廣州城對岸的一艘中國兵船，把它作為戰利品拖往黃埔港，以作為對侮辱英國國旗一事的懲罰。英方將此事通知了兩廣總督，但從對方那裡得不到任何針對我方要求的滿意回答。英國駐華特命全權大使包令爵士對中方提出的抗議也沒有得到回應。於是英方便向中國當局發出了最後通牒，限兩廣總督在 24 小時之內向英方道歉，並做出賠償，否則此事便要由英國海軍來強制執行。但這個最後通牒還是沒有達到其預定的目的，於是英方便決定以武力來解決問題。首次出擊既嚴厲又突然。在兩天之內，麥可·西摩爾爵士指揮的英國海軍擊毀了珠江兩岸所有的軍事要塞，連同與廣州毗鄰的紅色要塞、雀巢要塞和沙面要塞。必須說明的是，在這一階段，珠江口的虎門炮臺和其他炮臺還沒有受到攻擊。

　　第二步就是在廣州城牆上打開缺口，這件事很快就辦到了。英軍將大

炮架設在珠江上一個被稱作「荷蘭炮臺」（即海珠炮臺）的小島上，對城牆進行平射。第二天，麥可·西摩爾海軍司令親率 300 名士兵進入廣州新城，直搗位於總督衙門內的官邸。總督識相地及早逃離了衙門，因而沒有被碰上，儘管麥可·西摩爾司令精心策劃了此次行動，以求能與總督碰面。第二天，麥可·西摩爾爵士正式照會總督，請求他服從理智，並且釋放了總督的部下。這一人道的請求卻遭到了對方的辱罵。中方給英國當局的照會說英國人終將被全部趕入大海，並且被每日踴躍請戰，要求剿除外賊的兵勇們盡數殲滅。在這樣的情況下，英方覺得有必要加緊其攻勢。於是架設在珠江小島上的兩門迫擊炮和三門重炮對廣州城內的衙門所在地區連續幾天進行了密集的炮擊。在城郊發生的兩次大火燒毀了成百上千的房屋和無數財物。然而中國人仍然頑固地拒絕對我們的要求做出讓步。

於是海軍司令隨即摧毀了廣州城下游一個被稱作「法國炮臺」的要塞和停泊在那裡的中國兵船。此處中國士兵的抵抗異常頑強，不斷地發炮還擊。然而那些由平底帆船改制的兵船很快就起火燃燒，要塞也被攻克。於是大量的兵力又被調去攻打虎門炮臺，後者在過去的中英衝突中曾顯赫一時。在猛烈炮火的攻擊下，這個炮臺近年來第四次被打啞和摧毀。

在此形勢之下，所有的貿易顯然已經被中止，英國的商埠空無一人，珠江的航運也被有效地切斷了。

英方的傷亡人數包括 6 人戰死（其中 4 人死於攻城，1 人死於攻占「法國炮臺」，1 人死於攻占虎門炮臺），還有十六七人受傷。

中方軍隊死傷慘重。中方曾兩次放出火筏子，試圖燒毀英國軍艦，但上天保佑，這兩次火攻均未奏效。

我們尚不知道這一衝突將以何種形式來結束，中國當局似乎決心要把仗打下去，英方當然也要奉陪。這裡的食品供應已經中斷，中方懸賞英國人的人頭。因此目前英國人都形同囚犯，不能隨便出入走動，也不能跟江邊的中國人做任何生意。

中國當局在廣州城內外張貼布告，號召所有的守法公民都起來抵抗英

國的「不宣而戰」，說英國由於在克里米亞戰爭中輸給了俄國人，所以現在
要來欺壓中國人民，以求抵消在上一次戰爭中花掉的軍費。俄國人是否在
這次衝突中插了一腳？

CHINESE SOLDIERS.—(SEE NEXT PAGE.)

清軍士兵

THE ILLUSTRATED
LONDON NEWS.

跟中國的戰爭：廣州要塞的陷落
(The War with China:Capture of Canton Forts)

1857
《倫敦新聞畫報》第 30 卷，第 841 號
1857 年 1 月 24 日，74 ～ 75 頁

CAPTURE OF FRENCH FOLLY FORT, NEAR CANTON, BY H.M.S. "BARRACOUTA" AND "COROMANDEL."—COMMENCEMENT OF THE ACTION.

奪取法國炮臺要塞 —— 戰鬥結束和炸毀中國兵船

　　《陸上郵報》的報導證實了本報上星期關於美國人被捲入爭端的說法。事情似乎是美國護衛艦「樸茨茅夫號」的一艘艦載艇在一個要塞對面進行水深測量時，受到了清軍炮擊，造成一人死亡。美國海軍艦隊司令因此炮擊了這個要塞，在經過了一個半小時的激烈交火之後，要塞的炮火被打啞。「樸茨茅夫號」軍艦中了 12 發炮彈，並且有一人受了致命傷。美國海軍中隊的其他兩艘軍艦也被炮彈擊中。據說美國軍艦的火力不如英國軍艦

「杖魚號」那麼強大。第二天，美國軍艦沒有採取任何行動，而中方卻在要塞內外大張旗鼓地擺下了陣勢，甚至在要塞的牆外架設了 6 門大炮，牆上則旌旗招展，鑼鼓喧天。

正午時分，美方指揮官離艦，並緊接著登上了停泊在黃埔港的「聖哈辛托號」軍艦，在那裡跟美國駐華全權委員伯駕醫生進行了會晤，並在商談之後，給中國的欽差大臣寫了一封信，要求對方在 24 小時之內給予補償。然而中方並沒有理睬這個要求，因此在 21 日，來自「黎凡特號」、「樸茨茅夫號」和「聖哈辛托號」等軍艦的槳划船連續攻擊並奪取了三個要塞：屏障要塞、菲德勒海岬要塞、島嶼要塞，總共毀壞了 124 門大炮。第二天天剛亮，他們又襲擊了另一個四方要塞，並毀掉了那裡的 41 門大炮。在這些作戰行動中，對於美方的死傷人數並沒有一個明確的說法，似乎是 6 死 6 傷。以下是葉總督發布的一個告示：

告示

兩廣總督葉名琛告示軍民。自上任以來，我一直對爾等百姓心存感激。爾等待我如父母，我也視爾等為子女。四年前，幾十萬起義者鼓噪暴動，爾等萬眾一心，奮力抵抗，功績卓著，終將起義者趕盡殺絕。直到現在，爾等代表大清帝國，顯示出了膽略和勇氣。如今夷匪滋擾，侵犯天朝，毀壞要塞，焚燒商店，向全城開戰。為此我五內俱焚，爾等也無不義憤填膺。現在我收到了聖上的諭令：「堅守苦戰，不惜代價，封鎖江海，斬盡殺絕。」爾等須同心報國，盡兵勇之力，直至將外國強盜通通趕跑。若有議和者，當以軍法從事。我待民如子，故夷匪欺民無門。爾等須忠誠不貳，誠心順服。

據說鎮守那些要塞的清軍水師兵勇是由蔡沙平副將所指揮的，而且還有一名從「火蜥蜴號」軍艦上逃跑的炮手跟他在一起。清軍僱用外國水兵是確鑿無疑的事實。珠江上的許多盜匪據說是由歐洲人裝扮的。關於英國海軍中隊的行動，《中國郵報》作了如下描述：

CAPTURE OF FRENCH FOLLY FORT.—TERMINATION OF THE ACTION, AND BLOWING UP OF JUNKS.

奪取「法國要塞」

　　在奪取了虎頭門寨之後，「加爾各答號」和「南京號」軍艦仍然滯留在後面，因為要炸毀它們並不是一件輕而易舉的事。由於大角頭炮臺向「大黃蜂號」軍艦開炮，斯圖爾特艦長一舉攻占了這個要塞，在趕走了那裡的中國人之後，釘死了 55 門大炮的火門。到了早上，這些軍艦受到了一些早已消失好久的中國兵船偷襲，後者從狹窄的小河道竄出來，放了幾炮之後，又縮回了原處。槳划艇幾次追趕這些兵船都沒有成功。沙面要塞也曾向英國軍艦開炮，有幾發炮彈甚至落到了十三行的對面，但沒有對它們造成任何破壞。有一隊英軍炮兵被派去摧毀這個要塞，但由於這些炮兵受到了敵人某些狙擊手的騷擾，「參孫號」軍艦向城裡發射了幾發炮彈，摧毀了一些民房。有一發炮彈直接穿透了合信醫生的醫院屋頂，並且肯定在那裡造成了很大的破壞，因為當時醫院裡住滿了清軍兵勇。炮彈爆炸之後，醫院裡一片鬼哭狼嚎聲。

　　戰鬥於晚上結束，兵船艦隊遭到了炮擊，四顆沉入江中的水雷也被引爆。那天晚上，跟在「杖魚號」軍艦後面的「南京號」槳划船之一

被拖入水下，有兩個可憐的傢伙被淹死。皇家工兵部隊的考珀上尉一直忙於安排對十三行的防禦工事。據說有鐵鏈被送往「杖魚號」軍艦，以便在珠江兩岸拉起一道鐵鎖鏈，以防禦火筏子。「杖魚號」還將帶上第 59 團的 4 位軍官和 100 名士兵，以替代撤走的美國人和救援「溫徹斯特號」的船員，後者將返回香港。荷蘭炮臺上裝備了「參孫號」軍艦上的 92 英擔重炮，此外還有「西比爾號」軍艦上能發射 64 磅重炮彈的大炮，並由「西比爾號」軍艦登特和那厄斯海軍上尉、赫德森先生（大副）、傑克森、布賴斯和德貝伊等先生（均爲海軍候補少尉）所指揮的水兵守衛。法國炮臺仍在中國人的手中，守軍人數眾多，戒備極爲森嚴。「加爾各答號」和「南京號」參與了摧毀虎門要塞的戰鬥；「參孫號」和「科摩斯號」守衛著通往澳門航道上的屏障要塞；「烏木號」軍艦在沙面要塞附近下游的水面游弋；「尼日爾號」和「大黃蜂號」停泊在與十三行平行的位置上，前面停了兩艘平底帆船，從平底帆船上拆下的一根桅杆被搬上了岸，只爲小船留出了一個狹窄的通道，凡是要透過那裡的船都必須持有英國領事館頒發的通行證，並懸掛英國國旗。「杖魚號」將載著人和軍火於今晚（11 月 20 日）或明天凌晨出發。

　　昨天（11 月 19 日），當一艘貨船在軍火碼頭裝載火藥等貨物時，有兩個小夥子挎著裝滿木屑的籃子慢慢地走過來，顯然是想要把木屑倒在海裡，但是他們突然將籃子裡的木屑點著了火，並將籃子扔到了貨船裡。衛兵們全都驚慌失措，竟讓那兩個人都逃脫了。由於火藥都裝在鐵罐裡，所以沒有引起爆炸，然而這一行動本身表明中國人的膽量比外國人所承認的要大得多。

　　附：我們剛聽說，葉總督給包令爵士和伯駕醫生的回信昨天下午剛剛送到，但回信的內容還沒有對外泄露。有一隊兵勇昨天出現在阿科客棧附近的路障處，他們敲鑼打鼓，揮舞旗幟，高聲叫喊。英方派出了衛兵，但敵人已經退走，也許是因爲害怕「溫徹斯特號」軍艦上的野戰炮。

英國海軍分遣隊奪取虎門要塞 —— 此時正對上、下橫檔炮臺發起攻擊

　　本週的插圖描繪炮轟廣州城戰役的一些主要場景。在法國炮臺上發起的主攻是從 10 月 28 日開始的。27 日晚上，18 名英國皇家炮兵在拉頓上尉和一位中尉的指揮下搭乘「百合花號」軍艦來到廣州，並於第二天早上接管了前一天由荷蘭炮臺上的水兵所架設的兩門發射 32 磅重炮彈的大炮。由基思·斯圖爾特上尉和卡斯特中尉率領的 80 名海軍陸戰隊隊員和攜帶輕武器的士兵也於同一天晚上乘坐「烏木號」軍艦來到廣州。陸上的兵力還因美國軍艦「黎凡特號」上的 45 名水兵而得以加強。從荷蘭炮臺發起的攻擊（由「加爾各答號」霍爾艦長指揮）是在 28 號下午 1 點開始的，這一近距離射擊是為了在城牆上打開缺口。與此同時，「交戰號」軍艦也開始準確地發射炮彈。廣州城的制高點上都布滿了士兵，站在樓頂上的那些人顯然並不畏懼炮彈。

　　在開始的 15 分鐘之內，荷蘭炮臺共發射了 18 顆炮彈，而有規律的炮擊一直持續到了天黑，放炮的頻率逐漸有所放慢。「交戰號」軍艦也是每隔 15 到 20 分鐘便發射一顆炮彈。炮擊的結果就是兩廣總督衙門於下午 2 點起火燃燒，烈火持續了整個下午，並且向兩旁蔓延，但向十三行方向蔓延的範圍較小，而向珠江下游蔓延的範圍較大。大約 100 多名海軍陸戰隊隊員登船前往下游，以監視英軍那兩門炮正在轟擊的、通向總督衙門的那段城牆。但就在總督衙門起火燃燒之後，他們又重新登岸，而在法國炮臺

上，那兩門大炮不斷地將炮彈發射到前方那團煙霧和火焰之中。當炮擊正在進行之中，周圍村莊的長老們將他們的告誡寫在紅紙上，不斷地遞入十三行。

28 日下午燃起的大火徹夜燃燒，將南城牆後面兩三百碼的地區都夷為平地 —— 在城牆與海之間被焚毀的最值錢的財產要數那些商行和房屋（全謀行、同興行和其他欽州商行），29 日「交戰號」上的大炮約在早上 7 點半首次發射。很快，荷蘭炮臺上的大炮也開始射擊。「烏木號」軍艦沿江而下，去運載更多來自「南京號」和「加爾各答號」上的水兵。

29 日上午 10 點剛過，伍浩官與另一位帽上有藍頂，但並無花翎的清朝官員前來拜謁巴夏禮領事，並且進行了差不多半小時的大聲而激烈的交談。交談雙方似乎都不拘禮節，因為被領事的大嗓門所吸引的旁觀者瞥見他坐在那裡沒有穿外衣。那些從旁邊經過的中國人只聽清了一句話："No can settee."。英海軍司令在會晤時也走進了領事館。伍浩官和他的同伴以及四位戴著官帽的隨從，告辭時就像他們來的時候那樣，是從花園的石階梯處登上一條商行的小船。

麥可·西摩爾海軍艦隊司令在 10 月 30 日的一封信中提到的一個細節可以幫助澄清會晤的結果。前一段中那位匿名的清朝官員就是雷州府道臺，他是葉總督派到英國領事館來摸清英方要求底線的。巴夏禮領事向他傳達了麥可·西摩爾海軍艦隊司令的下列要求：「駐廣州的外國代表應該能夠像其他口岸的外國代表那樣，享有謁見中國地方最高官員的機會。」此外，這位道臺在離開領事館之前還被告知，英國海軍艦隊司令固執己見，決心要去總督衙門謁見葉名琛，倘若城門不為他打開的話，他就要「破牆」而入。

海軍艦隊司令的要求沒有得到回應。而在早上 11 點左右，清軍從法國炮臺上向英軍開炮。不多時，英軍突擊隊員們離開了軍艦，向荷蘭炮臺的集結地進發。這時，法國炮臺上的炮聲已經平息了下來。總督衙門前的一根旗杆被從荷蘭炮臺射來的一顆炮彈擊斷。「交戰號」軍艦不斷地發射出猛

烈的炮火。在突擊隊登陸之前，貝茨海軍中校和強森船長勇敢地登上了城牆的缺口，在長達幾分鐘的時間裡，他們成為了密集槍彈的靶子，但幸運的是他倆都沒受傷。在經過了充分的偵察活動之後，英軍完成了進攻的計畫。下午 2:15，兩三百名突擊隊員在埃利奧特海軍準將的指揮下從荷蘭炮臺出發，持輕武器的士兵由基思·斯圖爾特艦長率領。2:40，他們登上了城牆的缺口處，用排槍射擊的方式向清軍士兵猛烈開火，而對方的還擊只打死了一名英海軍陸戰隊隊員，打傷了其他 6 個人。

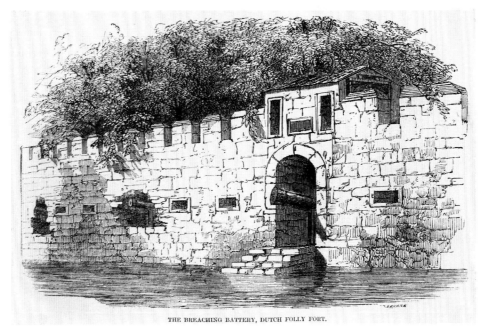

THE BREACHING BATTERY, DUTCH FOLLY FORT.

用以轟開廣州城牆的荷蘭炮臺

　　貝茨海軍中校第一個把英國國旗插上了城樓，緊跟著登上城牆的是彭羅斯艦長和博伊爾艦長，以及伯頓、亨利、斯韋爾和奧爾納特等四位海軍上尉和他們所率領的海軍陸戰隊隊員。離城牆缺口東面約 100 碼處的城門被打開到足以讓人能走進去的地步。麥可·西摩爾海軍艦隊司令在「加爾各答號」艦長霍爾的陪同下於 3:10 進城。當清軍士兵仍在從很近的地方砰砰地施放冷槍時，海軍艦隊司令下令在城牆缺口處架起一門野戰炮，對準

了總督衙門前面的一堵高大的土牆。而埃利奧特海軍準將認為還有一條到達衙門的捷徑。他用炮彈轟倒了總督衙門邊上的木柵欄 —— 下午 3:40，麥可·西摩爾海軍艦隊司令就是從那裡直奔總督的客廳。進入衙門的大堂之後，除了三具中國人的屍體之外什麼也沒有發現。麥可·西摩爾海軍艦隊司令在屋裡轉了一圈之後，便回到了城牆缺口處，不久又動身返回荷蘭炮臺。

由於人數太少，無法占領整個城牆，所以突擊隊員們於 6 點之前開始撤退 —— 中國人謠傳他們是被趕走的。當海軍陸戰隊隊員們從城牆上撤下來時，清軍用架設的火炮向他們開火，結果有 2 人被當場打死，6 人受傷。

來自廣州的最新消息說，法國炮臺重新被中國人所占領，而麥可·西摩爾正在考慮重新奪回它。關於那些被繪製成插圖的速寫，我們要感謝英國皇家海軍「南京號」軍艦上的亞歷山大·拉塞醫生。

跟中國的戰爭：英軍攻擊廣州要塞和炮臺的計畫
(The War with China: Plan of the Attack on Forts and Batteries of Canton)

1857
《倫敦新聞畫報》第 30 卷，第 84 號
1857 年 1 月 31 日，86 頁

有一位記者給本報寄來了一封信和一張圖，描述英軍最近在廣州對中國人採取的軍事行動。

你們無疑以為我們正在回歸英國的路上，可我們總是喜歡打仗。可不，我們現在正在炮轟廣州城。英軍已經打了幾個漂亮仗，攻占了這裡最主要的一個要塞，該要塞裝備了 86 門大炮，這些大炮要比歐洲

所使用的任何火炮都更大。其中一門黃銅大炮重達12噸。此後的幾天中，我們繳獲了22艘中國兵船——有的裝備了12門大炮，而且沒有一艘兵船上的大炮少於8門。這都是些發射24磅重和32磅重炮彈的大炮。我們焚毀了這些中國兵船，並且在他們的大炮火門裡釘入了大釘子。但是我們發現這種方法並不奏效，因為中國人在重鑄大炮內徑上是一流的行家，而且在沒法這麼做的時候，他們就把炮筒翻過來，在另一面上再鑽一個火門。

在廣州的英國商館

昨天我們忙於把平底帆船連成一串，封鎖住上下游的江面，因為就在三天前的晚上，中國人試圖放火燒我們。他們把一些大兵船串聯在一起，在船上裝滿了易燃物，並把原木掏空，往裡面填上炸藥。它們在晚上爆炸的聲音震耳欲聾。但感謝上帝，他們並沒能動我們的一根毫毛。大的軍艦沒法開到這裡來，停泊在珠江下游約15英里處。所有的海軍陸戰隊隊員和裝備輕武器的士兵都上岸去保護英國人的租界了。英軍的軍旗還懸掛在我們的軍艦上，但英海軍艦隊司令現在住在

岸上。他是條身經百戰的硬漢子。被我們圍困住的清軍士兵約有 3 萬人。廣州城裡共有 300 萬居民，而且非常富有。我們燒毀了郊區的部分房屋，但海軍艦隊司令卻饒過了城裡的居民。我們日夜提防中國人從上游順水放下火筏子來，唯一能躲開他們的方法就是悄悄地把軍艦開到他們的上游。由於這是一艘很有用的軍艦，吃水深度只有 15 英尺，而且分別裝備了發射 68 磅和 84 磅炮彈的大炮，所以在戰爭獲得某種令人滿意的結局之前，英海軍艦隊司令是不會讓我們清閒的。

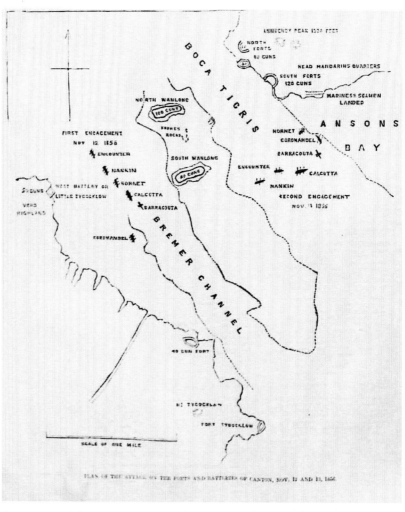

1856 年 11 月 12 至 13 日英軍攻打廣州要塞和炮臺的計畫圖

11 月 14 日

自從開始寫這封信以後，我們接受了攻打虎門要塞的任務，那裡裝備了 500 門我所見過最大型的炮 —— 炮筒內徑約在 10 英寸以上，有些黃銅大炮的內徑竟達 13 英寸。我們的軍艦拖著「南京號」參加了戰鬥，「杖魚號」則拖著旗艦「加爾各答號」。在炮轟了兩個小時之後，我們編隊劃著小船登岸，攻占了橫檔島上的上下兩個炮臺，每個炮臺各配備了 100 門大炮。英軍剛剛登陸，清軍就棄島坐船逃跑，那些上不了船的就泅水逃跑。由於漲潮的緣故，大批清兵在江中淹死，還有許多是被我們的船隻撈上來的。我們於 12 日上午 7 點開戰，並於昨天中午結束了戰鬥。英軍在人員和軍艦上幾乎未受任何損失。

俄國人似乎對我們的在華戰爭感到十分震驚。《辯論報》8 號刊登的一封發自聖彼得堡的來信這樣寫道：

英國艦隊對廣州城發起攻擊的消息在此地引起了極大的轟動。據說屬於俄國人的貨品倉庫被焚毀，財產損失極為慘重。這一完全無理和根本站不住腳的軍事行動被此間人士視為是英國人企圖霸占舟山群島的一個前奏。俄國政府對於英國人的意圖以及他們想在中國實行的所有計畫都了如指掌。出於這種意圖，英國人在過去幾年中已經悄悄地增強了在廣州口岸的海軍力量，現在他們在那裡擁有一支力量非常強大的艦隊。聖彼得堡非常清楚英國特工們為了破壞俄國商人與中國在恰克圖城建立的重要商貿關係而策劃的所有陰謀詭計。透過陸路外銷到俄國的大量茶葉經常被英國商家買走並運往倫敦。誰都知道英國人是如何眼饞俄國沿著阿穆爾河（即黑龍江）所建立的軍事和貿易機構，在那裡我們跟中國的邊界，沿著西伯利亞的邊緣，已經超過了 400 公里（250 英里）的距離。阿穆爾河與西伯利亞之間所形成的整個三角洲以及被皇帝指定為該地區新首府的尼古拉城，現在已經可以肯定地被視為是俄國的一部分。前些年被派遣到那些偏遠地區去的情報

人員已經牢固地確立了俄國在那裡的統治地位。可以說，跟中國北方各省的貿易全都掌握在俄國商人的手中。因此英國人想要使這些地區擺脫俄國控制的焦慮是顯而易見的。但隨著俄國沿著阿穆爾河所建立的軍事設施變得越來越強大，英國人要實現他們的意圖也就變得更加困難。另外還得記住，在 1855 年，英國人曾經試圖派一個海軍中隊進入阿穆爾河卻是徒勞。從那時以來，阿穆爾河河口的防禦工事已經大大地增強，因此要派軍艦強行推進到新克隆施塔特城將會付出極大的代價。

THE ILLUSTRATED
LONDON ▲ NEWS

中國速寫：採茶女和清軍旗手
(Sketches from China: Chinese Woman Gathering Tea and Chinese Military Standard-Bearer)

1857
《倫敦新聞畫報》第 30 卷，第 843、844 號
1857 年 2 月 7 日，114 頁

最近有一本中國畫家的畫冊傳到了我們的手裡，當我們從中看到〈中國採茶女〉這張畫時，並未感到奇怪。中國人在世界上獲得的聲響主要就來自這種奇妙植物的種植和生產。從中文典籍來看，茶葉的種植可以追溯到遠古的時代，最早見於著名哲學家和偉大的倫理學家孔子編纂的《詩經》之中（原文如此）。因此，在一套富有中國風情的插圖之中出現採茶這個題材是合適而有趣的。長期以來，採茶都是中國詩人喜歡描述的主題，茶葉既是農人的最愛，也是皇帝、朝廷極為珍視的貢品。即使是在我們自己的國家，倘若剝奪了茶葉這個商品的話，也將會是一場非同小可的災難。它為富人們提供了一種奢侈品，也為窮人帶來了一份祝福。這種飲料減少了人們對於烈酒的依賴，因而它對倫理道德所產生的影響是無庸置

疑的。

CHINESE WOMAN GATHERING TEA.—FROM A DRAWING BY A CHINESE ARTIST.

中國採茶女 —— 根據一位中國畫家的作品繪製

我們從波乃耶（James Dyer Ball）先生的《茶葉的種植和生產》這部傑作的〈採茶的季節〉一章中摘引了下面這段文字：

金能亨（Cunningham）說茶樹在舟山的開花季節是從 10 月到 1 月，而茶籽是在 9 月至 10 月之間成熟的。而丁興（Ting Hing）這位有名望的綠茶代理商告訴我們，茶樹是於 9 月至 11 月開花的。另一位綠茶代理商又說它們的開花季節一直延續到 2 月。

有一本中文書這樣描述道：

在溫暖適中的春季，茶樹開始發芽，這是採摘新茶的最佳時機。剛剛有些展開，像針那麼長，上面覆蓋著絨毛的茶尖就被採摘下來，製作成「白毫」。在過了穀雨（5月20日）[5] 的幾天之後，茶葉慢慢長大，這時的茶葉叫做「頭春」。「頭春」醇厚芬芳，口感很香。當「頭春」採完之後，就要等茶樹長出新的嫩芽。到了芒種（6月6日）[6] 左右，它們就得被採摘下來，進行炒製。這種茶葉稱作「二春」，聞不出香味，呈暗黑色。到了夏至的時候，茶樹還會長出茶葉，它們被稱作「三春」，呈淡綠色，口感較差。

《玉葉三奇》（有關紅茶國家的統計數字在此有所紕漏）也說：

中國人說，「煙茶」或「頭等小種茶」不僅必須在晴朗的天氣裡採摘，而且那些品質頭等的茶葉還必須是在連續晴好的天氣條件下，在一天之中最熱的下午採摘。另一方面，有一本中文書說，那些在陰雨天採摘的茶葉品質較次，嘗不出味來，不適於製作「包種茶」或「頭等小種茶」，然而它們還是勉強可以製作成「小寶」、「大寶」，或是優質的「小種茶」。

還有一種區別是由於採摘時選擇特殊茶樹叢中最佳最多汁的茶葉所造成的。據說那些經常拜訪寺廟的茶商通常要對比某種已知茶樹的茶葉品質。這些茶樹按它們跟特定花卉香味的相似性而起名。在年初的清明季節，他們就回到茶園，親自採製茶葉。每一片茶葉都是單獨從茶樹上採摘下來的，那些風味相同的茶葉被採摘下來之後，都混雜在一起，在整個炒製過程中都是單獨製作的。它們用小紙包進行包裝，每包重約8至12盎司，有時紙包上寫有字體很大、筆畫流暢的漢字，表示氣味跟它們相似的花卉，有時還用小楷字體寫出出產地的山名。茶商和顧客特別注意紙包上所寫的這些漢字。當然，這種關注只

---

5 原文如此，穀雨為春季最後一個節氣，於每年4月19日～21日交節。
6 原文如此，芒種為夏季的第三個節氣，於每年6月5日～7日交節。

是針對「包種茶」，因為後者的產量極小。

在插圖中可以看到幾株畫得很美的茶樹。採茶是一個非常微妙和重要的過程。每一片茶葉都是單獨從茶樹上採摘下來的。採茶女的雙手要保持乾淨，在採摘某些優質的茶葉時，採摘者幾乎不敢朝茶樹呼氣。在日本島一個叫宇治的地方有一座山，據說那裡的氣候特別適合於茶樹的生長。在當地生產的所有茶葉都要保存起來，供日本天皇專用。

清軍旗手

本報 1 月 17 日的那一期曾經詳細描述了中國軍隊的建制。現在我們根據中國畫家的作品繪製了一張有關旗手的版畫插圖。旗幟就懸掛於插在他背後的一根旗杆上：那面寫有漢字的旗幟是深紅色的。

CHINESE MILITARY STANDARD-BEARER.——FROM A DRAWING BY

清軍旗手

THE ILLUSTRATED LONDON NEWS

廣州城牆之內的街道
(Canton within the Walls)

1857
《倫敦新聞畫報》第 30 卷，第 845 號
1857 年 2 月 14 日，133 ～ 144 頁

廣州城牆之內的街道 —— 根據一位中國畫家的作品繪製

　　在本報 1 月 31 日那一期中，我們提供了一張廣州外國人租界的插圖。12 月 16 日從中國海上寄來，並在《海軍箴言報》（*Moditeur de la Flotte*）上發表的一封信，為最近的廣州事件又提供了一些新的細節，表明外國商人所蒙受的損失並不像以前報導中所說的那麼大。在歐洲人居住的 13 個外國

商行中，似乎只有 5 個被毀。據以前的報導說，在廣州的 80 個外國代理商行和商店中只有 9 個，包括英國領事館，逃脫了大火。據前述那封信說，這是誤傳。在這 80 個商業單位中，有 21 個被燒毀。這無疑是一個巨大的損失，但它卻比報導中所說的損失要輕得多。在廣州似乎存在著由 25,000 至 30,000 個竊賊和流浪者所組成的盲流人口 —— 他們都是來自中國各地的難民。當英國軍艦開炮時，這些人趁火打劫，大量湧入十三行，並在洗劫了歐洲人的商店之後，放火燒了它們。英國的海軍艦隊司令發現此事以後，便派兩艘軍艦瞄準這夥暴徒開了幾炮，使之作鳥獸散。不幸的是，英國軍艦的炮彈使這些流氓點著的火越燒越旺。法國「弗吉尼亞號」護衛艦艦長派了一支 150 人的小分隊，攜帶四門輕榴彈炮登陸，徹底挫敗了這些暴徒，並迫使他們望風而逃，在街上留下了幾具屍體。法國水兵奮不顧身地撲滅大火。中國人居住的城區也受到了嚴重的毀壞，不僅遭到了英國軍艦的炮轟，而且也受到了本地人的劫掠。位於內城，屬於行商的那 12 個大商行中有 9 個被炮火摧毀。跟那些商行做生意的英國商人也因此受到很大損失。最近占領了中國軍事要塞的英國艦隊司令已經大獲全勝。有許多商人逃往上海，但廣州的 50 萬居民卻不能這樣輕鬆地逃命。

關於城牆裡面的廣州城，我們根據一位中國畫家的作品繪製了一張插圖。在圖的左前方有一頂轎子，這是中國上流社會的普通交通工具。下面是對街道外貌的一段描述：

> 商店的門板一般都是打開的，這就使路人能看到商人的全身，並且還向旁觀者提供了一個極為搶眼和富有誘惑力的場面。這些商店的內部都顯得非常整潔，其展示的商品都陳列得很有品味。牆上懸掛著各種顏色混雜的紙條以及從屋簷上掛下來的各種燈籠，具有一種令人驚奇的迷人效果。紙條上的話表達了下面這些意思：「說話囉唆會影響生意」、「吃一塹，長一智」、「言多必失」、「本店概不賒帳」、「貨真價實，嘆為觀止」等等。

中國速寫：婚禮

FORM OF A TREATY OF MARRIAGE IN CHINA.—FROM A DRAWING BY A CHINESE ARTIST.

中國的訂婚儀式 —— 根據一位中國畫家的作品繪製

　　根據本報中國畫家的速寫，我們繪製了一張呈現中國婚禮儀式的版畫插圖。桌子上擺著寫有新郎新娘姓名的木牌。那上面還站著一對鴿子作為象徵性的禮儀侍從。

　　早婚在中國受到鼓勵。在官員和富人的家庭裡，男子的結婚年齡為 16 至 20 歲，女子則為 12 至 14 歲。而貧窮人家只要能掙到娶老婆和辦婚禮所需的錢，就會盡早地結婚。偶爾，窮人家會到附近的孤兒院去找一個小姑娘，帶她回家做童養媳，使她受些調教，等到自家的兒子長到一定年齡時就成婚。這種安排充分體現了這個民族勤儉和謹慎的特點。首先，它省下

了買老婆所需要的錢。第二，這個小姑娘受到了未來婆婆的調教，因而也會養成婆婆勤儉持家的所有習慣。第三，也是最後一點，假如這個小姑娘脾氣不好，手腳不勤快，或是對未來的丈夫和公公、婆婆不恭敬的話，她很快就會被打發回去，從而避免了結婚後因表現不好要把老婆送回娘家的一系列麻煩事。

結婚之前，男女雙方往往是從未見過面的，整個過程都是由親戚或媒婆來操辦的。媒人都是年老的婦女，她們會用最動聽的詞語來描繪女方的容貌，或是恰恰相反，全憑對方送給她們的禮物多寡而定。正如我們時興送女子的肖像畫那樣，中國人結婚前也有類似的習俗，但它是非常奇怪的。由於男方不能見女方，於是人們便把她的鞋子送到了男方手裡，以便他能判斷她那跛足的大小 —— 小腳是中國女人完美的最高境界。

女兒們在中國是沒有財產的，但未婚夫可以同意給她一定數目的財產，通常是給新娘衣服和首飾。這筆錢的數目大小是按雙方的社會地位而定的。官員通常會給妻子 6,000 兩銀子（1 兩銀子值 6 先令 4 便士），新娘往往是從門當戶對的家庭中挑選的。

中下階層送新娘父母的禮物，在我們這些「蠻夷」的眼裡顯得有些滑稽可笑：肥豬、乾魚、家禽、成箱的茶葉、糖果和果脯等沒有浪漫色彩的物品。這些禮物的品質和數量是在一開始談婚論嫁時就已經說定了的。婚禮的儀式是在新郎家裡舉行的。成婚的那一天，新娘在婚禮隊伍的陪同下離開娘家。新娘坐在花轎裡，那花轎看上去金碧輝煌，被色澤豔麗的人工花卉布置得美輪美奐。舉著火炬和彩飾大燭臺的隨從簇擁著花轎，而拿著花轎門鑰匙的僕人離花轎最近。值得一提的是，新娘一坐進花轎，她的父親或是跟她血脈最近的男性家屬就會鎖上花轎的門，並把鑰匙交給一個值得信賴的僕人，他會得到命令，只能把鑰匙交給新郎。花轎前後的眾多隨從舉著旗幟和豪華的燈籠，敲鑼打鼓，吹奏嗩吶。雙方家庭的女眷們都坐著轎子跟在花轎後面，而男性親戚和朋友則走在婚禮行列之中。還有一個各種禮物的大展示，包括放在架子上抬著的女子衣裳，雕刻著各種圖案的

百寶箱，裝著燒酒、黃酒和果脯等各種罈子的架子，關著鴛鴦和家禽的籠子，墊後的往往是一個裝著肥豬的漂亮竹籠。這些禮物都要一直跟著新娘來到她的新家。婚禮行列的排場大小是由行列中的人數所決定的。

THE ILLUSTRATED LONDON NEWS

跟中國的戰爭：兩封通訊員的來信
(The War with China: Letters from two Correspondents)

1857
《倫敦新聞畫報》第 30 卷，第 846 號
1857 年 2 月 21 日，151、170 ～ 172 頁

（本報一位通訊員的報導）

我的前一封信發出之時正逢英軍攻陷珠江口的要塞。一般被稱為虎門或虎頭門寨的要塞都是被各個擊破的，而我們的損失微乎其微 —— 只有一個人（或者說是個孩子）被打死，3 人受傷。中方卻損失慘重，由於清軍指揮官預先拖走了橫檔炮臺的船隻，所以當我們的水兵在那裡登陸時，中國人不得不泅水逃跑。有許多人差點被淹死，結果都是被我們的小船從水裡撈上來的。

也許你們還記得我提到過英軍攻克屏障要塞。這些要塞都建築在離廣州約 6 英里的珠江下游主航道上。在首次奪取這些要塞之後，我們只是透過把大釘子釘入火門或敲掉炮耳等方式使火炮失效，之後便主動撤離了要塞，並不想長久地占領它們。中方把我們的撤離視為是戰敗或示弱，馬上又重新占領了這些要塞，而且就在我上一封信發出的當天晚上，清軍從廣州向香港發動了攻勢，並向我們所在的輪船開炮。幸好炮彈落在輪船甲板上時沒有造成傷亡。對一艘毫無防禦能力的輪船的突襲或攻擊本來會招來英軍的反擊，誰知那些昏了頭腦的中國人又把一個新的敵人拖進了戰場，

而後者幫我們報了這個仇。原來美國「樸茨茅夫號」輕型護衛艦艦長正乘坐著他的快艇去廣州，在經過這些要塞的時候，未經警告便遭到了炮擊，險些丟了性命。第二天，美國海軍的一名水兵在同一地點進行偵察時，被炮火擊中身亡。這些一而再，再而三的襲擊事件令美國人忍無可忍。於是「樸茨茅夫號」和「黎凡特號」這兩艘輕型護衛艦對要塞發動了進攻。經過幾天激烈的戰鬥，在付出了損失五六人的代價之後，美軍最終摧毀了珠江這一地段所有的炮臺。兩廣總督拒絕就此事向美國當局道歉。他說幾天前他就已經警告過美國人，要他們離開這個地區，把他們的軍艦撤出珠江，而美國人的滯留不走是造成這個災難的唯一原因。

與此同時，在廣州的英軍艦隊司令一直在忙於有效地摧毀布萊尼姆航道（Blenheim Passage）終端的要塞。這些要塞一般被稱作沙面要塞，它們在被英軍占領之後，又被中國人奪回。那些火炮的內膛重新被打通，而已經敲掉了的炮耳又用鐵箍在炮筒上下被固定住了，所以它們給停泊在附近的英國船隻造成了很大的麻煩。然而，這些要塞再次被英軍所攻陷，這一次，整個要塞被完全拆毀，只剩下了一堆廢墟。

被「南京號」和「加爾各答號」軍艦擊毀後的南山炮臺內部

　　中英雙方都發布了各種針鋒相對的聲明和布告。前者堅持認為文咸爵士於 1849 年做出的讓步是不可更改的：他當時只是暫時放棄了英國人進入廣州城的權利，但葉總督則認為英方已經完全放棄了這個特權 —— 這一說法遭到了現任香港總督包令爵士的斷然拒絕。事情的緣由是這樣的：1842 年英中雙方簽訂了一個條約，規定外國人在忠實地遵守某種預備程序之後，便可以被容許進入五個開放口岸的城市。這一點在除廣州之外的其他所有口岸都做到了。為了實施條約所規定的權利，戴維斯爵士於 1847 年擺出了一種咄咄逼人的姿態，摧毀了珠江上的要塞，並威脅要進攻廣州城。在兩廣總督者英的調解之下，英方將此項要求推遲了兩年。兩年到期之後，文咸爵士重申要得到條約所給予的權利，但由於英國國內謀求和平的情緒占了上風，而且只要貿易不受到阻礙，這個特權本身實際上並沒有什麼太大的重要性，所以這個爭執又這樣不了了之。

被「南京號」和「加爾各答號」軍艦擊毀後的南山炮臺

　　然而現在到了修訂條約的時候。1854 年，包令爵士曾前往白河尋求跟

清廷會晤的機會，以便為重新締結英中和約做一些預備工作。然而他兩手空空就被客氣地打發回來了。從那時起，此事沒有取得任何進展，而英國官員在這裡受到了極其無禮的對待，我們發出的信函根本就沒人理睬。本地民眾和官員的傲慢無禮令人難以忍受。因此，中方違背條約的做法是我們重申原有特權的極好契機。英軍艦隊司令所採取的軍事行動正是為了達到這個必要的目的。在摧毀了沙面要塞之後，並沒有什麼事情發生，直到英軍再次奪取「法國炮臺」這個距離十三洋行下游約 1 英里的堅固要塞。英軍在戰鬥中只損失了一名士兵，他是被一支火箭所射中的。

現在英軍已經占領了所有的要塞，並且向中國人表明，我們隨時可以摧毀廣州城。但頑強的中國人並不會輕易地屈服，而我們在收到來自國內的命令之前也許會維持現狀。我們是否還需要發動另一次中英戰爭？假如是這樣的話，我們這一次無論如何都要有效和完整地實施我們無庸置疑的權利，以避免造成將來的麻煩。讓我們給這個難以被征服的民族一個能被他們永遠尊重和絕不會忘懷的教訓！

與此同時，我們還得享用珠江這條臭河上的烏煙瘴氣，並因 100 塊銀元的懸賞而每天去冒被人砍頭的危險。

你忠實的，E.

1856 年 12 月 14 日

（來自另一位通訊員的報導）

英國軍艦緊鑼密鼓地追逐海盜艦隊的情景看起來簡直有點可笑。那些兵船也許是「叛亂」者的。但英國當局卻說，由於那些船有時候被我們發現在偷盜或劫掠，所以我們可以把它們視為海盜船。假如有任何人到英軍駐地周圍中國人居住的街道或院落去轉一下的話，他們難道不會認為那裡也遭到了劫掠了嗎？每一座房屋都已經被英國陸軍、水兵或海軍陸戰隊隊員闖入，並翻箱倒櫃地搜刮過一遍了。就連外國僑民也未能倖免。那些人並不滿足於光是找點酒喝，連那些書桌和抽屜也都被他們撬開。難道我們的士兵不比那些中國人更像是海盜嗎？他們走到哪裡就搶到哪裡，僅僅是

因為軍官們的疏忽，就變得無法無天，比在中國司空見慣的劫掠真是有過之而無不及。

　　儘管如此，在這裡的英國人中還是才俊輩出，無論是在海軍、陸軍，還是在外交使團。很少有人能比領事巴夏禮先生更為機敏和深刻地了解中國人的性格。我們每一個人都完全信賴英艦隊司令。而他的副手們，如霍爾艦長、科霍蘭斯艦長和巴特艦長，全都是非常稱職的軍官。然而，因為這並不是一篇寫給英國海軍部的報告，所以我無疑將會在合適的地方提到那些值得稱讚的人。假如中國人的抵抗更頑強一些的話，就會有更多的英國軍官立下顯赫的戰功。但目前他們所得到的命令只是防禦。中國人目前唯一的挑釁行為是由葉名琛懸賞英國人頭顱的瘋狂告示所引起的。老百姓們對此似乎視而不見，但那些清兵則一有機會就想得到那筆賞金。有一位海軍陸戰隊隊員從澳門要塞到廣州附近的一個村莊來的時候遭到伏擊，並被砍了頭。他過去經常去那個村莊購買蔬菜等。那些清兵終於找到了一個機會殺害他，並且除了頭顱之外，什麼也沒有拿走。英艦隊司令立即下令將那個村莊燒成了灰燼 —— 這樣的教訓人們是不會輕易忘記的。有些村民幫助了清兵。在去焚燒那個村莊的時候，我也隨軍前往。昨天有一位黑人水兵差點也被砍了頭。他當時正在一大群中國人當中默默地張貼有關輪船起航的時刻表。有幾個清兵偷偷地從後面摸了上來，其中有一個人開始舉刀來砍他的頭，他儘管身負重傷，但還是保全了性命。在暗殺未遂後的 4 小時之內，事發地點附近的兩個大的清政府海關建築即被夷為平地，總共大約逮捕了約 100 人，其中大部分人後來被釋放，但黑人士兵所認出來的六個人卻被拘捕。拿刀砍他的那個人辮子被剪，並於今天早上挨了 36 顆槍子。其他的人則被從輕發落。霍爾和科霍蘭斯艦長手下的那些水兵和羅坦上尉手下的一些英國皇家炮兵乾淨俐落地拆毀了當地的衙門。他們對於此類毀滅藝術的熟練程度已經達到了出神入化的地步。那天在拆毀房屋的過程中，發生了一件令人悲傷的事件。「為了我們所在位置的安全」，可憐的考珀，這位英國工兵部隊的軍官被突然倒塌的房屋所壓倒。這要了他的

命。無論是身為一個軍官，或是身為一個英俊而快樂的同伴，他的死對於我們來說都是一個很大的損失。

荷蘭炮臺要塞內部

　　這裡的戰爭形勢日益惡化，許多人認為英軍艦隊司令在增援部隊到達之前將不得不堅守陣地 —— 因為要達到滿意的結果，英軍就必須奪取廣州城。這將大大簡化整個事件的解決。因為假如一切都在我們的控制之中，就沒有必要跟中方進行棘手的談判，迫使中方為英方所有損失支付賠款。毫無疑問，假如我們用武力，而非英方的外交活動或中方的准許進入，來獲得這個簡單的讓步，那麼英國在華地位將會要高得多。清朝政府並沒有明顯的希望來維持其搖搖欲墜的皇權。中華帝國必定會分崩離析。七年來已獲得局部勝利的革命和無數小的起義在有些省分裡甚至造成了無政府狀態、連年饑荒和商貿凋零的局面。某些地區的瘟疫和另一些地區的蝗災 —— 所有這些，再加上空虛的國庫、游民、軍餉不足和軍官無能等等，都必然會造成清朝的迅速瓦解，無論是否有外國人的侵略。英軍

已掌控了珠江這條大清國境內最大的貿易通道。美國在貿然參戰之後，尋求和談的努力一直沒有成功。法國人的強大軍隊注定要在中國當前的歷史上發揮重大的作用：這支軍隊馬上就要到達中國。然而，雖然在大清國未來命運之上籠罩著重重烏雲，葉名琛仍然頑固地堅持其對外國人的仇恨，中止了所有的對外貿易，有違必懲，並且試圖透過到處在牆上張貼煽動性的告示，慫恿中國人來反對我們。他在給皇帝的奏摺中也許會使用另一種語調，宣稱他沒有能力抵禦外敵，但這麼做的可能性並不大。更有可能的是，他會給皇帝送去大獲全勝的捷報，而且他現在可以吹噓，他抵禦英軍的圍城已長達兩個月了，與此同時還打敗了美國人！

　　途經南安普敦寄到本報的幾幅速寫描繪了荷蘭炮臺的內部景觀和英國領事在卸任時的告別。炮臺內一切都井井有條，這主要是兩位英國指揮官的功勞。英國水兵們在炮臺內畫了一些他們自己構思的壁畫。有一張壁畫描繪了一位長得像 T. P. 庫克的英國水兵手指著廣州城，畫面上還附有一句話：「城牆的缺口就在這裡。」下面還有一句話：「此路通往榮譽和光榮。」一位在虎頭門寨被捕，並因需要截肢而被留在要塞之內的中國戰俘，竟跟荷蘭炮臺內那些仁慈而又相當粗野的護士變成了好朋友。另一張速寫描繪英國駐廣州領事在卸任時跟伍浩官、盧茂官、潘啟官等老一輩的行商們辭別的情景。自從這幅速寫畫好以來，中國人似乎發現透過談判來解決事端行不通，而英艦隊司令則決定針尖對麥芒，對兩廣總督的頑固不化寸步不讓。

英國領事巴夏禮先生向老行商們告別

CHINESE MANDARIN AND SOLDIERS.—(SEE PAGE 170.)

清軍的官與兵

中國速寫：廣州的守街衛兵、養蠶
(Sketches from China: Canton Street-Guard, Rearing Silk Worms)

1857
《倫敦新聞畫報》第 30 卷，第 847 號
1857 年 2 月 28 日，179 頁

廣州城裡的守街衛兵

　　第一張人物速寫描繪的是廣州城裡的一名守街衛兵。清軍中有相當一部分兵勇只是發揮著警察的作用。正如我們所發現的那樣，在給清兵規定的義務當中，居然有一條是「膽小者去看守街道」。所以在畫中所出現的這位兵勇身邊雖然擺著武器，但也許並不會令人望而生畏。

　　清軍兵勇的格言往往從理論上聽起來很順耳，例如「寧可陳兵百年，不可鬆懈一日」。而且他們的軍規和兵法假如能夠運用得當的話，應該能保證訓練出一支紀律嚴明的軍隊。

　　例如，按照他們的軍規，「打仗時要勇往直前，貪生怕死者砍頭，首級懸掛示眾。殺敵必定論功行賞。若戰死疆場，家屬要得到妥善照顧。膽小鬼即投降者，不可活命；衝鋒在前，未必會死；但若想退縮，則必死無疑。要讓軍官把這一原則灌輸給兵勇們，讓他們奮力御賊，殺敵立功」。然而，至少制定這一條款的政策是可疑的。它的可悲後果可見於鎮江府的陷落，後者完全是由八旗兵防守的。

　　他們的祖先在兩百年前正是透過在這裡打了一個漂亮仗而給征服中國畫上了句號。它當時是中國最大的城市之一，而且在江蘇省內，它的重要性僅次於省府南京。八旗兵踏著冰面跨過了揚子江，以突襲的方式奪取了這個城市。清太宗把這個城市獎賞給了旗人，從此這個城市就完全被置於清朝法律和習俗之下。城裡原來的居民則住到城市周圍的郊區，並且成了旗人的奴僕。每天一更時分就會打鐘和關城門，實行宵禁。所有的漢人都得離開用城牆圍起來的內城，那裡面基本上都是旗人。而且在抗擊外敵時，這裡也是抵抗得最厲害的地方。然而城牆上的守軍已經跑光了，幾乎空無一人。當守軍沿街撤退時，根本就沒有做認真的抵抗；而有不少人卻寧可選擇自盡 —— 也許有些人是出於一種崇高的，然而是誤置的榮譽感，這種榮譽感不容許他們逃跑或落入敵人之手；另一些人則是害怕城池失守之後，他們即使活下來，也難以忍受自己同胞的百般折磨。

　　另一條軍規：「要盡全力保持武器的良好狀態，並保持火藥乾燥。」清兵彈藥匣的品質是如此低劣，無論他們多麼小心，只要下一場陣雨，就

會使一支只依賴火繩槍的中國軍隊完全失去戰鬥力。因此，除非是為了檢閱，清兵從來就不碰他們的火繩槍。

「當軍官受傷或被捕時，兵勇們應盡一切努力將他背走或救出來。若非如此，且打敗仗的話，這些罪人將被砍頭。」這條軍規一般來說形同虛設。由於士兵逃跑，軍官得償命，因此他們表現得特別勇敢，為中國人掙回了一些面子。在吳淞炮臺，所有的兵勇都逃命去了，只剩下那些軍官親自操作大炮，都統最終戰死在炮臺上。

「兵勇們不得放棄乘勝追擊敵人或參與搶劫。」我們不能夠證明他們有放棄追敵而去搶劫的例子。但在 1842 年的戰爭中，中國當局經常承認清兵的搶劫比他們的敵人還要厲害。人們經常來請求「蠻夷」們來保護他們不受本國人的騷擾，尤其是在上江府（江寧）。

「在關卡和哨位上，執勤者要保持最高度的警惕和安靜。得到任何情報，都要派能幹的人迅速而祕密地把它送出去。」在吳淞炮臺失陷的前一天晚上，到處都是一片鳴鑼聲和號叫聲，而每個清兵手裡提著的燈籠不僅指引著英國測量船找到了要塞的大門和一整排炮臺的位置，而且還用錨固的浮標標出了好幾條兵船的位置，而第二天早上，它們就被繳獲。

「紮營時，巡邏的兵勇要提高警惕，尤其是在晚上。遇到警報時，大家切勿驚慌失措。密令必須仔細地服從，不容許在傳遞過程中丟失。」在夜襲寧波的戰役中，每一個手提燈籠的清兵都造成了成千上萬人的死亡。每當城門的守軍得到增援時，清軍反而會被擊退，英軍的毛瑟槍和野戰炮就是靠清兵燈籠的指引才能擊中目標的。

其他軍規也像上述幾條軍規那樣受到漠視。簡言之，在當今中國的軍營裡，幾乎沒有什麼紀律可言。對於所有軍官都是必須靠自己功績從底層被提拔的清軍（至少敕令如此）來說，這本是不應該發生的。說到軍規，還必須提及下面這幾點：保衛皇宮，皇帝本人、皇后、皇太后，以及太皇太后的寢宮。除非遇到非常緊急的情況，沒有皇帝的准許是不能調動軍隊的。每一次調動都要向統領稟報，後者稟報軍機處，再由軍機處上奏

皇帝。背信棄義，包括打敗仗，要按官銜的高低受到嚴厲的懲處。邊境的守衛是在軍隊的監視下進行的。所有的人沒有許可均不準越境，否則要受刑罰。

中國的絲綢文化

中國的絲綢文化：準備生絲

這一張速寫具有更濃厚的家庭生活氣息。絲綢是中國的主要產品之一。在一部御批的作品中有許多附有文字的版畫插圖，解釋絲綢生產的過程，並且詳細描述了種桑樹、採桑葉，直到最後織綢等每一道工序。除了用跟歐洲的桑樹稍有不同的普通中國桑樹葉子來餵蠶之外，中國人還偶爾使用一種野桑樹，以及另一種據稱是白蠟樹的樹葉。

中國人特別注意提供給蠶的桑葉的數量，他們認為這將決定蠶絲的產量。他們計算出同樣數量的蠶如在 23 至 25 天內達到完全發育，可以生產

出 25 盎司的絲；如在 28 天內達到完全發育，能產出 20 盎司的絲；如需 40 天達到完全發育，就只能產出 10 盎司絲了。在蠶被孵化後的頭 24 個小時中，耐心的中國人要餵牠 48 次，即半小時一次。在第二個晝夜中要餵 30 次。隨著蠶的長大，每天的餵養次數也隨之遞減。對於養蠶所花的心思以及為了保持蠶體乾淨溫暖所採取的眾多預防措施，在下面這本中國養蠶古書的引文中有著奇特的表述：

> 養蠶的地方必須僻靜，遠離惡臭的氣味、牲畜和噪音。惡臭或最輕微的驚嚇都會對極其嬌嫩的蠶寶寶產生不良的影響。在蠶剛孵化出來的時候，就連狗叫聲和雞鳴聲都會引起它們的紊亂。

> 為了無微不至地照顧它們，總會有一位充滿愛心的母親來養育這些蠶，細心地為它們提供食物：她被稱作「蠶母」。她在進蠶房前須沐浴更衣，不能帶入任何的怪味；她不能剛吃完飯就進蠶房，也不能在碰過苦苣之後進蠶房，因為蠶寶寶很怕聞這種氣味。她必須穿上沒有任何襯層的素衣，這樣她就可以對蠶房的溫度更加敏感，並據此來加火或減火。但她必須小心翼翼地避免產生煙塵，因為這對蠶寶寶也是很有害的。蠶寶寶在第一次蛻皮之前，蠶房裡必須保持一定溼度。每一天對於它們來說，都等於一年，而且從某種程度上來說，還分四個季節：早上是春季，中午是夏季，傍晚是秋季，深夜是冬季。

速寫中所畫的場景就是一個養蠶場，它可以用引自戴維斯的傑作《中國人》中的文字來加以描述：

> 當蠶蛻過幾次皮，長到它們最大的體積，並呈現出一種微微透明的黃顏色時，它們便被轉移到隔間 —— 為它們吐絲結繭而專門準備的地方。在開始吐絲結繭的一星期之內，絲繭便可以結成，這時就必須在蛹變成蛾之前用手把它們摘下來。因為蛾子很快就會咬破繭鑽出來，這樣就把繭給糟蹋了。因此，除了一些繭子被挑出來放在一邊，以便讓蛾下籽之外，其他大部分繭裡的蛹都被放置在密封罈子裡的一

層層鹽和桑葉下面窒息而死。然後這些繭子被放進相當燙的溫水裡，水融化掉把絲黏合在一起的膠質，這樣就可以把長絲抽出來，繞在線圈上。一定體積和重量的一團團絲馬上就能變成被稱作「生絲」的商品，或者在織機上被生產成爲供國內外消費的各種絲綢類物品。雖然中國人的織機看上去非常簡單，但他們還是可以模仿英國或法國最精美的圖案。中國人尤其善於生產錦緞和有花卉圖案的緞子。他們的縐綢至今還從未能夠被完美地模仿。他們還能織一種洗滌綢，叫做廣州繭綢，這種絲綢穿得越久，就越柔軟。

THE ILLUSTRATED
LONDON NEWS

中國的船舶
(Chinese Shipping)

1857
《倫敦新聞畫報》第 39 卷，第 849 號
1857 年 3 月 14 日，231～232 頁

我們附了一張「三桅帆船」的版畫插圖，對於這種船的描述在議會對英中戰爭問題的討論中引起了很大的爭議。三桅帆船被用於英國和葡萄牙的中國沿海貿易。它在議會的處境在下面引自《泰晤士報》讀者來信的這段文字裡有了很清楚的解釋，該信的署名爲「來自香港的聲音」：

至於三桅帆船的問題，假如我沒有記錯的話，有人已經說明了中國當局並不了解我們向殖民地船隻頒發航行許可證的做法（因爲這些船從本質上來說是殖民地的船，而非英國的船）。現在眾所周知，這些船最賺錢的來源之一，並在許多情況下是謀求這種航行許可證的主要動機，就是不僅中國商人，而且就連清朝官員自己，都支付大筆的錢來僱用這些船，以護送在中國沿海地區的商船和漁船。

珠江上商用三桅帆船

　　大批這樣的船隻不敢輕易出港，除非它們能得到一艘具有這種廣
受譴責的殖民地航行許可證的船隻保護它們不受海盜的攻擊。這種船
上往往只有一個歐洲人當船長，並且就跟松木製斜桁四角帆帆船那樣
不容易被誤認爲是中國船。此外，每一艘殖民地的船隻都會將其船號
和所在口岸名稱用油漆畫在船尾上。由於中國人總是把三桅帆船稱作
「洋船」，所以說登上「亞羅號」三桅帆船的清朝官員自稱以爲它是中
國船的話，似乎令人難以置信，即使當時船上並未懸掛英國國旗。人
們還須記住，葉名琛所津津樂道的有關這艘船來歷的消息都是在審問
該船被捕船員時所得到的。至於航行許可證已經過期一事，要不是我
想特地加以說明的話，幾乎不值一提。一艘具有航行許可證，懸掛英
國國旗並沿海航行的縱帆船，往往要在航行許可證過期 12 個月之後才

能回到香港，而此前一直在沿海航行，有時停泊在建有領事館的那五個開放口岸之一，並將價值五萬美元的硬幣裝運上船。那些反對文斯利代爾勳爵所制定法律的人們是否想說，這艘船不能受到英國國旗的保護，或是它所停泊的口岸領事不能夠或不應該來保護它不受中國的干涉？它當時的國籍和名稱是什麼？我以爲，假如「亞羅號」上的任何一位海員犯下了罪行，即使是在航行許可證過期之後，他若是沒有好的辯護律師，正如香港最高法院沒有司法權那樣，那麼勝訴的機會就很小，因爲這個罪行是在中國境內犯下的，而且他所在的並非是一條英國船。

THE ILLUSTRATED LONDON NEWS.

在中國的戰爭：起義者、滑竿和香港
(The War in China: Chinese Rebels, the Mode of Carrying a Wounded Rebel, and Hong Kong)

1857
《倫敦新聞畫報》第 30 卷，第 849 號
1857 年 3 月 14 日，238 ～ 239 頁

香港，1 月 14 日

中國不再僅僅局限於在廣州和珠江上進行自衛防禦，他們張貼布告和散布傳單，號召廣州居民仇恨和謀殺外國人。他們禁止中國人為「蠻夷」們服務，因此我們有理由擔心在香港會發生暴亂。包令爵士已經跟法軍司令格林海軍上將（Admiral Guerin）達成共識，決定採取一致行動，在必要時實施鎮壓中國人的方案。50 名法國水兵已經被部署在了香港東部的一個據點，而且為海軍的登陸做好了一切準備。一有風吹草動，所有的登陸部隊和四門輕榴彈炮就可以馬上登岸。

法國人所採取的這種態度，似乎是因為他們最近收到的指令。我們獲知，甚至在最近的廣州事件發生之前，法國和英國就已經共同商定要從中國政府那裡得到相互間條約的修訂本，因為原有的條約馬上就要到期。法、英的代表都分別收到了密令，規定他們必須採取同樣的行動，以便共同達到這個目的，並且命令他們在任何情況下都要互相支持。儘管如此，我們仍急需兵力上的增援。如果增援部隊不能到達中國，那麼所有的歐洲人都會毫無例外地面臨最嚴重的危險。

實際上，你們會發現，隨著時間一天天過去，以廣州為中心舞臺的衝突正愈演愈烈。當你們看到這封信時，就會知道十三洋行已經被毀。它們被中國人在 20 處不同的地方同時點火焚燒，英國人束手無策，雖然盡了一切努力，也無法撲滅大火。在十三洋行所在的位置，我們現在只能看到一堆廢墟。由於看到麥可·西摩爾艦隊司令手頭能調動的兵力不多，中國人似乎膽子越來越大，決心要採用謀殺和縱火等手段。一群清兵在喬裝打扮之後，拿著狼牙棒混到了「大鰭蓟號」輪船上。當這艘船沿珠江而下時，這些清兵突然向歐洲人發動襲擊，將其刺殺。然後他們又將輪船點上火，向岸上撞去。

在第三個例子中，大量清軍水師兵船試圖偷襲麥可·西摩爾艦隊司令的旗艦「烏木號」。中國人選擇了退潮這個時機，這樣其他的英國軍艦就不能前來救援。「烏木號」軍艦進行了頑強的抵抗，使得發起攻擊的中國兵船艦隊在蒙受重大損失之後，被迫掉頭離去。英軍有一名軍官和 4 名水兵陣亡，還有 8 名水兵受傷。

巴黎的《海軍箴言報》已經報導過，位於北京的清廷給沿海諸省督撫發去了一些可憎的命令。在好些地方，尤其是上海，這些命令沒有被執行。但不幸的是，在其他許多地方，它們煽動起了當地居民的仇外情緒。有些官員在頒發的布告中宣泄了最殘酷的性情。我們收到了黃埔縣官的布告，以下便是該布告的譯文：

聲名狼藉的洋鬼子放肆地舉起了反叛皇帝聖上的大旗。他們進攻

並想縱火燒毀廣州城。爲此他們已受到了應有的懲罰，因爲我們無往而不勝的軍隊擊退了敵人，使之死傷無數，讓他們在全國各地都陷入重重包圍。每個中國人遇到英國人時均須格殺勿論。令全世界都感到敬畏的大清國精銳水師和強大軍隊已經前來驅逐敵人。我們要萬眾一心，全民皆兵，讓洋鬼子們在皇帝聖上的意志和憤怒面前心驚膽顫，瑟瑟發抖。皇帝的目光就像是炙熱的陽光，其力量不可估量。

凡是不遵此命令行事的人都將被視爲叛匪，並立刻受到可怕的懲罰。

特此布告。

縣令　金度
黃埔，十二月初九

這張布告貼出來以後，在民間引起了極大的騷動，以至於城裡的少量歐洲人不得不逃離此地，而原來停泊在船隻來往繁忙的珠江上的外國船隻也載著歐洲人駛向大海。黃埔並不是根據條約向外國人開放的五個通商口岸之一，而是一個離廣州有 20 英里的港口。回廣州的船隻經常在那裡停泊，以補充飲水和食品。根據本報記者的說法，我們手頭唯一拿到文本的黃埔縣官布告中的用語還不算是最激烈的。我們可以透過它來判斷中國當局對外國人的態度。

布魯塞爾《北方報》上發表的一封來自巴黎的信中說：

目前在中國海的法國海軍中隊即將得到增援，沃盧斯基伯爵、考利勛爵和哈梅林海軍艦隊司令已經爲此做出了安排。

插圖

第一幅版畫插圖描繪了一群中國的起義者；而另一幅版畫插圖描繪起義者抬傷兵的方式。這兩幅畫都是根據最近的太平天國運動中所畫的速寫而繪製的。

1857

　　後面插圖是香港全景圖，尤其是位於高山腳下維多利亞城的中部。這個城鎮創建於 1841 年；而在短短兩年中，它就從作為政府官邸的一個帳篷變成了一大片飯店、要塞、寬闊的街道、集市和市場，以及好幾個公共建築。

CHINESE REBELS.

中國的起義者

CHINESE MODE OF CARRYING THE WOUNDED.

起義者送傷兵的滑竿

香港全景圖

1857

THE ILLUSTRATED
LONDON NEWS

在中國的戰爭：「飛馬號」輪船和廣州大火

(The War in China: The Passenger-Steamer "Fei Ma" and Conflagration at Canton)

1857
《倫敦新聞畫報》第 30 卷，第 849 號
1857 年 3 月 14 日，250 ～ 252 頁

廣州的大火，1857 年 1 月 14 日

我給你們寄上一幅有關廣州的速寫，這是昨天早上從這裡僅存的高大建築的教堂塔樓頂上畫的。這幅速寫的畫面囊括了廣州城，城外的東南郊，還有一部分的外國商館和花園的廢墟。這張速寫令人回味，因為它記錄了英國人在廣州城內唯一一處地方，即總督衙門，所造成的重大火災。這場大火從昨天下午 3 點開始一直燒到今天早上 7 點才熄滅。插圖的右下方就是昨天燃起大火的地方，那場火燒掉了從花園到荷蘭炮臺的所有十三行商館。有趣的是，在畫這幅速寫時，圖中的教堂尚未燒毀，而英國軍隊已經撤離了花園。圖中最顯眼的還有圖左的火藥庫山（Magazine Hill）和山頂的歌賦要塞（Gough's Fort）。圖左的前面是怡和行的商館，圖右的前面是花園和皇家海軍陸戰隊的警衛室。

皇家海軍艦艇「西比爾號」，黃埔，1857 年 1 月 19 日

我們的在華戰爭已經進入了一個可稱作是悲劇性的階段。首先，所有的軍事行動都很成功 —— 倘若再給敵人一個沉重打擊，整個戰爭就將結束。要塞已被摧毀，省府遭到圍困，城牆已被轟開了一個缺口，似乎只要發動一次總攻，敵人就會土崩瓦解！

然而事情的發展並非如此，我們對於中國人性格的了解只停留在很膚淺的表面。實際上，他們似乎就如密迪樂先生所說，是「世界上被誤解最深的民族」。你們也許已經聽說十三行是如何被燒毀的，以及葉總督如何

厚顏無恥地指控英國人自己放了一把大火，還有他親自給包令爵士寫了一封勸誡信，赤裸裸地宣稱他知道「報應」遲早會降臨。

雖然被趕出了自己的家園，但廣州行商們的表現令人欽佩。他們鼓勵英海軍艦隊司令，並竭盡全力支持了他，十三行所在地挖了戰壕，「蠻夷」們並未被趕入海中。

荷蘭炮臺（海珠要塞）在這個危急關頭也成了我們的朋友。我們在此地設置了堅固的防線，並擁有最大口徑的重炮。這個島位於廣州新城牆的前面，在轟擊廣州城時，這裡曾是最重要的陣地。

敵人曾無數次地試圖用炸藥炸毀我們的軍艦 —— 但至今還未成功。也許他們最終會用這種方式給我們造成某種傷害，因為他們足智多謀，對金錢貪得無厭，只要能得到金錢，有無數的人會自願地賭上自己的生命或肢體。

然而悲劇並非發生在廣州，而是在別處 —— 因為中國人畢竟對我們的「火輪船」懷有極大的敬畏。你也許已經從其他途徑聽說了「大鰭薊號」郵船的悲慘命運。假如還沒聽說的話，讓我來告訴你一些從目擊者那裡聽來的細節。

「大鰭薊號」是香港和廣州之間每夜運送郵件的三艘小輪船之一。它還搭載一些中國旅客。該船的船長是一個叫威曼的德國人，船上的大副也是外國人。12 月 21 日晚上，「大鰭薊號」郵船正在從廣州開往香港的途中，就在第二個沙洲塔附近，有一隊隱藏在沙洲後面的清軍兵船突然向郵船開炮，但郵船繼續往前開，並成功地逃脫了危險。但正在這時，第二隊兵船又向它開火。結果船長親自掌舵，冒著炮火沖過了那些兵船。郵船上有好幾位中國人旅客在襲擊中傷亡，而郵船上沒有裝備可以還擊的火炮。

「大鰭薊號」郵船於 12 月 26 日回到了廣州，並於 12 月 31 日在返回香港的路上，途經上述同一個地點的時候，船上的中國水手發動暴亂，殺死了船上所有的歐洲人和馬來人，而且砍下了他們的頭，再把船沿著珠江的一條支流拖到了一個叫做南公頭的村莊之後，放火焚燒船隻。該船受到了

村民們的搶劫，最終由一條從那裡經過的輪船拖回了香港。

臺灣海峽中的中國走私船

53 艘清軍水師兵船試圖在珠江上劫持「飛馬號」客輪

共有 11 人在這次事件中被害，其中包括西班牙駐澳門的領事迪亞斯先生。這就是在中國打仗的一個典型例子。中國的皇帝為每一個「蠻夷」的

頭顱都提供了 100 兩白銀的懸賞，而中國有成千上萬的人會為了 50 兩就不惜犯下最血腥的罪行。

我再給你們舉一個例子：在黃埔那個地方留下了一條屬於一位美國醫生的住家船，該船由一位歐洲人在管理，他的手下還有五六個中國僕人。那位歐洲人在船上還沒有住上幾天，突然有一天暴徒們衝上船來，那些中國僕人逃得無影無蹤，而那個可憐的歐洲人被無聲無息地殺死，他的頭被割了下來，裝在一個口袋裡送往廣州。

還有另外一個例子：在黃埔同一個地方還有一條小住家船上住著一位年老的蘇格蘭紳士及其妻女。不到三週之前的一個下午，當他剛從岸上做完生意回來時，有一條中國人的舢板划了過來，說是給船主考珀先生帶來了一封信。當站在跳板上的女兒去拿信時，來者說這封信只能交給船主本人。於是那位無所畏懼的考珀先生便走出來拿這封信，但是他剛走出來，就有三名強壯的中國人把他拖進了水裡，他女兒拽住了父親的臂膀，但也無濟於事。最後那些邪惡的無賴劫持老人揚長而去。這些人自詡敬老，但如此卑鄙地把一位 65 歲的老人從他的家裡和家人身邊搶走，並且或許已經冷血和若無其事地殺害了他，這一切僅僅是為了那 100 兩銀子。這些事情令人毛骨悚然並感到憎惡，但在中國佬眼裡，這無非是一個靠人頭來斂財的機會。

讓我再舉一個例子來說明這些可憐蟲的勇氣和尚武精神：上星期五（1 月 9 日），有一條小客輪從香港開往廣州。它是一條快船，而且被恰如其分地叫做「飛馬號」。下午 2 點左右，當輪船透過「大鰭蒯號」郵船被劫持的珠江支流上那個著名地段時，受到了至少 53 艘清軍兵船的攻擊。每一條兵船上都裝載著 2 至 4 門大炮，並且有至少 40 條櫓（每條櫓都由 3 至 4 名水勇來搖）的驅動。由於馬來籍的舵手離開了崗位，小客輪迷失了航線，差點被那些兵船所包圍。中國人知道小客輪上沒有火炮裝置，無法抵抗，便大搖大擺地在後面猛追。他們的炮彈像冰雹那樣襲來，有 9 至 10 顆炮彈射穿了船舷，其中有一顆炮彈離鍋爐只有兩三英寸遠，其他的則穿透了船

1857

體。經過了整整 20 分鐘的嚴峻考驗，這條小客輪才逐漸把那些兵船拋在了後面。這就是中國人所謂的勇氣：擁有整整 8,000 多人的一個兵船艦隊大動干戈地追逐一條可憐的小客輪，後者只裝載了八九名旅客，然而他們每個人的頭顱都值 100 兩銀子。

當西方人這樣被按頭論價時，中國佬的生命受到輕視便不足為奇了。我承認我自己一想到這些事情就感到熱血沸騰，儘管我曾是一個心軟的人，但我現在把每一個中國人都看作死敵。

我可以給你舉出其他的類似例子，但是已經沒有必要了。我冒昧地說，無論國內的辯護者們如何對天發誓，任何在這裡住過一段時間並見證過這些懦夫所作所為的人都不會對他們保持敬意或憐憫的。

我相信，廣州傳教士們都一致認為，該是給這些人一個最嚴厲教訓的時候了，我們是在跟海盜和野蠻行為開戰，儘管後者得到了清政府的承認和支持，這就像是我們在公海上無故受到了侵犯，或是為了躲避求生。

我深信我對於這些人的性格並沒有持一種錯誤或不人道的看法。擺在我面前一個公認的事實是，在那位可憐的法國傳教士馬神甫於廣西境內被謀殺之後，那些冷酷無情的殺人犯仍感到不滿足，他們挖出了他的心臟，並且把它吃下去了。對於此事的真實性我敢發誓。有兩名德國傳教士告訴我說，這根本不能算是一樁異乎尋常的事。而正是這些人稱我們為「蠻夷」。

你真摯的，E.

皇家海軍艦艇「交戰號」，廣州附近，1857 年 1 月 10 日

我最親愛的父親，無疑在此之前，你期望我已經在返回幸福而古老的英格蘭途中，但是這場戰爭使得我們在這條陷入混亂的河流上有許多工作要做。由於河水很淺，我們的船必須不斷地保持在深水區活動，在淺水區我們就會擱淺。自從離開了香港之後，三個月以來我們就一直沒有停過火，白天靠手工搖櫓，晚上就靠蒸汽機。除了傷亡人員之外，我們還有許

多人得了病，死亡接連不斷。最近去世的是船上的大副，哈丁勛爵的侄子，今年才 23 歲。我們大家都對這樣的工作感到疲憊不堪。我們從早到晚都在對敵人開火，晚上也不得安寧。我們的上一次戰鬥是對一個由 11 條兵船組成的清軍艦隊發起的進攻。每一條兵船上都有 10 門大炮和 80 至 100 名水勇，而且它們是在淺水區活動，我們無法靠近它們。「加爾各答號」艦長的副官在他的小船上受了致命傷。當他奄奄一息地躺在我們的主甲板上時，我趕到了他的身邊，聆聽他對自己可憐父親的遺言。我剪下了他的一簇頭髮，跟他的遺言放入同一個信封，寄給了他的父親，德普特福德造船廠的珀恩先生。

香港的形勢非常嚴峻。所有的中國商人都離開了，而僕人們都得到了懸賞令，要他們謀殺或毒死他們的外國主人。幾天之後，一條不幸的內河小郵船「大鰭鯏號」載著一群中國旅客離開廣州，返回香港。他們在上船之前都經過了搜查。有些婦女是在船就要開的時候上船的。她們沒有被搜身。當郵船順流開出了 36 英里之後，那些婦女拿出了她們偷帶上船的砍刀和武器，把它們分發給了旅客們，後者其實是由清軍兵勇們裝扮的。他們殺死了船上所有的歐洲人，然後燒掉了船上的木結構部分。該船的鐵質船殼由「杖魚號」軍艦拖回了香港。第二天，敵人對於我們每一個頭顱都開出了高價：軍官的頭顱 500 兩銀子一個，士兵的頭顱是 300 兩，若燒毀或摧毀一艘軍艦，那就是 10,000 兩銀子的獎賞。我在給《倫敦新聞畫報》撰寫的報導中描述了清兵三次試圖炸毀我們這艘軍艦的經過細節。但是感謝上帝，我們至今仍安然無恙。我可以向你們保證，這裡的一切都過於群情激奮，因而談不上愉快。明天，英國海軍艦隊司令想要燒毀他所能捕獲的所有敵人兵船。在離我們大約 3.5 英里處的珠江上有 500 艘敵人的兵船。假如他們有勇氣，並且了解自己力量的話，他們可以把我們活活吃掉。因為是他們令我們感到非常頭痛。我在前天晚上就乘坐我們的艦載艇進行了偵察。在離我們軍艦 1,000 碼處，我剛剛拋下錨，就借助月光觀察到了大約 100 艘用手搖櫓的兵船，每條船的船首都有一門大炮，我連忙起錨，向

那些兵船發射炮彈，同時撤退。我立即就摧毀了敵人的三門大炮，但此時後面的軍艦開了火，以掩護我撤退。每天晚上，敵人都企圖炸毀我們的軍艦。雖然中國佬打仗不行，但他們非常狡猾，而且他們的數量多得就像是海灘上的沙粒。

這個星期以來，我們 4 艘軍艦中的 3 艘牽制了 400 艘敵人的兵船和兵船上的大約 15,000 人，使他們動彈不得。那些兵船排列在一起，看起來十分可怕。年輕而可憐的珀恩就是在這次戰鬥中受傷的。我希望我的弟弟阿爾弗雷德現在已經平安地回到了家裡。我祈求我們也同樣在回家的路上，因為我對於這場在中國的戰爭已經感到厭惡和疲憊，白天有可能被子彈擊中，晚上則有可能軍艦被炸。人們從在「卓越號」軍艦上所做的實驗中可以了解到我們每天晚上所要面對的危險：裝載在一個小桶裡並漂浮在水面上的 56 磅炸藥，一旦跟船舷相撞，就足以把船舷炸掉。從下面的示意圖和解說中你可以看到，我們所必須面對的是什麼樣的危險。我們有用繩索拴起來的原木，從桅橫桿端上吊下來，漂浮在水面上，在軍艦的前面形成一個三角形，以用來保護我們。儘管如此，從上游漂下來的火藥數量是如此之大，足以把我們都送上天去。晚上上床時一想到這一點，心裡就有點七上八下的。左面是敵人三次從上游漂下來，想炸毀我們軍艦的餌雷示意圖：

第一次餌雷是 1856 年 12 月 24 日由小舢子拖著小舢板漂下來，在靠近軍艦艦首的地方被我們乘坐第二艘小快艇的衛兵們所截獲。

第二次發生在 1857 年 1 月 5 日凌晨 2:30 左右。兩個木筏子被綁在一起，筏子上繫有大約 20 英尋的繩子，上面有鐵鉤，以便用來鉤住纜繩或任何其他東西。一旦鐵鉤碰上了船舷，小鉛塊就會拉斷竹竿頂上的導火線，後者連接著火藥。所有這一切都準備完畢，一觸即發。幸

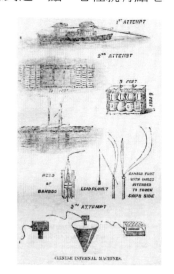

中國人的餌雷

虧坐在小艇上的衛兵們及時發現了這個餌雷，並把它拖離了軍艦。由於是個木筏子，它只能隨波逐流。在木筏上的每一個箱子裡都裝載著至少 17 英擔（約 850 公斤）的火藥，後者裝在沒有蓋子的盆子或罐子裡。木筏本身是用 6 英寸厚的木板所做成的，它們是以捻縫的方式鑲嵌在一起的。

第三次炸船的嘗試是於 1857 年 1 月 7 日凌晨 4:30 進行的。有一對罐頭浮標形的容器，頂部插有一根大約 8 英寸高的旗幟。在導火線的上面是一個裝有火絨的馬口鐵，接著是一個頂上有一根點著的火柴的罩子。罩子上還有一根繩子，只要一拉繩子，就會拉出中間那一個，於是便把火傳給了火絨。這是為了讓那些泅水把容器拖到軍艦跟前的人有時間逃脫。但是小艇的突然出現使他們感到驚慌失措，其中一個容器在離船首右舷約 60 碼處發生了可怕的爆炸，另一個被遺棄的容器向我們的流木擋柵漂來。有一個泅水的敵人被我們抓獲，並且押到了軍艦的甲板上，在左舷過道上被處決。浮標形的容器可以裝載大約 10 英擔（500 公斤）的火藥。

1 月 11 日

今天下午，我們出發去執行焚燒敵船的軍事行動：海軍艦隊司令為每一艘軍艦都布置了具體的任務。大副和我負責率領本艦的突擊隊員。焚燒的規模很廣，被燒毀的財物價值幾千英鎊，就連裝滿了雞、鴨、鵝、豬的市場也沒放過。中國人因財產和生命的損失而被激怒，爬上了房頂，向我們的頭上扔石頭。而中國的兵勇們蜂擁著向我們衝來，試圖切斷我們的隊伍。但由於他們只有短武器，我們就像玩九柱戲那樣，將他們一一擊倒。我們的士兵中有 10 人被打死，另有 1 人受了致命傷。第 50 步兵團的一名軍官頭上挨了一塊磚頭。中國人得到英軍陣亡官兵的屍體後，就割下他們的頭顱，去討賞金。有一名可憐的傷兵目睹他們割下同伴們的頭顱，他看準了機會，拔腿就跑，但是在逃跑中受了致命傷。我們被迫緊急撤退，無法搶回那些死者的屍體，儘管海軍陸戰隊隊員們紛紛要求這麼做。這些士兵是我所見過的最好的士兵，情況越是危險，他們就顯得越堅定和堅決。

我們想要離開由英軍占領的地區，轉移到鳥巢要塞去。然後我們還要往前推進幾英里，這樣要比待在這裡更好。我已經告訴了你我所能想到的全部新聞，而且我希望在下次給你寫信時，可以說我們已經在回家的路上了。向我的姐妹們和所有的家人轉告我最真摯的愛，我最親愛的父親，請永遠相信我是你最充滿深情的兒子。

O. P.

THE ILLUSTRATED LONDON NEWS

在中國的戰爭：中國的兵船和起義者
(War in China: The Chinese Vessels of War, Chinese Rebels)

1857

《倫敦新聞畫報》第 30 卷，第 850 號
1857 年 3 月 21 日，259 ～ 263 頁

　　跟本文的話題有關，我們在本期刊登了中國舊時兵船的插圖，以便能跟現在的兵船作一比較，顯示中國實戰兵船式樣的重要進步和廣泛改變。二十年前，中國的兵船船身很短，式樣醜陋，形狀怪異笨拙。外國海員們都驚訝於這樣的平底帆船居然還能往前走，或還能克服沿海地區的危險和對付錯綜複雜的險惡形勢。自那個時候以來，中國在建造海船方面的進步令人刮目相看。而且，儘管在這些兵船的顯著特徵上仍然保留了中國人的獨特品味，但現在的船舶性能優異，經得起海上的風浪。跟以前腰部臃腫，從船頭至船尾幾乎形成了一個半圓形兵船的情況不同，他們現在的兵船極大地改變了上述特點，有些船甚至已經完全擯棄了這些特點。那些三桅帆船、蛇形船、走私船、海盜船以及在中國海域出沒的其他船隻，船體曲線都非常優美，而且在所有的動作和性能方面都顯示出了很高的水準。二十年前兵船的火力裝備主要包括安裝在舷牆圍欄上的火繩槍，而現在最

高等級的中國兵船就像英國護衛艦那樣，在甲板之間裝備了大炮，而且這些大炮的炮口內徑令正在中國海域的英國海軍軍官們感到吃驚，因為有許多這類大炮的口徑和炮身的金屬重量都超過了英國生產的大炮。那些中國兵船的帆布品質和水勇操縱船隻的整體水準也有了長足的進步。

CHINESE MODERN JUNK OF WAR: SECOND CLASS.

中國新式二等兵船

然而中國正規水師兵船並未因這些改變和進步而放棄的一個顯著特徵，就是在船頭木板上畫的大眼睛，因為中國人堅信，如果缺了這個眼睛，沒有一艘船能夠順利出海。

在中國的旅行者無不相信，這個非凡的民族富有心計，應該會成為一個海上大國。曾經為我們撰寫了迄今最有趣的關於中國的論著的古伯察先生這樣描述道：

中國也將能為一支海軍提供取之不盡的資源。撇開中國擁有的漫長海岸線和大半生都在海上度過的眾多人口不說，光是內陸那些縱橫

的江河和浩渺的湖泊就布滿了漁船和商船，中國能夠提供無數一出生
就在船上生活的男子，他們身手矯健，深諳水性，能夠成爲軍事遠征
中的優秀水手。訪問過中國海域的法國海軍軍官們經常吃驚地遇見遠
離海岸線的中國漁民在暴風雨中搏鬥，後者平安駕馭著簡陋的漁船穿
越滔天的巨浪，而這些巨浪則隨時要將他們吞噬。中國人很快就能製
造出模仿歐洲軍艦式樣的兵船，用不了多少年，他們就能建立起一支
前所未有的強大艦隊。

中國新式一等兵船

中國的起義者

老式的中國兵船

　　讀者無疑會聯想到從成吉思汗的時代起就從亞洲高地上像雪崩一樣蜂擁而來的強大軍隊，若那些布滿所有海域的無數中國船隻前來封鎖我們的海港，那簡直是一幅極其令人難以置信的圖景，而我們自己根本就不認為這樣的情景會變成現實。但是一旦你徹底了解了這個擁有三億人口的王國，當你知道了地下埋著的礦藏資源和這片富饒肥沃土地上的人口數量時，你不禁會問，究竟是什麼阻礙了這個民族在人類事務中發揮重大的影響。它所缺乏的是一位天才，一個能夠汲取這個民族力量和活力的真正偉人。這個國家的人口超過了整個歐洲，而且擁有長達三千多年的文明。假如能夠出現一位才智過人，具有鋼鐵意志的皇帝，或一位決心立即與古代傳統決裂，並引導人民跨入進步的西方文明的改革家，我們相信這個民族的振興指日可待，而眼下似乎非常荒唐可笑的中華民族將會令人們刮目相看，甚至會令那些渴望劫掠這個亞洲古國的列強忐忑不安。

香港的維多利亞城

　　出於對香港的首善之地和殖民地政府所在地維多利亞城的興趣，我們根據一幅現場速寫繪製了上面這張關於該城一條主要街道的版畫。圖中這條街道的名字是「女王路西街」。圖中央那座別有風味、底層沿街全是店鋪的中式建築與它後面的那些簡陋的殖民地建築形成了一個鮮明的對比。香港的勞工階層和小店鋪主大都是中國人，他們永遠都在為賺錢而奔波逐利。那些臨街的小店鋪吸引著經過每一條街的陌生人，而那些沿街兜生意的手藝人則每天都在這條街道上來回奔走。正如本報特派畫家在圖中所示，街上還有其他一些很有特點的人物。香港距離廣州 102 英里，一般都是坐船來回，但整個航程風浪較大，並不輕鬆。香港離黃埔 90 英里，黃埔距離廣州 12 英里。所有跟廣州做生意的大船全都停泊在黃埔。從香港收到的最新情報見於另一版的專題報導。有一幅從維多利亞港眺望香港的插圖，以及包令爵士的肖像畫和回憶錄，刊登在 1854 年 2 月 18 日的《倫

敦新聞畫報》上。另一張關於香港的插圖登載在該報 1856 年 12 月 27 日那一期上（那張插圖的中心位置是香港市政廳大樓）。上星期的《倫敦新聞畫報》還登了一幅描繪香港島海邊的插圖。在上述各期的插圖下面都可以讀到對於維多利亞城的細節描述，它作為香港政府所在地對於我們的讀者具有極大的吸引力。

香港維多利亞城的女王路西街

在中國的戰爭：餌雷、海盜船和上海港
(The War in China: Chinese Infernal Machines, Chinese Pirate Craft, Shanghai)

1857
《倫敦新聞畫報》第 30 卷，第 851 號
1857 年 3 月 28 日，283 ～ 284、287 ～ 288 頁

中國的餌雷

　　我給你們寄上一幅中國餌雷的示意圖，這是皇家海軍艦艇「尼日爾號」上一位海軍上尉寄給父親的一封信中所附的。它與你們已經刊登過的餌雷插圖有所不同。以下就是那位海軍上尉的描述：

中國的餌雷：A 代表兩個在水面上漂浮的筏子，b 代表拴住兩個筏子，外面裹有竹片的繩子

　　中國人好幾次試圖用裝滿火藥桶的筏子來炸毀「交戰號」軍艦，但都沒有成功，因爲我們阻止了這些筏子隨著退潮漂下來。這些筏子上大多數都裝有近半噸的火藥，而且那些所謂的餌雷構造十分精巧。兩個餌雷的下面各有一大桶火藥，它們之間用一根長約 40 英尺的繩子拴在一起，那繩子還用竹片包裹，使之能浮在水面上，如圖所示。你可以想像那繩子碰到一艘軍艦的船頭時，兩個筏子便會自動朝船身撞去，而且透過某種引爆裝置，一碰到船身就會爆炸。這樣的餌雷正在成爲現代戰爭中一個重要的輔助手段。

中國的海盜船

　　在中國海進行商船貿易所要全力對付的最大邪惡勢力之一就是出沒於該國無數島嶼之間的大批海盜船。幾乎找不到一個海灣或港灣可躲避海盜的襲擊，而且到處都聚集著這類成群結隊的歹徒。這些海盜船隻的

客觀特質和裝備如：它們靠風帆或划槳驅動所獲得的快速，它們吃水淺和所載大量用以騷擾的易燃物品，都使它們成為商船護衛艦的最危險敵人。這些船隻幾乎總是合在一起襲擊商船，它們很少會單獨進入開闊的海面。海盜船通常是採用三桅帆船這一等級的船型，其中有些船規模很大，裝備有多門火炮——在捕獲的海盜船上曾發現過能發射 65 磅炮彈的重炮。海盜船上最可怕的一種騷擾工具就是罐狀臭彈，即一個裝有高度易燃物和窒息物質的容器，通常是從海盜船的桅杆頂上扔到受攻擊的船上。海盜們還擅長於把蓆子撲在對手身上，以阻止他們的行動。當受到突然襲擊或被人追上時，海盜們往往會拚死反抗。在有些被捕獲的海盜船上發現了大量的硬幣。

正準備襲擊商船的海盜船隊

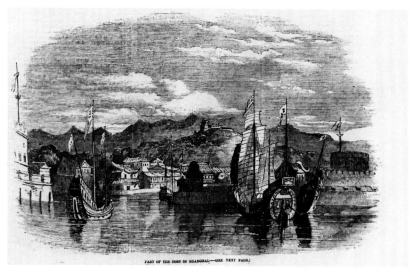

上海港的一角

派往中國增援的英國海軍中隊
（從左至右：「震怒號」，16 門炮；「無與倫比號」，71 門炮；運輸船；「懲罰號」；「香農號」；「喜馬拉雅號」）

上海

上海是中國向歐洲開放的最重要的貿易口岸之一，它位於黃浦江的上方，這條江最終併入吳淞城旁邊的揚子江。上海港的入口受到圖右邊一長排炮臺的嚴密保護，此外還有一個堅固的圓形塔樓或要塞，上面架設了重型的火炮。左岸是透過一個堅固的炮臺和碉堡來進行防禦的。炮臺後面的地區都是些精耕細作的水田和稻田，那裡有眾多的農莊和花園，生產各種水果和蔬菜。從上海港到南京的商貿活動非常繁榮，船隻滿載穀類和蔗糖等物品，在鎮江府那裡進入京杭大運河，後者直通南京，並從那裡一路到達北京。很少有人能夠想像這條大運河上的美麗景色，它的廣度和深度過去一直無人知曉，直到 1842 年英國陸軍和海軍中隊沿著大運河北上，進攻並奪取了上述幾處的炮臺，最終在南京城牆前深達 22 英尋的水域拋錨停泊。英軍就是從那裡下船，並駐紮在城市的周圍，直到和平條約得以簽訂，戰爭費用得到償付，或是得到了償付的保證。

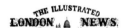

香港的下毒事件
(The Poisonings at Hong Kong)

1857

《倫敦新聞畫報》第 30 卷，第 851 號
1857 年 3 月 28 日，286 頁

上週我們引述了《香港記錄報》有關這一惡性事件的詳細報導。總共有兩三百人吃了下過毒藥的麵包，但沒有人因此死亡。

本報記者 1857 年 1 月 30 日從香港向我們發來了以下的報導：

我給你們寄上一張有關易興（阿龍）麵包店的速寫。那個麵包店主

在麵包中摻入了砒霜，使這麼多香港人中毒。他與他的父親及 8 個幫工，現在正為此重罪接受審判。另外還有一張速寫畫的是易興（阿龍）在警察局裡接受盤問。側身站著的那個中國人就是阿龍，正面站著的是他父親，站在阿龍後面的一個中國女子是他的妻妾之一。這些速寫是一位叫做巴普蒂斯塔的葡萄牙人畫的，他在香港被公認為是一個聰明的畫家，而且他是錢納利的學生。

從中國海寄往巴黎的一批私人信件中說，阿龍在依法組成的軍事會議中受到了審判，並被判決為試圖毒死英國臨時代辦及其家人。該犯被處以死刑，同時被槍決的還有他的 3 名同夥。

香港維多利亞城的易興（阿龍）麵包店

EXAMINATION AT THE POLICE-OFFICE, VICTORIA, HONG-KONG, OF ESING, THE BAKER, UPON THE CHARGE OF POISONING.

香港維多利亞警察局就下毒的指控向麵包店主易興進行盤問

中國的刑罰
(Chinese Tortures)

1857
《倫敦新聞畫報》第 30 卷，第 852 號
1857 年 4 月 4 日，305 頁

　　大清律法長達 1,557 個條款，以野蠻著稱。總的來說，中國的刑罰極為殘酷，並且與相應的罪行根本就不成比例：只要出一丁點的差錯，一位官員就會被貶職、放逐，甚至被剝奪所有的財產。我們在此附上三張有關中國刑罰的版畫插圖，它們是從一系列繪製精美的彩色圖畫中挑選出來

的。這些繪製在捲煙紙上並被裝訂成一個小型對開本的圖畫是一名東印度公司的高級職員從廣州帶回的。書中所畫的有些刑罰令人極為厭惡，而且過於殘酷和野蠻，使得我們無法進行複製。我們所選的這些畫，將能使人感受一下這些酷刑，它們令《大清律例》至今仍然成為中國人的一種恥辱。

第一張插圖描繪一位犯人被人用鐵鏈牽著前往刑場。犯人的頸脖後面和頭部上方插著一塊扁平的木板條，上面書有描述他罪行的漢字。然而我們很難猜出他犯罪的性質，因為《大清律例》上死罪的條目實在是太多了。

CHINESE CRIMINAL LED TO EXECUTION.—FROM A DRAWING BY A CHINESE ARTIST.

中國的罪犯被押往刑場 —— 根據一位中國畫家的作品繪製

第二張插圖呈現的是處死罪犯的一種手法，即一種使用鐵環的絞刑，中國人最近才採用這種刑罰，部分是為了試行假釋許可的實驗。這種刑罰極其殘忍。在這一張插圖中，人們可以看到犯人被捆在一個十字架上，劊子手用一根槓桿逐漸絞緊套在犯人脖子上的鐵環，直到他眼、鼻、耳、嘴等六竅流血而死。

GAROTTING A CHINESE CRIMINAL.—FROM A DRAWING BY A CHINESE ARTIST.

用鐵環絞刑處死的中國罪犯 —— 根據一位中國畫家的作品繪製

　　最後一張插圖描繪犯人的頭顱被裝在籠子裡示眾。而作為這種刑罰的極致，天朝當局竟會出於「仁慈」的考慮，將犯人的孩子帶來看他們已故父親被砍下來的頭顱，以讓他們在倫理道德上吸取教訓。

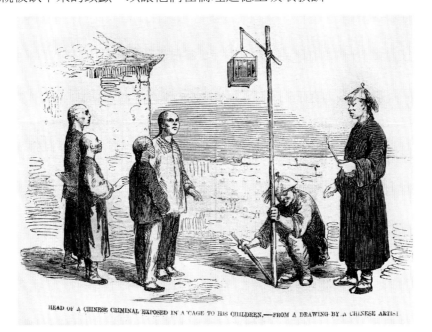

HEAD OF A CHINESE CRIMINAL EXPOSED IN A CAGE TO HIS CHILDREN.—FROM A DRAWING BY A CHINESE ARTIST

中國罪犯的頭顱被放在籠子裡示眾 —— 根據一位中國畫家的作品繪製

在鐵環絞刑和頭顱示眾這兩張畫之間，原本還有一張描繪砍頭和開膛破肚的畫，但因過於恐怖，不能在此發表。

中國人的旗幟

在中國這麼一個生產絲綢並以織錦、象徵和榮耀而著稱的國家裡，人們特別看重旗幟的重要性是不足為奇的。我們在此附了一張描繪印有文字的旗幟的版畫插圖。至於這些文字的內容，我們可以請精通漢文的本報記者將其譯成英語，並於今後登載在本報上，以饗讀者。

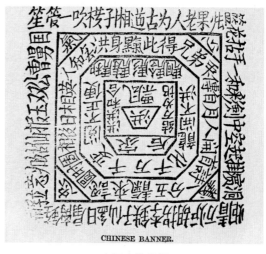

CHINESE BANNER.

中國人的旗幟

THE ILLUSTRATED LONDON NEWS

前往中國的英國海軍運兵船
(Her Majesty's Troop-Ship "Transit," Refitting and Receiving Stores for China in Portsmouth Harbour)

1857
《倫敦新聞畫報》第 30 卷，第 853 號
1857 年 4 月 11 日，334、346 ～ 347 頁

中國速寫：農婦、香港和珠江要塞

下面幾幅呈現中國有代表性的人物和生活習俗的速寫都來自我們熱心的記者們。

第一幅速寫畫的是福州的一群農家婦女，她們因奇形怪狀的頭飾而顯得與眾不同。其中有一個人展示了肩挑籮筐運送物品的常見方式。第二組人群呈現了廣東北部特殊的服飾。該組成員分屬不同的社會層次：先是奶媽和孩子，其次是漁民，然後是兩個未婚女子，最後是一個已婚婦女。在背景中可以看到該地區民宅的一部分。

即將前往中國的英國皇家海軍運兵船「捷運號」正在樸茨茅夫港進行裝備和必需品補給

CHINESE PEASANT WOMEN.

中國農婦

CHINESE COSTUMES, NORTH PART OF KWANG-TUNG.

中國服飾，廣東北部

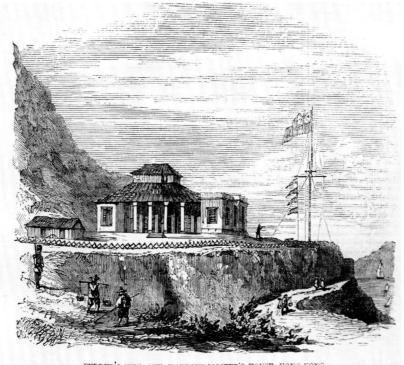

PEDDER'S HILL AND HARBOUR-MASTER'S HOUSE, HONG-KONG.

香港畢打山和港口監督官邸

VICTORIA PEAK, HONG-KONG.

香港維多利亞峰

1857

有兩張配套的速寫描繪了香港島上維多利亞城的風景名勝。

第一幅速寫畫的是畢打山（Pedder's Hill）的東面，即前港口監督的官邸和辦公室。它們的位置高於高水位線標誌 84 英尺，並跟海邊有 360 英尺的距離。這幅畫是在新市政廳前那個裝備了 3 門炮的炮臺上繪製的。

第二幅速寫描繪海拔 1,800 英尺的維多利亞峰東北面的景色。這是從港口監督官邸的旗杆處看過去，畫面上呈現了前香港總督戴維斯爵士（準男爵）的官邸，即凱恩公館。它的下面就是所謂的「中國平房」，這是 1841 年現任副總督凱恩上校在香港為歐洲人建造的第一棟洋房。右邊的山坡上是地方行政官的住宅和監獄大院。

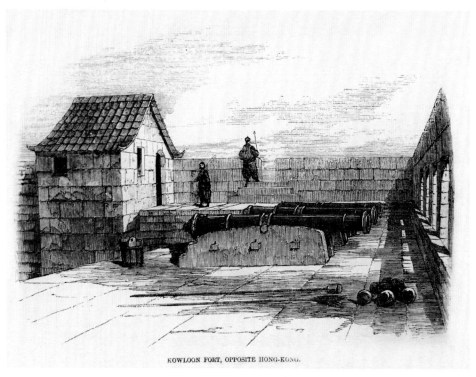

KOWLOON FORT, OPPOSITE HONG-KONG.

香港對面的九龍要塞

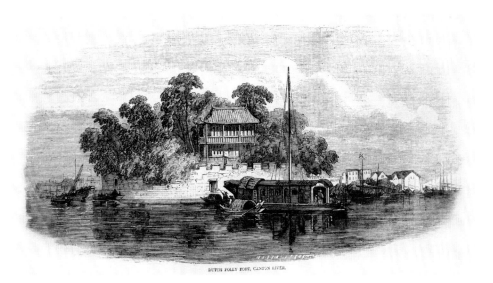

珠江上的「荷蘭炮臺」要塞

　　這些速寫的作者是已故的內務部文職公務員阿瑟·V.約翰斯，凡是訪問過這個殖民地的人都能很容易地認出畫中的這些地方。

　　第三幅速寫所畫的是香港對面的九龍要塞。就是在火炮上面，中國人也表現出了對顏色的偏愛。九龍要塞的火炮被漆成了黑色，炮口和炮身上的裝飾線條是紅色的，那些火炮被裝置在黑色的炮架上。

　　關於中國的火炮，法國《陸軍箴言報》是這樣描述的：

　　　　在最近對廣州發起的進攻中，英國人有一個非常奇怪的發現，它可以被用來說明運用火炮的歷史。在英國軍艦向廣州開炮之後，被派遣上岸的登陸部隊在珠江邊上一個已經人去樓空的要塞裡發現了一個裝備著 6 門 16 磅炮彈口徑火炮的炮臺，那些火炮的特殊形狀引起了小分隊指揮官的注意力。這些火炮在火門附近銘刻著大清王朝的符印，周圍有些漢字，邊上還有一系列設計精美的花紋圖案。在這些裝飾圖案的正中央是一個十字架的浮雕，十字架的下面是用羅馬字母書寫的「1697」這幾個數字。其中有一門火炮被放置在英國艦隊司令旗艦的甲

板上，準備運回英國。其餘的則被棄置不用。後來人們對於這些火炮的來源做了一些調查。火炮上的大清王朝符印是康熙皇帝的符印。這是最著名的一位清朝皇帝，生於 1653 年，死於 1723 年。這位皇帝把耶穌會士召到了他的宮廷裡，並派他們到不同的政府部門工作。身為這些耶穌會士之一的潘易恩（Bouin）神父負責在南京監製火炮，這也許就是他所監製的火炮。

上一頁這幅速寫描繪珠江上如畫般的風景，一個島上建有中式建築風格的要塞。

THE ILLUSTRATED
LONDON NEWS

去中國的路上：馬賽和馬爾他見聞
(En Route for China: Sketches of Marseille and Malta)

1857
《倫敦新聞畫報》第 30 卷，第 854 號
1857 年 4 月 18 日，353、367 ～ 368 頁

（來自本報特派畫家兼記者的速寫）

我們從派往中國報導戰爭的特約畫家兼記者那裡收到了下面的來信和速寫。它們描述並展示了該記者在馬賽和馬爾他的所見所聞 —— 對一位藝術家和喜歡如畫風景的人來說，這兩個地方絕非貧瘠的不毛之地。

馬爾他，3 月 14 日，星期六

古老的馬賽城已經消逝在遙遠的北方，然而我卻認為它是一個充滿活力的地方，儘管它曾遭受過那麼多的踩躪。當凌厲的「密史脫拉風」（即刺骨而乾燥的西北大風）襲擊本地時，對於戶外的娛樂活

動來說這當然是一種不利條件。它幾乎能把人切成兩半，並揚起漫天的風沙，使人伸手不見五指，但它不會持續很長的時間 —— 最多是九天。我們已經罵夠了「密史脫拉風」，現在讓我們來看一下城裡有些什麼好玩的地方。

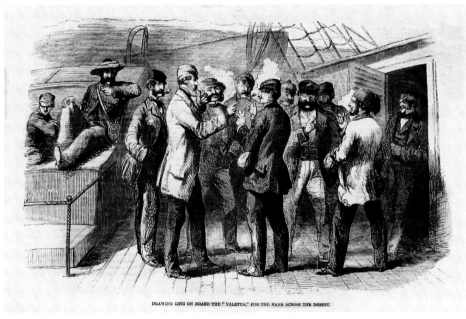

DRAWING LOTS ON BOARD THE "VALETTA," FOR THE VANS ACROSS THE DESERT.

旅客們在「瓦萊塔號」輪船甲板上為獲取穿越沙漠的大篷車座位而舉行抽籤的場景

　　我到達馬賽的那一天正好遇上了一個典型的普羅旺斯好天氣 —— 天空萬里無雲，蔚藍色的地中海顯得美麗極了。我風塵僕僕地趕到了一家旅館，訂下了一個依法國南方風格用紅色小瓷磚鋪設地板的房間，便趕緊去預訂由羅伯茨擔任船長的那艘「瓦萊塔號」輪船的船票。我搶到了船上最好的第一號艙位，跟我分享這個艙位的是英國第30步兵團的狄龍少校，他訂票的時間比我要晚些，而那些在倫敦就訂了票的人卻分到了最差的艙位。接著我去加尼比耶爾商業街附近走了一圈，發現那裡很冷，便走進了一家咖啡館。這裡的咖啡館要比巴黎的

那些咖啡館好得多，店主總是給你整瓶的白蘭地酒，讓你自己告訴他們你到底喝了多少，這爲他們贏得了很好的口碑。

在從馬爾他前往亞歷山大港的途中，旅客們在輪船甲板上午睡

　　在那裡待了一段時間以後，我便走回了港口附近的旅館。第二天清晨吃完早飯，我散步到了俯瞰全城的拉加德聖母院，並且看到了法國南部最美的風光。在我看來，這遠比在山上俯瞰熱那亞的景色更加壯觀：馬賽城就躺在我的腳下，它的紅瓦房屋和白沙街道在南方陽光的照耀下閃閃發光。城市的後面就是因《基督山恩仇記》而聞名於世的伊芙島監獄，它坐落於蔚藍色的海洋中央。那裡唯一的植被就是橄欖樹、柏樹、蘆薈和少數傲霜怒放的桃樹。在飽餐了這美麗的景色之後，我走下山，回到了港口，並買了一根紅色的飾帶，注視著從面前經過的眾多行人 —— 這裡有一群身穿黃褐色短上衣和與之相配的寬大燈籠褲，頭戴紅帽子的加泰隆尼亞人；那裡有一些凶悍威猛的希臘人。然後是坐在籃筐上等著攬活的姑娘們，她們在運貨時把沉重的貨品頂在自己的頭上。這些姑娘幹的是腳夫的活，而且絕不是那種輕鬆的搬

運活，因爲我親眼所見一位姑娘頭上頂著的煤筐，大到足以嚇壞一個煤炭裝卸工。

　　第二天，我們在淑女新港登上了船，在所有的旅客和行李都到齊之後，我們的船便於次日早晨起錨出海。在航程中，我們途經了科西嘉和薩丁尼亞王國，並透過了博尼法喬海峽。薩丁尼亞王國的海島看上去光禿禿的，卻又風景如畫。我們的船上有許多前往孟買的英國軍官。今天在西西里島附近的海面上，我們遇到了一場冰雹，但它很快就過去了。船經過了馬爾薩拉。我透過舷窗玻璃望出去，看得一清二楚。它似乎是一個很不錯的地方。現在我們看到了哥佐島上的燈塔，很快船就要到達馬爾他。這好極了，我們終於能夠享受溫暖的氣候了。

3月17日

　　聖派翠克節[7]在這裡受到了隆重的慶祝，我從未見過這麼快活的慶祝聚會。白天的時候，我們所有的人都被分成了6人一組，抽籤決定乘坐大篷車的次序，我抽到第五輛車。我把抽籤的情景以及吸菸俱樂部的成員畫成了速寫：圖中身穿水手服裝的紳士是位醫生。那個正在跟他交談，身材高大而英俊的男子是一位指揮保加利亞「歪頭巾」僱傭軍的少校。其他人都是前往孟買的少校和上尉們。這幅速寫受到了全體軍官和水手的高度讚譽，並且逗得大家開懷大笑。坐大篷車次序的抽籤備受關注，因爲最後一輛大篷車顯然要承受其他車揚起的所有塵土。

亞歷山大港，3月18日

　　我記得上次有封信是在船將要到達馬爾他時停筆的。是的，我

---

7 聖派翠克是愛爾蘭的守護神，而定於3月17日的聖派翠克節是愛爾蘭的國定假日。—譯者注

們很快就到達了檢疫港口。爲了讓當地人知道來者是誰，我們已經放了三枚信號彈，於是我們的船開足馬力，駛入了港口。水汪汪的古老月亮將游移的慘淡月光投射在瓦萊塔[8]這個城市上面，足以使她的輪廓如詩如畫。這個城市中最突出的一個地標就是阿德拉伊德女王教堂，因爲它的建築風格跟城市裡其他東方風格的房屋截然不同。我們跳上一條模樣怪異、上面畫了各種圖案（如眼睛和旗幟）的小船，來到了碼頭。給船夫付完錢之後，我們便急匆匆地登上那裡的臺階，一不小心被匍匐在地上麻袋裡的某個東西絆了一下。仔細一看，才知道是當地的一些貧民，由於收入太低和堅信通風的必要性，所以就睡在露天裡。離開這些睡得正香的本地人，我一邊心裡想著他們的情形比我所見過的英國臨時病房要好得多，一邊加快腳步，攀登那數不清的臺階。

在宜人的南方，這個寂靜而多星的夜晚，来自南安普敦的「印第安星座號」輪船的乘客們爲了喚醒那些本地人而唱起了〈捕鼠人之女〉這首熟悉的家鄉曲調，我忍不住想大聲回應他們：「波利，你別逼我，好嗎？」但看到拐角處站著一位警察（屬於 B27 部門），我趕緊閉上嘴，著手喚醒我的兄弟，發現他藏匿在蚊帳後面。幫他穿好衣服以後，我們來到了位於聖露西亞海濱的皇家旅館，在那裡訂下了床位和晚餐。餐廳裡坐著兩位來自巴黎的波斯人，他們的裝束和模樣頗爲奇特。我的這位兄弟急促地說著馬爾他語，聽起來十分可笑。"Shem？"（你好嗎？）他對每個人都這樣打招呼，而別人則回答 "tahib"（還好）、"ira"（不錯）、"léh"（不好）等等。我喜歡馬爾他人，他們全都是些非常快活的人，而且都穿得十分特別和搶眼。他們在戶外所穿著的黑綢薄紗短斗篷看上去既雅緻又合身。

打開旅館的房門就是一個正方形的院子，院子中央種著一些熱帶植物，四周擺著一些長凳。每個臥室都正對著一個圍繞整個院子的拱

---

8 瓦萊塔（Valletta）是馬爾他的首都。——譯者注

廊，所以打開臥室的門就可以盡享新鮮的空氣，而不必擔心雨水飄進你的房間。英國的家具、英式的地毯、馬爾他的石頭地板和未貼牆紙的房間營造一種奇異的效果，然而整個城市都是如此。實際上，這就是瓦萊塔給人的第一印象：它是一個本地和外來風格各占一半的城市 —— 在所有的外國建築中，它最具異國風情，尤其是那些帶頂棚的陽臺和平坦的石頭屋頂，也許門口還站著一個穿著黑綢花邊披肩頭紗、有著烏黑眼睛的馬爾他女郎。街道狹窄，路燈昏暗，你正為此情此景感到陶醉時，突然驚恐地發現從暗處走出一個穿著傳統服裝、連有檐警官帽也沒戴的 A27 警察，因為馬爾他警察總是戴著用防水油布做的無檐帽，並且長著茂密的大鬍子。你的詩意頓時煙消雲散。你趕緊來到皮薩尼的商店，絕望地買上一支巨大的馬爾他雪茄菸，靠喝咖啡或上等白蘭地酒聊以自慰，早早地上床睡覺，並且發誓再也不敢回味浪漫。你黎明即起，在一個有美麗拱頂的商務會館裡喝了咖啡，吃完麵包。然後你趕到建築極為壯觀的聖約翰教堂，觀看本地人跪在地上禱告。你急匆匆地走出教堂，身後跟著一些戴著紅藍相間的帽子的人，他們想要帶你去見識一些古玩，以便能討些賞錢 ——「想參觀城市嗎，先生？」你只好用馬爾他語來拒絕他們的好意："Murmino。"（你別煩我。）沿著皇家大道來到卡斯蒂利亞旅館前面的巴拉卡餐館，你走進餐館。「禁止吸菸」—— 你掐滅了雪茄菸。一位身穿紅色制服的阿爾比恩[9]金髮後裔手持刺刀，表情冷漠地在巨大的龍舌蘭樹和印度無花果樹之間來回踱步。

你俯瞰著窗前的古老港口，港口裡停泊著軍艦、海船和輪船；窗口下面是一個種著果實纍纍的橘樹和兩株柏樹的花園；燕子在溫暖的空氣中自由地飛翔；左邊是瓦萊塔城和檢疫港口，遠處是地中海 ——一會兒是深藍色，一會兒是翠綠色，一會兒是淺灰色，一會兒是墨黑色，全隨著天氣的變化而變化。天空是淺藍色的。偌大的雲團 —— 昨

---

9 阿爾比恩（Albion）是英格蘭的古稱。——譯者注

夜大雨的殘留物，正在迅速地散去。陽光並不十分逼人，這裡的房屋和要塞並非像以前人們所描述的那樣是白色，而是淺棕色的，百葉窗則是綠色的。

在做了上述觀察之後，我們沿著泥濘的街道向前走去 —— 那是一種好看的奶油色泥土。我們觀賞了總督的官邸，購買了到亞歷山大港所需的食品，看了一眼當地的郵局，然後前往市場。粗嘎的阿拉伯語顯得十分刺耳，那些半裸的當地人有的穿著涼鞋，而且市場裡所有的人都光著脖子，繫著腰帶，他們都在賣橘子和印度無花果。我們吃驚地發現城裡到處都可以看到山羊，詢問之下，才得知它們取代了奶牛的角色，為城裡的居民提供鮮奶。我們看見第47蘇格蘭高地團列隊前往教堂。嘹亮的鐘聲在空氣中迴盪，還可以聽見音樂之聲，這是軍樂隊在演奏。只穿著襯衫的馬爾他人坐在家門口，對於那些前往印度並用白紗巾如頭巾般圍住低頂寬邊軟氈帽的旅行者連瞧都不瞧一眼。哦，他們根本就不屑一顧。那些本地的馬爾他人以最入畫的姿態聚集在一起，一邊抽菸，一邊交談。我給了一位面目清秀，長著一雙黑眼睛的女乞丐六個便士，令她受寵若驚。她以最甜蜜的笑容，祝願我 "boon viaggio"（義大利語：一路順風）。

瓦萊塔的街頭速寫

我們上了船，早上9點半，輪船起錨離去。有一位穿長褲的當地人划著小船要求進行潛水表演。有一位少校把1先令的硬幣扔進海裡，那個傢伙猛的扎到水裡，不一會兒就手舉硬幣浮上了水面。我們的船很快就把馬爾他拋在了後面，並趕上了「印第安星座號」輪船。我們的船長最喜歡追趕他所遇到的那些輪船，並且從來沒有輸過。現在「印第安星座號」輪船已經遠遠地落在了後面，連影子都看不見了。我們在早上9點吃早飯，8點半就有人在搖鈴提醒我們。天剛濛濛亮就有一些早起者衣冠不整，光腳穿拖鞋上了甲板，站在明輪罩上，一邊吹海風，一邊抽菸斗。前往孟買的

那群人是一些最活潑的傢伙。吃完美味的早飯以後，我們就「甜蜜而無所事事地」（dolce farniente）躺下身來，一邊抽菸斗，一邊談論著軼事，接著又看書或做我們想做的任何事情。到了中午 12 點，又吃午餐 —— 包括各種酒精飲料和餅乾。然後，就可以看到所有的女士都平躺在拉開的躺椅或甲板上。那些穿著狩獵上裝、戴著無檐帽或用頭巾圍住軟氈帽的紳士也都橫七豎八地躺在艉樓的天棚下，大部分人都已經進入了夢鄉。晚餐後，我們又抽菸到 7 點。與此同時，太陽已沉入了海平面之下，假如不是多雲的話，空中已是繁星滿天。晚上 7 點時，大家共進茶點，然後在甲板上一直待到 9 點。這時，各式各樣的格羅格酒 [10]、紙牌、猜謎、歡聲笑語和作樂狂歡在甲板上達到了高潮。人們又唱了幾首歌。到了晚上 10 點，人們便回房休息。這就是我們在船上的生活。昨天晚上，大家已經按乘坐大篷車的次序而抽籤劃分成了 6 人一組。

STREET SKETCH AT VALETTA.

瓦萊塔的街頭速寫

---

10 格羅格酒（grog）是用蘭姆酒或威士忌酒兌水而成的烈酒。——譯者注

廣州的外國商館「十三行」

　　英中戰爭的後果之一就是燒毀了廣州的外國商館「十三行」。它們已經部分出現在本報過去的插圖之中，但在下頁的版畫插圖中，我們可以看到這些外國商館的全貌。這張版畫是根據一位中國當地畫家的作品所繪製的，他的僱主霍爾船長（當時是「復仇女神號」船的船長）熱心地把這幅畫交給本報使用。

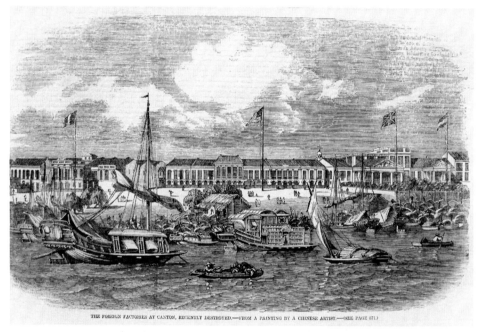

THE FOREIGN FACTORIES AT CANTON, RECENTLY DESTROYED.—FROM A PAINTING BY A CHINESE ARTIST.—(SEE PAGE 671.)

被燒毀前的廣州外國商館「十三行」—— 根據一位中國畫家的作品繪製

　　廣州的外國商館「十三行」已經有很多人進行過描述。因為這幅全景圖可以被視作是對廣州當局出於報復而毀壞大量財產的一個備忘錄，所以其最適合的文字說明恐怕莫過於引用戴維斯爵士在《中國人》這部傑作中對於廣州十三行的簡略描述：

　　　　廣州最體面的房屋，至少就其臨街地界而言，就要數這些外國商館了，它們位於廣州西南郊外的珠江邊上。這些建築的封閉狀態使它

們無法容納數目不斷增加的商人；與此同時，中國政府也拒絕對其進行擴建的要求，這個話題必須很快提出來，以便跟當地政府進行交涉。這些外國商館和它們所在郊區的其他大批房屋都是建造在江邊平坦泥地上的，因此它們的房基就是剛剛高出於高水位標誌的木樁。1833 年和 1834 年夏季的瓢潑大雨使得珠江水位暴漲，結果外國商館的建築被淹達數英尺之深。人們只能划木船沿街逐門逐户地來回往返，以便能從一個商館到達另一個商館。在一位香港商人的宅院裡，甚至可以張網捕魚。

　　幾乎令人難以置信的是，為了保護廣州的對外貿易而把所有外國人都關在一起的這些洋行臨街地界僅是區區的 700 到 800 英尺。這十三個洋行分別從臨街地界向後延伸約有 130 碼，從而形成了一條條狹窄小巷或繁華大街，而街巷兩旁和橫跨街巷的牌坊之上就是英國人、法國人、荷蘭人、美國人、帕西人，以及其他國籍人的狹窄住宅。他們當中有許多人一生的大部分時間都是在瑪門的工廠中度過的，他們在那裡從沒見過女人的面孔，也沒有任何的娛樂活動，除了聆聽銀元的叮噹聲，因為這些硬幣在收進和付出的過程中一直不斷地被中國的錢幣兌換商過秤和檢查成色！許多年之前，在外國商館前懸掛的國旗除了英國、荷蘭和美國之外，還有丹麥、瑞典、奧地利等眾多國家。但在過去的 25 年當中，僅有英國、荷蘭和美國這三國的國旗以及 1830 年法國革命之後的三色旗，是懸掛在這些外國商館前面的外國國旗。

　　這些歐洲商行被中國人稱作「十三行」。「行」這個字總是被中國人用來指商館或倉庫。按照他們的習慣，每一個外國商館都是按其財富多寡、興隆程度和旗幟來加以區分的。這樣，奧地利或皇家商館被叫做「孖鷹行」，此名延續至今，丹麥商館是「黃旗行」，東印度公司商館是「保和行」，美國商館是「廣順行」等等。在十三行的東面有珠江的一條狹窄的支流 —— 一條臭水溝。它是護城河的一部分，也是

這個城區的下水道。這條河上只有一座拱橋,橋旁邊就是外國商館背後的一條狹窄街道,它通向好幾位中國行商的倉庫。所有這些行商的倉庫都有木頭或石頭階梯下到河裡,茶葉和其他商品就是從那裡裝船的。

THE ILLUSTRATED
LONDON NEWS.

去中國的路上:埃及見聞錄
(En Route for China: Sketches of Egypt)

1857
《倫敦新聞畫報》第 30 卷,第 855 號
1857 年 4 月 25 日,377 ～ 379 頁

蘇伊士,1857 年 3 月 22 日

(來自本報特派畫家兼記者的速寫)

我們到亞歷山大港的航程非常精彩。下午 1 點鐘,我們就看到了遠處海平面上的清真寺光塔。雖然當時的陽光極其炙熱,但明輪罩上還是站滿了人,大家都想看一眼這壯麗的景色。我們的引航員已經在甲板上了 —— 他是一位貨真價實,戴包頭巾的穆斯林 —— 很快就有埃及人登上了我們船的甲板,這些傢伙的打扮別具一格,引人發笑。我們跟著醫生和英國皇家海軍「塔爾塔羅斯[11]號」的一些軍官一起上了岸。那些軍官騎上驢子,沿著塵土飛揚的街道策鞭疾馳,嘴裡叫喊著「當心!」,差點撞翻了幾個虔誠的穆斯林。我們經過一個被軍官們稱之為「海德公園」的地方,來到了運河旁。那裡的樹都是些棕櫚和香蕉樹,還有由巨大的仙人掌屬植物

---

11 塔爾塔羅斯(Tartarus)特指希臘神話中宙斯囚禁提坦眾巨神的陰間,同時也泛指懲罰和關押惡人的地獄。——譯者注

組成的林下灌木叢。我們在路旁看見一個本地人開的咖啡館，便按照土耳其人的方式盤膝而坐，蹲下來喝咖啡。為了防止顧客的手指被燙傷，咖啡杯的外面還套了另一個杯子。我們目睹的那種氣派的全套車馬出行準會讓你看得目瞪口呆 —— 那些馬車極其豪華考究，而且總是有一位僕人跑在馬車的前面，為其鳴鑼開道。硬襯布的行頭甚至在埃及也仍然會令女士們為之心動（當然是指那些歐洲人，因為本地的女子仍然用藍色的頭巾遮住面龐），他們穿得就像紳士們一樣漂亮。接著，我們登上了「塔爾塔羅斯號」軍艦，在那裡受到了殷勤的招待。然後又回到了我們這艘堪稱最棒的「瓦萊塔號」輪船上，一覺睡到了天亮，就連本地人給輪船裝煤所發出的聲響也沒有攪了我們的好夢。

第二天早上，我們上岸去了火車站（關於這個火車站，我給你們附上了一幅速寫），這是一個英國人和埃及本地人混雜的地方。在車站的外面，有一大群驢夫在用純正的英語推銷他們的驢子。火車站的景色對於一個英國人來說，是頗具視覺衝擊力的，因為那些埃及人戴著面紗、包頭巾和奇異古怪的頭飾，還有他們那些別具一格的服裝。我們上了火車，車廂非常舒適，用了雙層的車頂來隔絕陽光的烤炙，而隨之的一段行程令我們大開眼界。我從未見過如此繁茂的植物和肥沃的土地。田裡的莊稼長得很高，那些種著苜蓿、甘蔗和棉花等莊稼的田野將那裡的風景裝點成了大植物園。鄉間隨處可見奶牛、水牛、駱駝、馬和綿羊；而本地的埃及人則忙忙碌碌地在從事著農業勞動。渾河的兩岸到處都是被棕櫚樹所環繞的花園住宅。「瓦萊塔號」輪船的船長告訴我們，當鐵路剛剛建成時，本地埃及人根本不相信「火馬」能比他們的馬跑得更快，但當他們催馬馳騁，跟火車比試過以後，便知道自己錯了。快到晌午時分，我們換乘船渡過了尼羅河：火車上有一幫安納托力亞的朝聖客，看到他們的婦女就像一捆捆破布一般哭喊著被「打包」裝船，確實是一種十分奇異的景象。但最終所有的人都上了渡船，並由駁船牽引著渡過河去。我們很快就到達了對岸，又花了一個小時來等待火車。

SKETCH AT THE RAILWAY STATION, ALEXANDRIA

亞歷山大港的火車站

接著我們重新登上火車，不久就看到了金字塔，然後火車又駛入了茂密的樹林，那裡有成千上萬的樹木 —— 橄欖樹、無花果樹、棕櫚樹、桃樹、橘樹。就在這綠色的樹林中間，我們看到了陽光燦爛的開羅，其上空萬里無雲，但並非像以前所說的那樣是深藍色的。我們在阿拉伯人震耳欲聾的叫喊聲中登上了一輛公共馬車，並乘車來到了雪帕德的旅館，那裡的客人已經爆滿，所以有的旅客不得不睡在桌子或埃及每個房間裡都有的長椅上。雪帕德即將擴建他的旅館，也需要把它建成世界上最大的一個旅館。我在晚上 10 點鐘搭乘一輛沙漠大篷車離開了開羅，這輛大篷車我也附上了一幅速寫。在開羅的那天早晨，我們遇上了那裡常有的大霧天，但隨之而來的就是一個真正的埃及「烘焙日」—— 毒辣的日頭和大風 —— 所有的一切都被灰塵所覆蓋，極其乾燥，但晚上卻是十分寒冷。雪帕德的旅館裡到了晚上，就在一個英式爐柵上燃起熊熊的炭火。

在沙漠上旅行

在開羅的街上

　　這個國家似乎已經成了自由女神的庇護所。在這裡你可以隨心所欲：你可以在半夜引吭高歌；你可以穿越最令人可疑的、沒有路燈的黑暗街道，而心裡不必有任何恐懼；這裡沒有殺人搶劫犯，沒有強盜——每個人都心滿意足，逍遙自在，並希望別人也能如此；你可以穿任何奇裝異服，沒有人會盯著你看，也沒有人需要看你的護照。每個人都說英語——每個人都溫文爾雅。穆斯林人絕不是那種心地狹窄的偏執狂。我們曾經乘坐雪帕德旅館的馬車去觀看狂舞托鉢僧的表演。大家都坐在石頭長凳上，我身穿半埃及人的服裝，因為要變成一個當地人並不需要多長的時間，我肩頭披著一條色彩鮮豔的埃及綢方巾，上面有紅、藍、黃三色條紋和長長的流蘇，頭戴一頂紅色的土耳其帽，腰間還繫著一條猩紅色的飾帶。穿著這樣的裝束，我騎上了一頭驢子，後面跟著善良快活、個子矮小、嘴裡嘰哩咕嚕說個不停的努巴人 [12] 驢夫，他笑嘻嘻的臉上露出一排象牙般的牙齒。我們發現那些狂舞托鉢僧坐在院子裡的一個涼棚下。我們像裁縫一樣坐在那裡，石凳上坐滿了人，本地的埃及人給我們遞上了咖啡。抽完了一支土耳其長煙管之後，我們走進了清真寺。所有的托鉢僧都在地毯和獸皮上坐成了一個圓圈，以一種單調的曲調搖頭晃腦地唱著「阿拉！」、「真主！」接著，有兩個少年托鉢僧走進來，原地旋轉了至少 30 分鐘。其餘的托鉢僧們全都站起身來，以最奇特的方式前後搖晃著自己的身體，長髮旋轉飛舞。他們從肚子裡發出一種聲音，就像是火車頭的噴氣聲，有些老人則不停地吸著菸斗，敲著手鼓。有些托鉢僧的嘴角冒出了白沫，因精疲力竭而倒在地上，但馬上又翻身躍起，像雲雀一樣活力四射。我中途離開了狂舞托鉢僧的表演，搭乘馬車回了旅館。

　　上燈時分，我們乘坐一輛漂亮典雅的小馬車離開開羅，去穿越沙漠。有幾位旅館的接客員把我們一直送到了城外才打道回府，當然這是在得到了小費之後。我們整個晚上和次日一整天都在趕路，每隔 20 英里便在驛站停下來休息一會兒。牆壁上裝飾著從《倫敦新聞畫報》上剪下來的圖片，

---

12 努巴人（Nuba）是非洲蘇丹中南部山區的居民。

而滿牆壁都是吉爾伯特和湯瑪斯[13]的作品。在這個地道的東方城鎮裡，人們還從未見過帶帽檐的英國紳士帽，但有些商販卻專門把《倫敦新聞畫報》中的版畫插圖挑出來，剪下來。這裡的驛站具有相同的式樣：一個粉刷成白色的正方形房間，石頭地板，四周都放置了長凳，房間中央是一張桌子。無論走到那裡，情況都是這樣。我給你們寄上一幅驛站門口的速寫。沙漠裡到處可見死駱駝的殘骸，其腐爛程度不一，但那裡的空氣卻十分清新。我們有兩頭騾子和兩匹馬，每到一個驛站就換牲口。總是有兩個努巴人跟著我們，他們經常要跳下車來驅趕牲口，或是修補沙漠中的小路等等。這些傢伙跑起路來不知疲倦；他們的服裝只是白色的努巴帽和袖子寬大、在後面開衩的藍色罩衫，也就是說，他們只是把兩個袖籠在脖子後面打個結而已。我們的馬車陷在沙土之中，就連騾子也走不動了。這樣的事情不斷地發生。吆喝、手推和鞭打全都無濟於事，有時要花上半個小時才能繼續上路。我也為這激動人心的場景畫了一幅速寫。這樣的事情在沙漠旅行中是很常見的，就連最訓練有素的騾子也難以逃脫干係。這就是生活。然而我們順利地透過了考驗，並在最後一個驛站又補充了給養。在沙漠中，淡啤酒是首屈一指的好東西。我們到達蘇伊士後，找了一家最好的旅館，那裡有真正的埃及客房、上等的通風設備、一個俯瞰紅海的上佳陽臺。關於這個陽臺，我也寄給你們一幅速寫，描繪的是英國人的頭飾。昨天晚上，我們帶著土耳其提燈去了一家本地人開的咖啡館。在石凳上坐下來之後，我們點了土耳其水煙筒，並像真正的土耳其人那樣一本正經地抽起水煙來。我們大家都戴著土耳其的圓筒形無邊氈帽，並且透過一個嚮導與一個跟我們一起坐馬車來的士兵進行交談。我一生中從未見過這麼絢麗多彩的場景。

昨天一整天，我們都在陽臺上拿橘子投擲當地的埃及人。這個陽臺恰好位於紅海之上，下面停滿了各式各樣的船。我們整天都聽到下面有人喊：「要船嗎，先生？要船嗎，先生？這可是條好船啊！」、「想游泳嗎，先

---

13 湯瑪斯（G. H. Thomas）是英國著名的戰地記者和畫家，因採訪和報導了 1849 年法軍圍攻羅馬的戰役而聞名。他於 1868 年逝世。

生？」── 這是一個半裸的當地人。「喂，先生 ── 我是說，老爺，想乘船嗎？」、「喂，喂，想要兌換 1 英鎊的金幣嗎？」我從阿奇梅特、謝裡姆、阿卜杜拉、阿里那裡聽到的全都是這樣的叫喚聲。晚餐時的嘈雜聲震耳欲聾 ── 幾乎有 300 人同時用餐，而且也不搖鈴。當你要召喚侍者時，就拍掌示意。身處國外的英國人是世界上最快活的一群狗 ── 我們可以想像一下，當 300 人同時拍掌會是什麼樣的情景！那可憐的黑人侍者簡直不知道該去伺候誰了。

沙漠中的驛站

　　雪帕德旅館早就作為埃及旅遊者的時髦歸宿地而聞名於世，同時它對於去印度這個東方殖民地的旅客來說也是一個最好的中轉站。也許全世界也找不出一個旅館，能在餐廳和大堂裡每天聚集起這麼多各國顯要和名人。今年來到這裡的旅客明顯多於往年 ── 英國伯爵、德國男爵、美國政要、俄國伯爵等等。過去好幾天來，瑞典、巴西、奧地利、美國、荷蘭和澳大利亞等國的家庭，還有大量的英國旅行者，全都合坐在同一張餐桌

旁。這座旅館坐落於開羅美麗的伊斯貝基亞公園裡。

一張關於英國水兵的中國漫畫

下頁插圖是上次英中戰爭期間在浙江省刊行的一張關於英國水兵的中國漫畫。它以類似於中國古書《山海經》中提及神怪時的口吻來描述這個身上塗滿柏油的英國人。圖上的解說文字如下：

> 此物出在浙江處州府青田縣，數十成群。人御之化爲血水，官兵持炮擊之，刀劍不能傷。現有示諭，軍民人等，有能剿除者，從重獎賞。此怪近因官兵逐急，旋即落水，逢人便食，眞奇怪哉。

無論作為一張漫畫，或是作為中國東部沿海地區俗語和誇張手法的一種表現，它都奇特地反映出在鎮江府失陷以後中國人大批自殺的現象。從怪物嘴裡噴出的煙霧也許是指菸草的煙霧。

蘇伊士旅館的陽臺

人便食真奇怪哉
能剗除者從重獎賞此怪近日官兵逐急旋即落水達
水官兵人持砲擊之刀箭不能傷現有示諭軍民人等有
此物出在浙江處州府青田縣數十成羣人樂之化為血

關於英國水手的一幅中國漫畫

寧波的皇陵
(The Tombs of the Chinese Emperors at Ningpo)

1857

《倫敦新聞畫報》第 30 卷，第 856 號
1857 年 5 月 2 日，402 頁

在中國，許多世紀以來，人們習慣於在城市的周邊地區埋葬居民的屍

骨。寧波附近就有這麼一塊墓地。埋葬屍體的棺材看上去就像是一段樹幹，而且根據各個家庭不同的經濟狀態，棺材的費用差別很大。有時候屍體並不下葬，而是會在屋內專門闢出一塊地方將棺材放置很長時間，那裡每天都點著香。有好幾種奇異而迷信的儀式，都是為了安頓死後靈魂的命運。婦女在屍體旁的嚎哭，以及對靈魂轉生說的信仰，便是一個很好的範例。當棺材下葬時，人們會立一塊頂部呈圓拱形的墓碑，上面刻著一段簡短的墓誌銘。那上面總是註明了朝代。寧波的皇陵墓碑上就註明死者埋葬在明朝，插圖中描繪了屬於該皇族的皇陵墳墓。明朝是從洪武帝朱元璋掌權之後開始的，持續了 276 年，直到 1644 年才滅亡。最後一個明代皇帝懷宗（即崇禎皇帝）因失掉了北京而遭到了臣民的唾棄。由於他殺死了女兒，然後自殺，使得明朝皇族的血脈也從此中斷。

THE TOMBS OF THE CHINESE EMPERORS AT NINGPO.

位於寧波的中國皇帝陵墓

寧波府很適合商業和貿易發展，它位於三條河流的交匯處，甬江便是

匯聚形成的一條江。寧波在浙江的重要性僅次於杭州。這裡的氣候要比上海好，因為城市邊上就有山。這個城市依山傍海。環顧四周，人們可以看到寺院、廟宇和陵園。有好幾位傳教士已經在不同的時期訪問過了這個地方。1701 年，英國人曾試圖在這裡開闢貿易，但四年後由於英國人與馬來人的衝突而中止。1842 年，英國人占領了寧波、廈門、鎮海和定海。幾年之後，這兩個民族之間又重新燃起了敵意 —— 這是基督教與異教之間的衝突，也是光明與黑暗、啟蒙與愚昧、大膽的思想發展和可憐的迷信殘餘之間的衝突。人們完全可以預見，由於英國人不斷侵襲閉關自守的中國領土，文明的浪潮將以不可抗拒的勢頭滾滾而來，無論是中國民眾或是其統治者的努力，都無法阻擋對手的光束以不斷增強的輻射力照亮中華帝國最隱祕的中心。

THE ILLUSTRATED LONDON NEWS.

在中國的戰爭：剿滅海盜船（上）
(The War in China: Destruction of the Pirate Ships I)

1857
《倫敦新聞畫報》第 30 卷，第 857 號
1857 年 5 月 9 日，426 頁

根據香港一封來信所提供的中國的最新消息，我們得知東印度公司的「奧克蘭號」炮艦和一艘訂租的「小鷹號」小型輪船於 2 月 14 日出航。2 月 16 日，它們在唐家灣遭遇四艘全副武裝的清軍水師兵船。「奧克蘭號」因其所處位置而無法進入港灣，但「小鷹號」與來自「奧克蘭號」的槳划艇卻進港痛擊敵人，並擊毀了這些兵船。岸上一個裝備了 16 門炮的炮臺也被英軍所攻克，那些大炮的火門都被釘上了釘子。我方的傷亡為「奧克蘭號」艦艇上的水兵 1 死 4 傷。英國皇家海軍於 16 日派出了「尼日爾號」炮艦。

它與「奧克蘭號」和另一艘皇家海軍炮艦「加爾各答號」一起捕獲了 7 艘中國海盜船。

一位記者給我們寄來了一位目擊者所畫這次戰役的幾張速寫，我們將其繪製成了兩張版畫插圖，呈現當時英國海軍進攻中國兵船和清軍水師都統的旗艦中炮焚燒的情景。

本報駐香港記者報導說，戰鬥發生在 2 月 15 日，而「小鷹號」回到香港的日期為 14 日。「小鷹號」是在敵人開火之前首先發難的，當時「奧克蘭號」無法進入港灣，只能停留在港灣入口處的附近。

第一幅插圖描繪當划槳的英軍水兵齊聲吶喊著奮力向前時，天朝水師覺得大勢已去，紛紛棄船跳水逃命。第二幅插圖是一艘兵船被炮火所擊中，而其他兵船則正在起火燃燒。兵船上幾乎所有的大炮都已經炮彈上膛，所以當熊熊烈火燒到這些大炮時，它們都自動開火，引發了本次戰役中最危險的一陣排炮。

「小鷹號」和「奧克蘭號」炮艦的槳划艇在東湧擊毀中國兵船

清軍水師都統的旗艦中彈爆炸，其他兵船正在熊熊燃燒

THE ILLUSTRATED
LONDON NEWS.

在中國的戰爭：剿滅海盜船（下）
(The War in China: Destruction of the Pirate Ships II)

1857

《倫敦新聞畫報》第 30 卷，第 858 號
1857 年 5 月 16 日，473 ～ 474 頁

　　我們本週從上次提到的那位記者的速寫中又繪製了兩張版畫插圖。我
們還附上了《中國郵報》上一篇更為詳實的報導：

　　2 月 14 日，英方同意派訂租的輪船「小鷹號」和東印度公司的「奧克
蘭號」炮艦前往東湧，據報在那裡停泊著幾艘全副武裝的清軍水師兵船。

1857

那個地方是一個海軍基地，受水師提督指揮的這些兵船在此已經逗留了一段時間，香港當局早就知道了它們的存在。星期日下午約2點，「奧克蘭號」和「小鷹號」開足馬力駛向東湧。大家知道，從赤臘角島的最西端開始向南和向西延伸到大嶼島的突出部分，海灣裡的水便逐漸變淺，「小鷹號」受命打前站，測量水深，當測到3英尋的深度時，便在桅杆上升起第三號三角旗。當到達了指定的地點之後，「小鷹號」又繼續往前開，一直到大約水深8英尺的區域，即到達了那五艘水師兵船的射程之內時，才下錨停船，並立即向那些兵船開炮。在炮擊了大約15分鐘之後，指揮「小鷹號」的H. T. 埃斯特船長派出了他的兩條槳划艇，並且指望「奧克蘭號」也會派出槳划艇來支援他。但不幸「奧克蘭號」擱淺，自顧不暇，沒有派出槳划艇來。中國兵船用猛烈的炮火來轟擊那兩艘槳划艇，霰彈和球形彈所濺起的浪花打溼了英國人的臉，可是槳划艇上沒有火炮，無法還擊。所以最好還是回到輪船上去，等待「奧克蘭號」槳划艇的支援。當人們回到了甲板上以後，「小鷹號」又恢復了炮擊。「奧克蘭號」此時也越過「小鷹號」向要塞和兵船開炮。「小鷹號」中了幾發炮彈，但沒有人員傷亡。在炮擊了大約45分鐘以後，「小鷹號」上的彈藥告罄，當彈藥庫裡只剩下了幾發炮彈時，該船便起錨且戰且退，向「奧克蘭號」靠攏。後者沒有派遣槳划艇的原因得到了證實：它因為擱淺而無法動彈。然而，夜幕正在降臨，機不可失。於是，槳划艇被放了下來，並配置了人員。「奧克蘭號」上的一艘大舢板、兩艘快船和一艘輕便快艇，以及「小鷹號」上的一艘輕便快艇和一艘小工作艇等都被串連成一排，由「小鷹號」牽引著向東湧開去。然後，那些槳划艇又脫離了拖船，向中國兵船划去。後者的密集炮火使一人受了致命傷，另有兩人重傷。槳划艇上的人也進行了還擊，直到它們離兵船隻有六艇長的距離時，全體英軍齊聲吶喊，使所有的清兵都棄船而逃，此後再也沒有一個人來阻擋槳划艇上的英國水兵奪取兵船。人們發現那些兵船也擱淺了，而它們指向岸上的右舷大炮在英國士兵的操縱下，向要塞、城市和正在逃跑的敵人開炮。

「小鷹號」在東湧向清軍水師兵船發起進攻

「小鷹號」回到香港，船上掛著清軍旗幟

　　過了一會兒，人們又乘坐槳划艇，朝城市西面離他們最近的那個要塞划去。到達那裡以後，人們才發現守軍已經逃走。於是英軍便把那裡的30門大炮全都釘死了火門，並將要塞的房子和棚屋全部點火燒毀。這時天空

1857

已是一片漆黑。大家認為再去攻打大約有一英里遠的附近幾個要塞，恐怕有些冒失，所以又回到了兵船那裡，將它們也點火燒掉。雖然人們行事特別謹慎，以便能使槳划艇在兵船的彈藥庫爆炸之前撤離到安全區域，但在焚毀最後一條兵船時，還是不幸提前引爆了彈藥庫。就在「奧克蘭號」上的埃利斯先生和德貝林海軍上尉點燃那條船之後，從船上攀下到槳划船的過程中，彈藥庫突然爆炸，這兩位軍官被拋到了空中，越過槳划艇，落在了一段距離之外，在被撈上來之後，他們都覺得昏昏沉沉的，並顯得有點鼻青臉腫。坐在槳划艇上的人也沒有躲過災難，不同程度地受了傷。接著，那些槳划艇和「小鷹號」又回到了「奧克蘭號」那裡。這兩條輪船停泊在一起，直至天明。這時人們才看清，那些中國兵船在靠近岸邊的地方已經燒成了灰燼。一大清早，就有一條船前來議和，船上載著兩頭閹牛和幾頭豬，並且帶來了當地長老的一封信，乞求英國軍艦放過他們的城市。由於英海軍艦隊司令曾命令這兩艘輪船在前一天晚上就回到香港，所以大家認為「小鷹號」應該馬上回去補充煤炭和彈藥，並去找人來將「奧克蘭號」從擱淺處拖出來。

在把考德威爾先生帶上船之後，「小鷹號」便朝香港方向駛去。在汲水門處，人們看到有一條滿載著人和武器裝備的大型槳划船停泊在那裡。考德威爾先生斷定這是一條渡船，不必跟它糾纏。當「小鷹號」的船頭插著清軍水師提督的旗幟，駛進港口的時候，引起了周圍商船上人們的大聲喝彩。

在把整個事情經過向英海軍艦隊司令報告了之後，後者決定派「尼日爾號」去解救「奧克蘭號」，並指示英軍不要再去騷擾東涌鎮，因為在清軍水師兵船被消滅之後，那個海灣不會再造成任何危險。「尼日爾號」在大約下午1點鐘起航出發，穿越汲水門時，正碰上「奧克蘭號」從那裡進來。接著，它又看見上午從「小鷹號」旁邊經過的那條船正張帆航行。「尼日爾號」軍艦上的中國領航員對著它大聲呼喊，要它馬上降帆並開過來。那條船上沒有人回答，英軍士兵放了幾槍毛瑟槍，也沒有任何反應。於是「尼

日爾號」便對準那條船放了一炮，終於使它乖乖地靠了過來。這時才發現船上有一人被打死（被炮彈炸成了兩截），還有 3 人受傷。那些傷員被「尼日爾號」的醫生檢查之後，又被送回到了那條船上。正如前面提到過的那樣，這只是一條渡船。從「加爾各答號」軍艦傳來了命令，要「奧克蘭號」和「尼日爾河號」這兩條軍艦馬上去把一支海盜船隊的部分船隻帶回來，因為有人發現那支海盜船隊在盅躍（Chung-yue，音譯）即所謂的賊島，它在成為採石場的那個島嶼旁邊。「奧克蘭號」從島的西面包抄，「尼日爾號」則從東面包抄，結果它們攔截到了 8 條兵船。「奧克蘭號」似乎是立即向它們衝了過去，有 3 條兵船上的船員靠岸棄船而逃，攜帶輕武器的英軍士兵尾隨追擊，打死打傷了好幾個兵勇，還生擒了一名。另外幾條被「尼日爾號」追逐的兵船企圖採用跟對付阿姆斯壯船長同樣的躲避方式，即派了一位身穿朝廷官服的中國人登上英國軍艦來報告，那些兵船上的都是起義者。但是在「尼日爾號」上的並非阿姆斯壯船長，而是考德威爾先生，那位中國官員當即被告知，他已經因為當海盜而成為了戰俘。

下面是英方的傷亡人員名單：

陣亡 —— 彼得·奧爾曼，普通水兵。

重傷 —— W. 哈里森，一等水兵；J. 沙利文，普通水兵。

輕傷 —— 德貝林，海軍上尉；D. 約翰遜，一等水兵；H. 史密斯，一等水兵；P. 賽克斯，普通水兵。

上述人員都是屬於「奧克蘭號」炮艦的。此外，指揮「小鷹號」的 H. T. 埃利斯先生在被爆炸的衝擊波從兵船上拋到海裡時也受了輕傷。英國承包商達德爾先生的倉庫被大火燒毀，損失了大約 700 桶麵粉。上星期我們提供了兩張版畫插圖，描繪英軍對清軍水師兵船的攻擊和焚燒中國旗艦的情景。現在我們再提供兩幅插圖：第一幅描繪「小鷹號」的先發制人；第二幅圖中是被繳獲的飄揚著清軍旗幟的「小鷹號」進入香港，船長站在插著英國國旗的船頭，正在從「加爾各答號」軍艦和一些商船之間穿過，商人們在大聲地為勝利者喝彩。

前往中國的英軍增援部隊
(Reinforcement for the War in China)

1857
《倫敦新聞畫報》第 30 卷，第 858 號
1857 年 5 月 16 日，471 頁

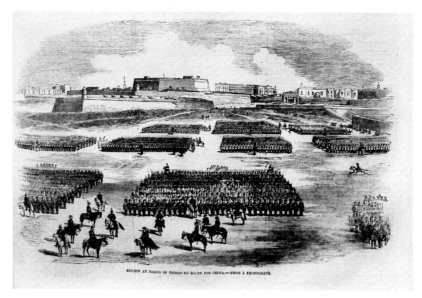

英軍前往中國途中在馬爾他舉行檢閱 —— 根據照片繪製

　　我們必須感謝英國皇家炮兵上尉英格爾菲爾德提供了本文版畫插圖所依據的照片，他拍攝了馬爾他衛戍部隊 7,000 多名官兵接受約翰·彭尼法瑟爵士（高級巴斯爵士）檢閱的情景，同時在場的還有一起前往中國的阿什伯內姆少將、加勒特少將及其參謀部成員。圖前面位於約翰·彭尼法瑟爵士身旁的那位女士是英勇的第 28 步兵團亞當斯上校（最低級巴斯爵士）的妻子。規模如此之大的精銳部隊在雄偉的要塞城牆下進行閱兵遊行，其場面蔚為壯觀。

THE ILLUSTRATED
LONDON NEWS.

去中國的路上：蘇伊士札記
(En Route for China: Sketches of Suez)

1857
《倫敦新聞畫報》第 30 卷，第 861 號
1857 年 5 月 30 日，513 ～ 514 頁

在蘇伊士的碼頭上卸下運往印度和中國的硬幣

（來自本報特派畫家兼記者的報導）

　　我相信前一篇文章已經報導了我們安全穿越沙漠的旅行，由於那些快活的騾子的功勞，我們在沙漠旅途中只停了 10 至 12 次。最終到達蘇伊士旅館時，那裡的旅客已經爆滿，好多人只能睡在大堂的長椅上（在埃及所有的房間內四周都擺著這樣的長椅），大家都爭先恐後地想要得到一個床位。在開羅也是同樣的情況。正是由於這個緣故，雪帕德即將擴建他的旅館。然而到了第二天晚上，我們所有的人都在這個富麗堂皇的旅館客房裡

得到了床位。我還提到了那場駭人的橘子和檸檬大戰。是的，那場激烈的戰鬥一直持續到我們離開的那一刻。蘇伊士人將會長時間地記住這個 3 月 15 日，而且這個城市也將會記錄這場戰鬥的痕跡。當時有一個黑鬼躲在他的船裡，我們想盡辦法也無法擊中他，而他卻對我們的無可奈何哈哈大笑。另一個倒楣的傢伙被我們密集的橘子砸得夠嗆，後來他勃然大怒，竟然脫下皮鞋要向我們擲過來，但遠遠看到有位拿著鞭子的警察，只好有所收斂。所有的事情總會有個結局，我們的衝突也不例外。我們暫時辭別了塵土和駱駝，登上了一條小輪船，它將我們送往另一艘更大的輪船。在跟回英國和仍然留在陽臺上的旅客們告別之後，我們就坐輪船向紅海駛去（它之所以叫紅海，是因為那裡的海水是深藍色的，而淺海處則是綠色的）[14]。我們來到了「印度斯坦號」輪船的旁邊。上船之後，我們先到下面訂好了艙位，然後又回到了甲板上。那艘船上的船員都是孟加拉水手，他們穿著藍色的襯衫，同料同色的緊身長褲，頭戴草帽，然後在外面再圍一塊包頭巾。星期天，他們穿著白色的麥斯林紗出來時則顯得十分莊重。他們是你可以想像到的最沒有生氣的人，毫無例外。除了坐在那裡用右手吃稻米飯或上床睡覺，他們幾乎從不玩耍、哄笑、跳舞，或做任何其他事情。所有的輪機員和司爐工都顯得骯髒下流。他們全都來自非洲，都是一些頭腦混沌的黑鬼，具有運動員的身材，整天總是咧著嘴笑，唱歌，或是打牌。他們一個人就頂六個孟加拉水手。我們的船上還有兩個做木匠的中國佬，他們是些沉默寡言的傢伙，頭上纏著大辮子，還穿著偌大的白色燈籠褲。做這種褲子的人根本就沒有考慮過大小，因為那簡直能塞進六條普通人的腿。

在蘇伊士卸金銀

以下是寄送你多餘現錢的一個程序：把銀錠和金條裝入用松木板做的小箱子裡，在上面用黑體字寫上你所要寄送的地址。在用駱駝來裝運貨物

---

14 原文如此，紅海的海水的確很藍，「紅海」這個名稱譯自希臘語，據說某時期那裡的淺海處曾有過紅色海藻或紅色珊瑚。

的一個網絡系統中，每頭駱駝只運載 6 個這樣的小箱子。你們可以在插圖中看到，駱駝都停在碼頭的一個廣場上，並且在那裡裝卸貨物。吃苦耐勞的貝都因人 [15] 從開羅步行（80 英里）背很重的東西來到這裡，但是對於金銀來說，一小箱就足夠他們背的了。他們把金銀背到這裡，以便將它們航運。有一位先生手裡拿著鞭子，在押運這批金銀。圖的前面有匹駱駝的一隻前腿跟它的脖子被捆在了一起。這是對它過於調皮的懲罰，使它沒法逃跑。在圖的背景中，我們可以看到一個郵局，緊挨著它的就是美國領事館。他們那些人在這裡一定過得很快活。

THE ILLUSTRATED
LONDON NEWS

去中國的路上：紅海上的閒暇
(En Route for China: A Calm on the Red Sea)

1857
《倫敦新聞畫報》第 30 卷，第 862 號
1857 年 6 月 6 日，538 頁

對於本報記者有關他兩幅紅海生活速寫的簡略描述，我們附上與此相關的一段筆記，摘自博納醫生最近出版的一本書，題為《西奈的沙漠：從開羅前往貝爾謝巴 [16] 的一次春季旅行隨筆》：

我們的阿拉伯僕人並不稱這個海為「紅海」（Red Sea），而是叫它「鹽海」（Bahr-Malak），跟埃及的尼羅河（Bahr）相對應。海上的風景瞬息萬變，隨著太陽慢慢降下來，雲團的形狀變化無端，其色彩也在不斷加深。天空就像綢緞的色澤那般柔和而豐富，這是我們在英國從

---

15 貝都因人（Bedouin）是在阿拉伯半島、敘利亞和北非沙漠中生活和遊牧的阿拉伯人。——譯者注

16 貝爾謝巴（Beersheba）是以色列內蓋夫地區的中心城市和南部區首府。——譯者注

未見過的。山巒的輪廓變得越來越鮮明，而山谷和溝壑則顯得黑乎乎的。最後，太陽終於落到了阿塔卡山的後面，幾縷餘暉忽隱忽現地折射在空中，在平靜的藍色海面上有一層昏暗的紫色霞光閃爍輝映，長達數英里。所謂的藍色海面只是對遠處而言，但嚴格說來，從近處看情況並非如此。它既非紅海，亦非藍海，而是翡翠般的綠海。是的，這是我有生以來所見過的最明亮的綠色。這是由廣闊無垠的淺海海水所造成的，因爲海水下面的那些黃沙總是給海洋帶來這種綠色，儘管海岸上並無綠色的植被，水下也無海草的存在。藍天與黃沙融合在一起，便形成了綠色的海水 —— 它只是色彩混合與交融的一種媒介。

去中國的路上：紅海上一個安靜的時刻

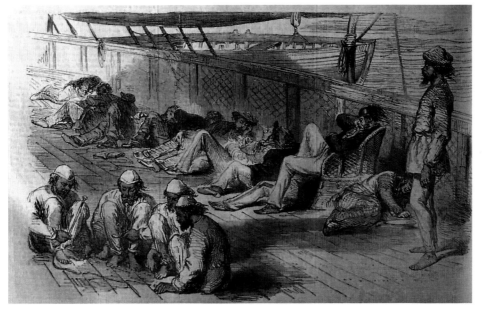

去中國的路上：在紅海遇到逆風

遺失在西方的中國史
《倫敦新聞畫報》記錄的晚清 1842-1857

編　　譯：沈弘	
編　　輯：許詠淳	
發 行 人：黃振庭	
出 版 者：崧燁文化事業有限公司	
發 行 者：崧燁文化事業有限公司	
E-mail：sonbookservice@gmail.com	
粉 絲 頁：https://www.facebook.com/sonbookss/	
網　　址：https://sonbook.net/	
地　　址：臺北市中正區重慶南路一段六十一號八樓 815 室	

Rm. 815, 8F., No.61, Sec. 1, Chongqing S. Rd., Zhongzheng Dist., Taipei City 100, Taiwan

電　　話：(02)2370-3310
傳　　真：(02)2388-1990
印　　刷：京峯彩色印刷有限公司（京峰數位）
法律顧問：廣華律師事務所　張佩琦律師

國家圖書館出版品預行編目資料

遺失在西方的中國史：《倫敦新聞畫報》記錄的晚清 1842-1857 / 沈弘 編譯 . -- 第一版 . -- 臺北市：崧燁文化事業有限公司 , 2022.12
　　面；　公分
POD 版
ISBN 978-626-332-960-7(平裝)
1.CST: 晚清史 2.CST: 中國史 3.CST: 新聞報導
627.6　　111019296

定　　價：550 元
發行日期：2022 年 12 月第一版
◎本書以 POD 印製

官網

臉書